高等职业教育物流类专业新形态教材

物流工程概论

主　编　陈赋光　颉栋栋
副主编　郭　蛟　伍　莹　植海姬　吴小恒
参　编　丘柳川　何　霞　陈　昊　杨　锐
　　　　黄东英　农华富　朱玮羚　陈昶宇
　　　　谭乃瑚　梁　益　黄方俞

机械工业出版社

物流业是融合运输、仓储、货运代理、信息等产业的复合型服务业，是支撑国民经济发展的基础性、战略性产业。物流工程是建立在信息技术基础上，通过优化物流运作流程，最大限度地降低物流成本和提高服务质量，以满足客户需求的一整套综合性管理方法。为撰写出适合高职学生使用、能提高学生实际工作技能的教材，编者深入物流企业进行调研考察，分析典型企业的主要工作领域，对各个工作领域的岗位职责进行了分析，研究了典型工作任务以及完成工作任务需要具备的技能。

本教材通过理论知识的介绍、应用案例分析和实践操作等多种教学手段，帮助学生掌握和应用物流工程的基本理论、管理方法和技能，学习如何提高物流企业的管理水平和服务质量，适应市场需求，提高竞争力。本教材的内容基于实际工作，以培养职业能力为本位，共分物流工程导论、物流运输设施设备、运输管理、装卸搬运设备和系统设计、仓储设施规划与库存控制、物流配送、物流包装与流通加工、物流信息系统规划与设计、现代物流工程与物流管理九个模块。本教材以信息流引领物流作业，以作业流培养职业素养，以工作领域＋工作任务＋职业能力的三层结构组织内容编写。

本教材既可供职业院校物流工程技术、智能物流技术、道路运输管理等专业学生学习使用，又可供企业物流管理人员通过自学提高技能使用。

图书在版编目（CIP）数据

物流工程概论 / 陈赋光，颉栋栋主编． —北京：
机械工业出版社，2024.6
 ISBN 978-7-111-75889-1

Ⅰ．①物⋯ Ⅱ．①陈⋯ ②颉⋯ Ⅲ．①物流管理—高等职业教育—教材 Ⅳ．① F252

中国国家版本馆 CIP 数据核字（2024）第 104544 号

机械工业出版社（北京市百万庄大街 22 号 邮政编码 100037）
策划编辑：董宇佳 胡延斌 责任编辑：董宇佳
责任校对：郑 婕 王 延 封面设计：马若濛
责任印制：单爱军
北京虎彩文化传播有限公司印刷
2024 年 7 月第 1 版第 1 次印刷
184mm×260mm • 14.25 印张 • 335 千字
标准书号：ISBN 978-7-111-75889-1
定价：45.00 元

电话服务　　　　　　　网络服务
客服电话：010-88361066　机　工　官　网：www.cmpbook.com
　　　　　010-88379833　机　工　官　博：weibo.com/cmp1952
　　　　　010-68326294　金　书　网：www.golden-book.com
封底无防伪标均为盗版　机工教育服务网：www.cmpedu.com

前言

近年来，随着物联网与新一代信息技术的快速发展，物流业的运行平台和企业的经营环境已进入新的发展阶段。新兴的智慧物流与物联网技术正在重塑物流行业，面向全产业链整合的智慧化变革正在引领智慧型降本增效新时代的来临。与此同时，物流与供应链管理理论也在不断创新和发展。本教材顺应理论和实践发展的新趋势，为读者提供更前沿、更全面、更系统、更深刻的物流工程技术方法，在完善知识结构的同时，适应经济发展和行业发展的要求。

职业教育改革要全方位地实现"工学结合"，尤其要在课程理念、课程目标、课程模式、课程开发方法和课程内容方面体现"工学结合"的思想。为培养学生的综合职业能力，本教材以管理一个物流企业作业部的整个工作过程为主线，通过让学生在虚拟物流作业平台上运作"业务"，初步实现由学生向职业人的转变。在内容编写方面，根据国家相关部委《"十四五"交通领域科技创新规划》《数字交通"十四五"发展规划》等文件的规定，本教材将先进的信息技术、计算机技术、数据通信技术、传感器技术、电子控制技术、自动控制技术、人工智能等学科成果在物流运输领域的运用进行了精心梳理，从而建立了一套定时、准确、高效的新型综合物流系统，为学生学习智能物流系统打下良好基础。党的二十大报告指出："加快建设国家战略人才力量，努力培养造就更多大师、战略科学家、一流科技领军人才和创新团队、青年科技人才、卓越工程师、大国工匠、高技能人才。"本教材将党的二十大精神有机融入课程思政，教育引导广大青年学生把爱国情、强国志、报国行自觉融入校园学习中，并早日实现成为"高技能人才"的目标。

本教材具有以下三个特色：

1. **职业素养融入专业课**

本教材每个项目设置"职业素养"内容，不仅培养学生与物流工程相关的实践技能，还注重引导学生树立正确的职业道德观，强化爱岗敬业的意识，提升综合素养。

2. **结构合理、逻辑严谨**

本教材以模块和项目的形式组织内容，各项目中囊括了"知识目标""能力目标""素质目标""学习重点""学习难点""职业素养"等多项内容。在内容编排上，力求遵循职业院校学生认知与学习规律和思维特点。

3. **理论联系实际、可操作性强**

本教材不仅注重理论知识，还添加了丰富的案例，加强了对物流工程知识的学习与拓展，让学生在学中做、做中学，达到学以致用的目的。

本教材由广西物流职业技术学院陈赋光、颉栋栋担任主编，郭蛟、伍莹、植海姬、吴小恒担任副主编。陈赋光、颉栋栋负责全书整体架构设计和内容安排工作，植海姬负责统稿工作。各模块编写分工如下（编者中除标注的企业人员外，其余均为广西物流职业技术学院教师）：模块一由伍莹、杨锐编写；模块二由陈赋光、郭蛟编写；模块三由颉栋栋、何霞（企业编者，单位：安吉智行物流有限公司）编写；模块四由植海姬、陈昶宇编写；模块五由朱玮羚、农华富编写；模块六由谭乃瑚、丘柳川（企业编者，单位：广西玉柴物流集团有限公司）编写；模块七由梁益编写；模块八由陈昊、吴小恒（企业编者，单位：广西京东信成供应链科技有限公司）编写；模块九由黄东英、黄方俞编写。

由于编者水平有限，书中难免存在疏漏与不妥之处，敬请广大读者批评指正。

编　者

二维码索引

序号	名称	二维码	页码	序号	名称	二维码	页码
1	物流及相关概念		2	10	运输单元		75
2	物流工程概述		7	11	装卸搬运设备识别与运用		76
3	物流的发展历史		9	12	路线系统		90
4	现代物流的发展趋势		13	13	搬运设备		92
5	物流设施设备——公路运输		18	14	仓储概述		98
6	运输概述		56	15	仓储设施规划与布局设计		100
7	运输质量管理		58	16	自动化立体仓库		106
8	运输合理化		63	17	ABC库存分类管理法		110
9	装卸搬运概述		72	18	物料的验收、储备、领用和配送		118

（续）

序号	名称	二维码	页码	序号	名称	二维码	页码
19	供应链环境下的库存控制策略		121	26	几种常用物流信息技术的介绍		178
20	配送构成要素和业务流程		128	27	物流信息系统开发的三大要素		183
21	自动分拣系统		138	28	物流信息系统总体设计与详细设计		187
22	配送中心选址		151	29	绿色物流		199
23	物流包装操作技法		164	30	逆向物流模式		204
24	物流环节常见的流通加工的方式		167	31	精益物流特点		207
25	物流信息系统——物流运营的智能核心		174	32	第四方物流模式		214

目 录

前言
二维码索引

模块一　物流工程导论 ... 1
项目一　物流及相关概念 ... 2
项目二　物流工程概述 ... 7
项目三　物流的发展历史 ... 9
项目四　现代物流的发展趋势 ... 13
模块练习 ... 15

模块二　物流运输设施设备 ... 17
项目一　公路运输设备 ... 18
项目二　铁路运输设备 ... 31
项目三　水路运输设备 ... 38
项目四　航空运输设备 ... 47
模块练习 ... 53

模块三　运输管理 ... 55
项目一　运输概述 ... 56
项目二　运输质量管理 ... 58
项目三　运输合理化 ... 62
模块练习 ... 68

模块四　装卸搬运设备和系统设计 ... 71
项目一　装卸搬运概述 ... 72
项目二　装卸搬运设备识别与运用 ... 76
项目三　装卸搬运系统设计 ... 84
模块练习 ... 96

模块五　仓储设施规划与库存控制 ... 97
项目一　仓储概述 ... 98
项目二　仓储设施规划与布局设计 ... 100
项目三　自动化立体仓库 ... 106
项目四　库存管理与控制 ... 109
项目五　物料管理 ... 115
项目六　供应链环境下的库存控制策略 ... 121
模块练习 ... 123

模块六　物流配送 ... 125
项目一　现代物流配送 ... 126

项目二　自动分拣系统 138
　　项目三　配送中心 142
　　模块练习 154

模块七　物流包装与流通加工 157
　　项目一　认识包装 158
　　项目二　包装操作技法和包装标志 163
　　项目三　流通加工 166
　　模块练习 170

模块八　物流信息系统规划与设计 173
　　项目一　物流信息系统概述 174
　　项目二　物流信息系统的典型技术介绍 176
　　项目三　物流信息系统规划 182
　　项目四　物流信息系统分析与设计 184
　　模块练习 190

模块九　现代物流工程与物流管理 191
　　项目一　供应链与供应链管理 192
　　项目二　绿色物流 199
　　项目三　逆向物流 202
　　项目四　精益物流 206
　　项目五　第四方物流 211
　　模块练习 215

参考文献 217

模块一　物流工程导论

知识目标：掌握物流的概念，了解物流系统的特性和要素，了解供应链和供应链管理，掌握企业物流和第三方物流的影响因素与区别，了解物流工程的概念和特点，掌握物流的发展阶段和发展趋势。

能力目标：能够描述个人职业发展与物流行业发展的关系、物流行业的相关现状与行业走向。

素质目标：将物流行业及物流管理与国家社会、经济发展联系起来，理解物流工程专业的重要性；树立从事物流行业的使命感、责任感和自豪感；培养诚信讲礼、规范守纪、协作共赢的精神。

学习重点：企业物流和第三方物流的影响因素和区别，物流工程的特点。

学习难点：企业物流和第三方物流的区别。

模块导入

思考：从图1-1中你能了解到哪些相关的物流信息？

图1-1　物流

项目一 物流及相关概念

一、物流的概念

物流是为了满足客户的需要，以最低的成本，通过运输、保管、配送等方式，实现原材料、半成品、成品及相关信息由商品的产地到商品的消费地所进行的计划、实施和管理的全过程。物流由商品的运输、服务、配送、仓储、包装、搬运装卸、流通加工，以及相关的物流信息等环节构成。

我国颁布的《物流术语》（GB/T 18354—2021）中将物流定义为：根据实际需要，将运输、储存、装卸、搬运、包装、流通加工、配送、信息处理等基本功能实施有机结合，使物品从供应地向接收地进行实体流动的过程。

国际上普遍采用的是美国供应链管理专业协会对物流的定义，它不仅涉及货物，而且涉及服务及相关信息，并且重在"以人（顾客）为本"的管理理念，是对物流活动的计划、实施与控制的过程。

> **案例分析**
>
> 假设一家位于上海的电商公司，通过其网站销售化妆品给全国各地的顾客。当顾客下单购买后，这家电商公司需要将化妆品从上海的仓库发货，通过快递公司送到顾客手中。
>
> 在这个过程中，物流就扮演了非常重要的角色。首先，电商公司在收到顾客订单后，会通知仓库进行发货。仓库工作人员会根据订单信息将商品打包，并通过快递公司进行配送。快递公司负责将包裹按时、按地点、按要求送到顾客手中。
>
> 在这个例子中，物流涉及了运输、仓储、配送等多个环节。物流的目的是确保商品能够安全、准时地到达顾客手中，同时提高顾客的购物体验。通过有效的物流管理，电商公司能够减少库存成本，提高运输效率，从而获得更大的商业竞争优势。

二、物流系统

物流系统是指由两个或两个以上的物流功能单元构成，以完成物流服务为目的的有机集合体。物流系统是一个由多个要素组成的有机整体，通过优化和合理化实现物流活动的顺利进行。

物流系统的特征包括整体性、相关性、目的性和环境适应性。作为一个系统，物流不仅关注单个要素，更关注整体优化和合理化。同时，物流系统也是一个动态系统，需要不断适应环境的变化。

在构成要素方面，物流系统主要包括物流主体、物流客体以及物流载体。

在功能要素方面，物流系统主要包括运输、仓储、包装、装卸搬运、流通加工、配送和物流信息管理等要素。这些功能要素相互关联、相互影响，共同实现物流系统的目标。

案例分析

假设一家位于上海的电商公司,通过其网站销售鞋子给全国各地的顾客。当顾客下单购买后,这家电商公司的物流系统会进行以下操作:

(1)仓储管理。在顾客下单后,物流系统会通知仓储部门进行配货。仓储部门会根据订单信息从仓库中取出相应数量的鞋子,并进行质量检查和包装。

(2)运输管理。在配货完成后,物流系统会安排运输公司进行配送。运输公司会根据订单的地址信息将鞋子送至顾客手中。在此过程中,物流系统会跟踪货物的运输状态,确保货物准时到达。

(3)配送管理。在货物到达目的地后,物流系统会通知配送公司进行最后一公里配送。配送公司会根据订单信息将鞋子送至顾客手中,并进行签收确认。

(4)信息管理。在整个物流过程中,物流系统会对信息进行管理和跟踪。例如,系统可以记录货物的入库时间、出库时间、运输状态、签收状态等信息,以便电商公司了解货物的实时状态和顾客满意度。

这个实例展示了电商公司的物流系统如何实现货物的仓储、运输、配送和信息管理。通过这个系统,电商公司能够提高货物的运输效率和服务质量,同时降低物流成本。

三、供应链与供应链管理

供应链是指生产及流通过程中,涉及将产品或服务提供给最终用户活动的上游与下游企业所形成的网链结构,即将产品从商家送到消费者手中的整个链条。这个网链结构中包括供应商、制造商、运输商、零售商等环节,每个环节都有其特定的功能和作用。

供应链是一个复杂的系统,它不仅涉及各个企业之间的协调和合作,还需要考虑到市场需求的变化、政策法规的调整等因素。在供应链中,信息的传递和共享是至关重要的,它可以帮助企业更好地预测市场需求、优化库存管理、提高物流效率等。

供应链管理是指对整个供应链进行计划、协调、控制和优化的过程,它可以帮助企业降低成本、提高效率、增强竞争力。供应链管理需要考虑到各个环节的协同性,同时还需要注重数据的分析和利用,以便更好地进行决策和优化。

随着全球化和互联网的不断发展,供应链管理的难度和复杂性也在不断增加。因此,企业需要不断加强自身的供应链管理能力,以适应市场的变化和需求。

供应链管理的内容包括:采购管理、生产管理、物流管理、销售管理、信息管理。

供应链管理的目标是提高供应链的整体效率和竞争力,以适应市场的变化和需求。为了实现这个目标,供应链管理需要注重各个环节的协调和合作,同时还需要注重数据的分析和利用,以便更好地进行决策和优化。

供应链管理在实践中可以通过以下方式提高效率:优化供应商选择和管理、建立信息共享机制、优化物流管理、实施供应链协同管理、注重数据分析与应用。供应链管理需要注重各个环节的协调和合作,同时还需要注重数据的分析和利用,以便更好地进行决策和优化。只有这样,才能提高供应链的整体效率和竞争力。

案例分析

假设某电子产品制造商生产的产品包括手机、平板电脑等消费电子产品。该公司的供应链包括以下环节：

（1）供应商选择和管理。该公司的供应商来自全球各地，包括芯片制造商、屏幕制造商、电池制造商等。公司与供应商建立长期、稳定的合作关系，确保采购成本和交货期。

（2）生产计划和协调。该公司的生产计划由供应链管理部门负责，该部门需要根据市场需求和库存状况，制订生产计划，并协调各个生产环节，确保生产进度和质量。

（3）物流管理。该公司的物流管理由专业的物流公司负责，他们需要确保产品运输、仓储和配送等环节的顺利进行。物流公司采用先进的物流技术，如 RFID（射频识别）、GPS（全球定位系统）等，提高物流效率和准确性。

（4）信息共享和管理。该公司的供应链信息共享和管理由信息系统负责，需要确保信息的准确性和时效性。公司采用 ERP（企业资源计划）系统、SCM（供应链管理）系统等，实现信息的采集、分析和共享。

（5）协同管理。该公司的供应链协同管理由协同平台负责，该平台需要协调各个环节的协同工作，包括供应商、生产商、物流商等。协同平台采用 B2B（企业对企业）接口、EDI（电子数据交换）等方式，实现信息的共享和协作。

通过以上环节的协调和合作，该公司的供应链管理取得了良好的效果，提高了产品的质量和效率，降低了成本和风险。同时，该公司的供应链管理部门还需要对各个环节进行监控和评估，及时发现问题并进行优化和改进。

这个实例展示了供应链管理的实际应用和实践，它可以帮助企业提高供应链的整体效率和竞争力，以适应市场的变化和需求。

四、企业物流与第三方物流

（一）企业物流

企业物流是指为了满足客户的需要，以最低的成本，通过运输、保管、配送等方式，实现原材料、半成品、成品或相关信息由商品的产地到商品的消费地所进行的计划、实施和管理的全过程。企业物流可理解为围绕企业经营的物流活动，是具体的、微观物流活动的典型领域。

企业物流系统由若干个相互联系的子系统组成，包括运输、仓储、包装、装卸搬运、流通加工、配送和物流信息管理等环节。这些环节在物流系统中起着不同的作用，但它们相互关联、相互影响，共同实现物流系统的整体运作。

企业物流管理包括以下几个方面：采购与供应商管理、库存管理、运输与配送管理、包装与装卸搬运管理、物流信息管理。

企业物流管理的主要任务是通过对物流活动的计划与执行、资源管理、质量管理、风险管理、客户关系管理和持续改进等方面的管理和优化，提高企业的效率和竞争力。同时，随着互联网和物联网技术的发展，企业物流管理也在不断升级和创新。

企业物流管理需要优化的方面包括：流程优化、信息化管理、供应商管理、库存管理、配送优化、逆向物流管理、绿色物流管理、人才队伍建设。

案例分析

假设某电商企业（以下简称 A 公司）的物流网络覆盖了全国各地，其物流管理面临的主要问题是如何提高物流效率和降低成本。为了解决这个问题，A 公司采取了以下措施：

（1）建立智能化的物流信息系统。A 公司通过建立智能化的物流信息系统，实现了对全国物流网络的实时监控和管理。该系统能够自动追踪货物的位置和运输状态，及时更新物流信息，并与电商平台无缝对接，为客户提供实时的物流信息查询服务。

（2）优化仓储管理。A 公司对仓储管理进行了优化，采用了先进的仓储技术和设备，实现了自动化、智能化的仓库管理。通过智能化仓库管理系统，可以实时监控库存数量和货物的存储状态，自动提醒补货和发货，避免了库存积压和缺货现象的发生。

（3）开展共同配送。A 公司通过开展共同配送模式，实现了对不同客户订单的整合和优化，提高了车辆装载率和运输效率。同时，通过与当地物流企业合作，实现了对不同地区的配送覆盖，提高了配送的及时性和准确性。

（4）强化运输管理。A 公司通过强化运输管理，采用了先进的运输技术和设备，实现了对运输过程的全面监控和管理。通过实时监测车辆的位置和行驶状态，A 公司可以及时发现运输过程中的问题并采取相应的措施进行处理。

（5）引入第三方物流服务。A 公司通过引入第三方物流服务，将部分非核心业务的物流活动外包给专业的物流企业进行管理和运营。例如，将最后一公里配送、逆向物流等业务外包给专业的物流企业进行管理和运营，提高了物流效率和客户满意度。

通过以上措施的实施，A 公司的物流管理得到了全面的提升和优化，具体表现在以下几个方面：

（1）物流效率得到了显著提高。通过智能化物流信息系统、共同配送、强化运输管理等措施，A 公司的物流效率得到了显著提高。据统计数据显示，A 公司的订单配送时间平均缩短了 30%，客户满意度也得到了显著提升。

（2）成本得到了有效降低。通过优化仓储管理、引入第三方物流服务等措施，A 公司的成本得到了有效降低。统计数据显示，A 公司的物流成本降低了 20% 左右，同时减少了库存积压和缺货现象的发生。

（3）市场竞争力得到了提升。通过以上措施，A 公司的市场竞争力得到了提升。据市场调查数据显示，A 公司在电商平台上的销售额和客户满意度均得到了显著提升，成为行业内的领先企业之一。

A 公司通过实施建立智能化的物流信息系统、优化仓储管理、开展共同配送、强化运输管理和引入第三方物流服务等措施，实现了企业物流管理的全面提升和优化。这些措施不仅提高了企业的物流效率和客户满意度，也降低了企业的成本，提高了企业的市场竞争力。

（二）第三方物流

第三方物流是指生产经营企业为集中精力搞好主业，把原来属于自己处理的物流活动，以合同的形式委托给专业物流服务公司并保持密切联系，以达到对物流全程管理控制的一种物流运作与管理方式。

第三方物流通常具有以下特点：专业化、高效性、可靠性、经济性、全球性、创新性、定制化、可持续性。

第三方物流的优势主要包括：集中主业、节约投资、减少库存、提升企业经营效率、提升企业形象、创新管理、提高物流效率和客户满意度、增强市场竞争力。

> **案例分析**
>
> 假设某制造企业（以下简称 B 公司）需要将其生产的零部件和原材料从国内的供应商运输到生产工厂，由于生产规模的不断扩大，物流需求日益增加，为了满足生产需求并降低物流成本，B 公司决定将物流业务外包给专业的第三方物流企业进行管理和运营。
>
> B 公司通过招标方式选择了一家知名的第三方物流服务商（以下简称 C 公司），C 公司为 B 公司提供了一站式的物流解决方案，包括以下服务内容：
>
> （1）运输服务。C 公司为 B 公司提供从供应商到生产工厂的全程运输服务，包括货物的装卸、搬运、运输、跟踪等环节。C 公司拥有专业的运输团队和先进的运输设备，能够确保货物安全、准确、及时地到达目的地。
>
> （2）仓储服务。C 公司为 B 公司提供仓储服务，包括货物的存储、保管、分拣、包装等环节。C 公司拥有现代化的仓库管理系统和设备，能够确保货物在存储期间的质量和安全。
>
> （3）配送服务。C 公司为 B 公司提供从生产工厂到销售渠道的配送服务，包括货物的分拣、包装、配送、跟踪等环节。C 公司拥有广泛的配送网络和专业的配送团队，能够确保货物及时、准确地送达销售渠道。
>
> （4）信息管理。C 公司为 B 公司提供信息管理服务，包括物流信息的实时采集、分析和处理等环节。C 公司拥有先进的信息管理系统和设备，能够确保物流信息的准确性和及时性。
>
> 通过与 C 公司的合作，B 公司的物流管理得到了全面的提升和优化，具体表现在以下几个方面：
>
> （1）物流效率得到了显著提高。通过专业的第三方物流服务，B 公司的物流效率得到了显著提高。据统计数据显示，B 公司的订单配送时间平均缩短了 20%，客户满意度也得到了显著提升。
>
> （2）成本得到了有效降低。通过将物流业务外包给专业的第三方物流企业进行管理和运营，B 公司的成本得到了有效降低。据统计数据显示，B 公司的物流成本降低了 15% 左右。
>
> （3）市场竞争力得到了提升。通过与专业的第三方物流企业合作，B 公司的市场竞争力得到了提升。据市场调查数据显示，B 公司的销售额和市场占有率均得到了显著提升，成为行业内的领先企业之一。

B公司通过将物流业务外包给专业的第三方物流企业进行管理和运营,实现了企业物流管理的全面提升和优化。这些措施不仅提高了企业的物流效率和客户满意度,也降低了企业的成本,提高了企业的市场竞争力。

(三)企业物流和第三方物流的区别

企业物流和第三方物流在定义、业务范围、服务模式等方面存在明显的区别。

(1)定义:企业物流是指生产和流通企业围绕经营活动所发生的物流活动,而第三方物流则是供方与需方以外的物流企业提供物流服务的业务模式。

(2)业务范围:企业物流主要围绕企业自身的经营活动展开,包括采购、生产、销售等环节的物流活动,而第三方物流主要服务于外部客户,为其提供专门的物流服务。

(3)服务模式:企业物流通常是企业内部的一部分,其控制权在企业一方,而第三方物流是由外部物流服务企业提供物流服务,其服务模式更加灵活和市场化。

此外,企业物流和第三方物流在资源整合、成本及综合效益方面也存在差异。具体如下:

(1)资源整合方面:通过整合社会资源,第三方物流可以优化物流资源配置,提高物流效率。而企业物流更多地依赖于企业内部资源整合。

(2)成本方面:第三方物流可以通过专业化的服务和管理,降低物流成本。企业物流则可能因为内部管理和运营成本较高而导致物流成本较高。

(3)综合效益方面:第三方物流可以通过提供高效率、专业化的物流服务,提升企业的综合效益。企业物流则可能因为企业内部管理和运营问题而导致物流效益不高。

企业物流和第三方物流在多个方面存在明显的差异,需要根据具体情况选择合适的物流模式。

项目二 物流工程概述

一、物流工程的内涵

物流工程(Logistics Engineering),是以物流系统及其有关活动为研究对象,研究物流系统的规划设计与资源优化配置、物流运作过程的计划与控制以及经营管理的工程领域。物流工程运用自然科学原理和实践总结的经验技术手段及方法实现物流系统目标和价值,其涉及物流系统形成和运作过程的理论、技术和方法及经验应用领域。物流工程进行各种物流系统的分析、规划、设计、管理和控制,并注重信息流在系统中的作用,以求系统整体的最优效益。物流工程是管理与技术的交叉学科,它与交通运输工程、管理科学与工程、工业工程、计算机技术、机械工程、环境工程、建筑与土木工程等领域密切相关,它的发展方向是专业化、系统化、集成化、信息化和智能化。

物流工程概述

现代物流工程是集系统理论和现代管理理论与方法、物流技术与装备于一体的系统工程,它综合运用现代机电技术、电子信息技术与通信技术、数据库技术、条码技术、射频技术、物流跟踪定位技术、自动化和智能技术、运输技术、仓储技术、包装技术、分拣与加工技术、建模与仿真技术等现代化技术，并依托现代化的物流技术装备与设施，进行物流系统与网络的规划和运营。

二、物流工程的研究对象与内容

（一）物流工程的研究对象

（1）企业的物流系统。
（2）运输及仓储业物流系统。
（3）社会物资流通调配系统。
（4）社区、城市、区域规划系统。
（5）服务和管理系统（如办公室、教育、医院、行政管理等）。
（6）设施（公共设施）布置，选址及操纵设备等。

总之，物流工程的研究对象是各种物流及其相关的非物流系统。

（二）物流工程的内容

1. 管理科学

物流工程以物流系统的效益为目的，仅靠先进的装备并不能达到目的，它需要通过物流的经济管理、质量管理，建立先进的物流管理体系的管理科学方法来实现物流系统的高效运作。目前一些管理方法，如 MRP（物流需求计划）、ERP（企业资源计划）、供应链管理等已经在物流系统中广泛应用。

2. 网络技术和通信技术

现代物流系统最主要的特性是物流各元素的集成，而要实现这种集成就离不开网络技术和通信技术。例如，生产企业的物流需要通过各种工业控制网络实现对物流系统的控制；物流的信息通过内联网和互联网进行交流，通过条码、GPS、EDI（电子数据交换）等技术实现信息的采集与交换等。

3. 仿真技术

计算机仿真技术在物流工程中的应用，可以通过计算机将物流系统的运行情况在具体运作前模拟出来，从而为对系统的预测和改进提供重要的参考。计算机仿真分为连续系统和离散系统的动态仿真。通过计算机的形象的演示，仿真结果可以更直观地表达。

4. 系统分析

应用系统工程、运筹学、搬运系统分析（Systematic Handling Analysis，SHA）和系统布置设计（Systematic Layout Planning，SLP）等分析方法建立针对物流系统的分析方法。

5. 物料搬运技术

物料搬运是衔接物流系统中物料由不同的储存和运输方式转换的工具。物料搬运设备包括：连续输送设备、管道输送设备、工业车辆、起重设备、机器人等。在物流工程中一方面是根据系统的需要选择合适的设备，另一方面则需要通过新型设备的开发来满足物流系统的需求。

6. 仓储技术

物流系统的建立离不开仓库，在物流工程中，建立各种仓储设施和相应的存储设备与集装器具也是十分重要的。在各类仓库中最能代表现代物流技术的设施就是自动化立体仓库系统，它涉及机械、结构、电气、自动控制、计算机、网络等学科，是综合性强的高技术。

三、物流工程的特点

1. 系统性（全局性、整体性）

物流系统是由很多部分组成的，同时，系统的目的性或特定功能往往也由若干目标或指标形成，所以不能单从一个部分或某一个指标来思考和解决问题，要从系统的整体出发，将各组成部分按预期目标有机地组合并互相配合，探索出一个最好或较好的整体方案。

2. 并联性

系统各组成部分本身及它们相互之间都有着联系和制约的关系，如系统输出与输入的关系，系统所有组成部分中的参数变量与系统特定功能之间的关系，都标示着系统的相互作用和相互依赖。在研究物流系统时，必须设法描述这种相互关系，而且要用明确的方式（如用定量、图、表等方式）来表示。

3. 最优性

规划、设计和使用物流系统的最终目的是完成特定的功能，并且希望完成功能的效果最好，也就是说，以最少的人力、物力和财力消耗，在最短的时间里获得最大效益。这种统筹安排、选择最优的过程，就是物流工程的最优性思想。

4. 综合性

物流系统涉及面广，不但有技术因素，还有经济因素、社会因素。所以，只靠一两门学科知识是不够的，需要诸如数学、运筹学、经济学、机械设计、计算机技术、控制论及心理学等各方面的学科知识，把这些学科横向交叉，综合在一起来规划、设计和研究物流工程。

5. 实践性

物流工程师非常注重实用性，如果离开具体的项目和工程，也就谈不上物流工程。

项目三 物流的发展历史

一、萌芽阶段：20 世纪初至 20 世纪 50 年代

在物流的萌芽阶段，随着工业革命的影响逐渐扩大，生产和消费之间的距离不断拉大，物流活动开始出现并逐渐受到重视。这个阶段的特点是物流活动的分散性和无序性，企业各自为政，没有形成完整的物流体系。

物流的发展历史

1. 政策背景

物流发展历史中的萌芽阶段，大致是在 1949—1965 年。这一阶段，国民经济尚处在恢复性发展时期，工农业生产水平较低，经济基础较薄弱。由于我国借鉴了苏联的经济管理体制模式，物流功能按行业、按部门形成了条块分割的局面。

在生产单位里虽然设立了相应的采购供应、销售和生产组织部门，但其完全是被动地服从于各级的计划，企业物流的各环节还处于各自为政而无系统可言的状态。在流通部门开始建立数量不多的储运公司和功能单一的仓库；交通运输业处在恢复和初步发展时期，虽然修建了武汉长江大桥、公路国道、铁路线路等交通基础设施，但整体运输能力和水平等仍很落后，成为经济发展的瓶颈；物料搬运和仓储环节比较落后，物流业远远不能适应工农业生产和人民生活水平发展的需要。

随着生产的发展，我国初步建立了物资流通网络系统，在物流管理方面也采取了一些新的措施，如组织定点供应、试行按经济区域统一组织市场供应等，初步形成了单项物流功能。我国推出了许多政策来支持物流行业的发展。例如，政府加强了对物流基础设施建设的投入，修建了大量的公路、铁路、桥梁等交通基础设施，为物流运输提供了更好的条件。此外，政府还鼓励企业加强物流管理，提高物流效率，推动企业物流的优化和升级。这些政策的推出为我国物流行业的发展奠定了基础。

2. 市场环境

物流市场的需求主要来自生产和消费两个方面。生产企业的需求主要是将原材料、零部件等从供应商运输到工厂，以及将产成品从工厂运输到分销商或消费者手中。消费市场的需求主要是将商品从供应商运输到零售商，以及将商品从零售商运输到消费者手中。由于物流活动主要由企业自行完成，因此物流市场的竞争较为有限，服务水平也相对较低。

3. 技术发展

在萌芽阶段，物流技术发展相对缓慢，主要以传统的人工和简单的机械操作为主。运输方式主要是铁路、公路和水路运输，航空运输刚刚起步。仓储设施也比较简陋，主要以地面货架和露天堆场为主。信息技术还没有广泛应用于物流领域，信息传递和处理主要依靠人工和简单的机械操作。

4. 总结

物流的萌芽阶段是一个无序发展的阶段，政府开始意识到物流行业的重要性，并出台了一些政策来推动其发展。市场需求逐渐扩大，但服务水平较低，技术发展相对缓慢。随着生产和消费的不断发展，物流行业开始进入一个有序发展的阶段。

二、起步阶段：20 世纪 60 年代至 80 年代

在物流的起步阶段，随着经济的快速发展和消费市场的扩大，企业开始意识到物流管理的重要性。这个阶段的特点是物流管理的系统化和规范化，企业开始对整个物流过程进行规划和管理，而不仅仅是单一的运输和仓储环节。

1. 政策背景

物流的起步阶段，大致是在 1966—1978 年。这一阶段，物流业处于一种半停顿状态。

20 世纪 70 年代末，随着改革开放的开始，我国开始重视物流业的发展。这一阶段，政府开始认识到物流业在经济发展中的重要性，并推出了一些政策来支持物流行业的发展。

1982 年，国家经贸委、国家计委、财政部、交通部、铁道部联合发布了《关于加强企业物流管理工作的意见》，要求企业重视物流管理，加速物流技术的改造，提高物流管理水平。

此外，政府还鼓励企业加强物流设施建设，提高物流运输效率。同时，政府还加大了对物流基础设施建设的投入，推动了我国物流基础设施的改善。

2. 市场环境

物流市场的需求继续扩大，但竞争开始加剧。企业开始意识到物流管理的重要性，并开始将物流作为企业战略的一部分。随着经济的全球化和消费市场的国际化，跨国物流和国际物流逐渐成为物流市场的重要组成部分。

3. 技术发展

物流技术发展迅速，特别是信息技术和运输技术的进步为物流管理提供了更好的手段。条码技术、电子数据交换（EDI）、全球定位系统（GPS）等信息技术开始广泛应用于物流领域，提高了物流效率和准确性。同时，高速公路、铁路、航空和水路运输等运输技术也不断改进和发展，提高了运输效率和质量。

4. 企业合作与专业化发展

企业开始意识到合作的重要性，并开始寻求与其他企业的合作，以共同完成物流活动。例如，企业开始通过共同配送、联合运输等方式来提高运输效率和降低成本。同时，第三方物流服务开始兴起，专业化物流服务逐渐成为物流市场的重要组成部分。

5. 总结

总体来说，物流的起步阶段是一个系统化和规范化的阶段，政府开始出台更加具体的政策来推动其发展。市场需求继续扩大，竞争加剧，技术发展迅速，企业合作与专业化发展成为趋势。随着这些变化的发生，物流行业开始进入一个更加成熟和有序的发展阶段。

三、现代化阶段：20 世纪 90 年代至 21 世纪初

在物流的现代化阶段，随着信息技术和互联网的普及，物流管理进入了一个全新的时代。这个阶段的特点是物流管理的信息化、自动化和柔性化，企业开始利用信息技术对物流过程进行智能化管理，提高物流效率和降低成本。

1. 政策背景

物流的现代化阶段，大致是在 20 世纪 90 年代至 21 世纪初。这一阶段，随着改革开放的深入和经济的快速发展，我国物流行业迎来了快速发展时期。

为了支持物流行业的发展，我国政府推出了一系列政策措施。其中，1991 年 10 月 28 日，国务院发布《关于进一步搞活农产品流通的通知》（国发〔1991〕60 号），通过完善购销政策，加强储备制度建设，深化流通体制改革，进一步解决农产品流通滞后问题。

此外，政府还出台了一系列支持物流业发展的政策，包括税收优惠、资金扶持、加快物流基础设施建设等。同时，政府还加强了对物流行业的监管，规范了物流市场的秩序。

这一阶段，我国物流业的发展得到了政府的大力支持和推动，物流设施得到了极大的改善，物流技术也得到了更新换代。同时，随着电子商务和互联网技术的发展，我国物流行业开始进入数字化和智能化的发展阶段。

2. 市场环境

在现代化阶段，物流市场的需求持续扩大，竞争也变得更加激烈。随着全球经济一体化的加速和消费市场的个性化趋势，企业对物流服务的需求越来越多样化，要求也越来越高。同时，跨国公司和国际物流的发展也进一步推动了物流市场的竞争。

3. 技术发展

在现代化阶段，物流技术得到了突飞猛进的发展。信息技术如条码技术、电子数据交换（EDI）、全球定位系统（GPS）、物联网技术等广泛应用于物流领域，实现了物流过程的信息化和智能化。自动化技术如自动化仓库、无人搬运车等也开始应用于物流领域，提高了物流效率和准确性。此外，电子商务和移动互联网的发展也为物流管理带来了新的机遇和挑战。

4. 企业合作与供应链管理

企业开始采用供应链管理的理念和方法，对整个供应链进行规划、协调、控制和优化，以提高整个供应链的效率和竞争力。同时，第三方物流服务也得到了进一步的发展，成为物流市场的重要组成部分。

5. 总结

物流的现代化阶段是一个信息化、自动化和智能化的阶段。政府出台了一系列政策来推动其发展，市场环境发生了深刻变化，技术发展迅速，企业合作与供应链管理成为趋势。随着这些变化的发生，物流行业开始进入一个更加高效和智能的发展阶段，为未来的发展奠定了基础。

四、智能化、自动化与大数据阶段：21世纪初至今

随着物联网、大数据、人工智能等新技术的快速发展和应用，物流管理进入了智能化、自动化与大数据阶段。这个阶段的特点是物流管理的智能化和自动化程度更高，大数据技术的应用使得物流决策更加精准和高效。

1. 政策背景

首先，政府加强了对物流信息平台和大数据中心的建设，整合、分析和应用物流行业数据，实现物流信息的共享和智能化决策。2016年4月15日，国务院办公厅发布《关于深入实施"互联网+流通"行动计划的意见》（国办发〔2016〕24号），深入实施"互联网+流通"行动计划，进一步推进线上线下融合发展，从供需两端发力，实现稳增长、扩消费、强优势、补短板、降成本、提效益。

其次，政府鼓励和支持物流企业实施智能运输技术，推动智能化物流网络建设，提高物流运输效率和降低能耗排放。例如，2017年，交通运输部发布了《关于印发推进智慧交通发展行动计划（2017—2020年）的通知》，提出要加强智能交通基础设施建设和装备研发。

此外，政府还通过税收减免、财政补贴、科技创新奖励等方式，激励物流企业加大智慧物流技术投入和创新。例如，2018年，财政部和国家税务总局发布了《关于物流企业承

租用于大宗商品仓储设施的土地城镇土地使用税优惠政策的通知》(财税〔2018〕62号),对符合条件的物流企业大宗商品仓储设施用地给予城镇土地使用税优惠。

同时,我国还加强了对国际物流通道的建设,以加快形成内外联通、安全高效的物流网络。2023年,交通运输部等有关部门联合印发了《关于加快推进现代航运服务业高质量发展的指导意见》,提出要全面提升现代航运服务业发展水平和国际影响力,更好服务构建新发展格局,服务加快建设交通强国、海洋强国。

我国在物流的智能化、自动化与大数据阶段推出了一系列政策措施来支持物流行业的发展,旨在提高物流效率、降低成本、推动智能化和自动化技术的应用,为我国物流行业的持续创新和发展提供了重要的保障。

2. 市场环境

物流市场的需求更加多元化和个性化,竞争也更加激烈。随着电子商务和移动互联网的快速发展,消费者对物流服务的要求越来越高,要求物流服务更加快速、准确、便捷。同时,全球化和国际化的趋势也进一步推动了物流市场的竞争。

3. 技术发展

物流技术得到了空前的发展。物联网技术使得物品能够被实时追踪和管理;大数据技术可以对海量的物流数据进行挖掘和分析,为物流决策提供精准的数据支持;人工智能技术如机器学习、神经网络等在物流领域的应用也越来越广泛,如智能调度、智能仓储等。这些技术的应用大大提高了物流管理的智能化和自动化程度,提高了物流效率和准确性。

4. 企业合作与供应链协同

企业更加注重供应链的协同和优化,通过大数据和人工智能等技术实现供应链的智能化管理。企业开始采用平台化的合作模式,与其他企业进行深度合作,共同优化整个供应链的运作。同时,企业也开始注重自身的数字化转型,通过数字化手段提高自身的运营效率和客户满意度。

5. 总结

物流的智能化、自动化与大数据阶段是一个高度智能化和自动化的阶段。政府出台了一系列政策来推动其发展,市场环境发生了深刻变化,技术发展迅速,企业合作与供应链协同成为趋势。随着这些变化的发生,物流行业开始进入一个更加高效、智能和协同的发展阶段,为未来的发展带来了无限可能。

项目四 现代物流的发展趋势

一、初步信息化阶段

初步信息化阶段是现代物流发展的第一个阶段,这个阶段主要是针对物流信息处理活动的数字化和网络化。

在这个阶段,企业开始引入各种软件工具,如全球定位系统(GPS)、地理信息系统(GIS)、射频识别(RFID)、自动识别软件等,以及

现代物流的发展趋势

各种通用的软件工具，如办公套件、企业邮箱等，来实现物流信息的数字化和网络化。这些工具的应用，使得物流信息能够被快速地传递和共享，提高了物流运作的效率和准确性。

初步信息化阶段的特点是IT（信息技术）通常被用作个人使用的工具，并不涉及物流企业的业务流程和多个环节之间的信息交互。这个阶段主要是通过单点应用系统来处理物流信息，例如运输管理系统、仓储管理系统等。这些系统虽然能够提高物流运作的效率和准确性，但仍然是孤立的、不互通的，无法实现信息的全面共享和协同。

二、自动化和智能化阶段

自动化和智能化阶段是现代物流发展的一个重要阶段，这个阶段主要是通过自动化技术和智能技术的应用，进一步提高物流效率和准确性。

在这个阶段，物流企业开始广泛应用自动化设备和技术，如自动化仓库、无人搬运车、智能调度等，以实现物流运作的自动化和智能化。这些技术的应用，不仅可以提高物流运作的效率和准确性，还可以减少人力成本和人为错误，提高物流安全性。

此外，随着物联网、大数据、人工智能等新技术的快速发展和应用，物流信息化和数字化水平不断提升。企业开始利用这些技术进行数据分析和优化，实现更加精准和智能的物流管理。例如，利用大数据技术对历史数据进行分析，预测未来的市场需求和运输需求；利用人工智能技术进行智能调度和路径规划，提高运输效率和准确性。

自动化和智能化阶段的特点是IT被用作支持个人、团队及多个环节的集成的工具，涉及物流企业的业务流程和多个环节之间的信息交互。这个阶段主要是通过综合应用系统来处理物流信息，实现物流信息的全面共享和协同。这些系统能够将各个环节的物流信息进行整合和优化，进一步提高物流运作的效率和准确性。

三、大数据和云计算阶段

大数据和云计算阶段是现代物流发展的一个重要阶段，这个阶段主要是通过大数据和云计算技术的应用，进一步提高物流效率和智能化水平。

大数据技术的应用使得物流企业可以对海量的数据进行处理和分析，挖掘出更多有价值的信息，从而更好地满足客户需求。例如，通过对历史数据的分析，可以预测未来的市场需求和运输需求；通过对运输路线的分析，可以优化运输路径和运输计划。这些信息可以为企业的决策提供更加精准的数据支持，提高企业的运营效率和客户满意度。

云计算技术的应用则可以提供强大的计算能力，高效地支撑着大数据存储、管理和分析。通过云计算技术，物流企业可以实现资源的共享和优化配置，降低IT成本和人力成本。同时，云计算技术还可以提高系统的可靠性和可扩展性，为企业的快速发展提供更好的支持。

四、平台化和生态化阶段

平台化和生态化阶段是现代物流发展的一个重要阶段，这个阶段主要是通过建立物流平台和生态系统，实现资源的共享和优化配置，进一步提高物流效率和智能化水平。

在这个阶段，物流企业开始建立各种物流平台，如物流信息平台、物流交易平台等，通过平台化运作实现资源的共享和优化配置。这些平台可以提供全方位的物流服务，满足客户的不同需求，同时也可以吸引更多的合作伙伴加入平台，形成一个良性的生态系统。

物流生态系统中的各参与者通过信息共享和资源整合，实现互利共赢和共同发展。例如，通过与供应商、制造商、分销商等建立合作伙伴关系，可以实现供应链的协同和优化；通过与金融机构、保险机构等建立合作关系，可以实现金融服务的创新和升级。

五、跨界融合和创新发展阶段

跨界融合和创新发展阶段是现代物流发展的一个重要阶段，这个阶段主要是通过与其他行业的跨界融合和创新发展，推动物流行业的升级和发展。

随着经济的发展和技术的进步，物流行业正面临着越来越激烈的竞争，企业需要不断地进行创新和升级，以适应市场的变化和客户的需求。在这个阶段，物流企业开始与其他行业进行跨界融合和创新发展，开拓新的市场和业务领域。

例如，物流企业可以与电子商务企业合作，共同开发智能物流系统和电商物流服务，提高物流效率和客户满意度；物流企业还可以与金融企业合作，推出物流金融服务，如供应链金融、物流保险等，满足客户对金融服务的需求。

> **职业素养**
>
> 习近平总书记在党的二十大报告中关于加快构建新发展格局，着力推动高质量发展的重要讲话，使学生认识到物流工程作为现代服务业的重要组成部分，对于国家经济发展和现代化建设具有重要意义。随着经济的快速发展和全球化的趋势，物流工程在国民经济中发挥着越来越重要的作用。通过对本课程的学习，学生将全面了解物流工程的内涵、基本原理和方法，掌握物流系统规划、设计、运营等方面的知识，为今后在物流领域从事相关工作打下坚实的基础。

模块练习

一、单选题

1. 物流系统的特征包括（　　）、相关性、目的性和环境适应性。
   A．整体性　　　　B．一致性　　　　C．关联性　　　　D．可靠性
2. 供应链管理是指对整个供应链进行计划、协调、控制和（　　）的过程。
   A．指挥　　　　　B．领导　　　　　C．优化　　　　　D．管理
3. 企业物流管理的主要任务是通过对物流活动的管理和优化，提高物流效率和（　　）。
   A．服务客户　　　B．扩大影响力　　C．降低成本　　　D．收支平衡
4. 第三方物流的特点是（　　）。
   A．专业性、经济性、灵活性　　　　B．专业性、经济性、可靠性
   C．专业性、可靠性、灵活性　　　　D．可靠性、经济性、灵活性

5．物流的基本功能包括（   ）。
   A．运输、仓储、包装、装卸搬运
   B．仓储、包装、装卸搬运、延伸服务
   C．包装、装卸搬运、延伸服务、配送
   D．装卸搬运、延伸服务、配送、物流信息

二、判断题

1．物流是指根据实际需要，使物品从供应地向接收地进行实体流动的过程。（   ）
2．物流的萌芽阶段大致是在 1966—1978 年。（   ）
3．企业物流管理的主要任务是通过对物流活动的管理和优化，提高物流效率和降低成本。（   ）

三、简答题

1．请简述第三方物流的优势和应用。
2．请简述物流工程的研究对象。

模块二　物流运输设施设备

知识目标：掌握物流运输的定义；了解各种运输方式下运输设备的应用和发展趋势；掌握各种运输设备的主要类型、特点、基本结构。

能力目标：能描述运输类型和运输设施设备，能根据货物的性质和运输要求选择合理的运输方式，能根据货物性质选用合适的运输设备。

素质目标：培养发现问题、分析问题和解决问题的能力；形成安全意识、爱岗敬业、生态文明理念；树立勇于创新、精益求精的职业精神。

学习重点：公路、铁路运输设备的概念及特点。

学习难点：公路、铁路运输设备的概念及特点。

模块导入

公路运输是常见的运输方式，如图 2-1 所示。

图 2-1　公路运输

思考：请谈谈你印象中的公路运输。

项目一 公路运输设备

一、公路运输概述

根据《物流术语》（GB/T 18354—2021），运输的定义为：利用载运工具、设施设备及人力等运力资源，使货物在较大空间上产生位置移动的活动。

我国的公路运输在整个交通系统中占据着独特的地位。在东部地区，铁路和水路交通相对发达，而公路主要发挥辅助运输的作用，负责短途运输；在西南和西北地区，公路则承担着干线运输的任务。经过数十年的建设，我国初步建立了以北京为中心的公路网，连接各省省会，串联枢纽站、港口、工矿区以及农林牧生产基地。然而，公路网的分布在地区上仍然存在显著的差异。

公路运输主要负责近距离、小批量的货物运输，以及铁路和水路难以覆盖的长途、大批量货物运输。从狭义上来看，公路运输特指汽车货物运输。从广义上来说，公路运输是指利用各种载运工具（如汽车、拖拉机、畜力车、人力车等）沿着道路实现旅客或货物的空间位移过程。

（一）公路运输的特点

1. 公路运输的优点

(1) 汽车运输途中不需要中转，因此，汽车运输的运送速度比较快。
(2) 汽车运输可以实现"门到门"的直达运输，因而货损货差少。
(3) 机动灵活，运输方便。
(4) 原始投资少，经济效益高。
(5) 驾驶技术容易掌握。

物流设施设备——公路运输

2. 公路运输的缺点

(1) 运输能力小。
(2) 运输能耗很高。
(3) 运输成本高。
(4) 劳动生产率低。
(5) 占地多，污染严重。
(6) 易发生事故。
(7) 受环境影响大。

（二）公路运输的功能

(1) 主要担负中、短途运输。短途运输通常运距为 300km 以内；中途运输运距为 300～600km。
(2) 衔接其他运输方式的运输。由其他运输方式（如铁路、水路或空路）负责主要（长途）运输时，由汽车运输负责起点、终点处的客货集散运输。

(3）独立承担远距离运输任务。即便运输距离超过其经济运作距离（通常为800km），但出于国家或地区政治经济建设等需求，汽车运输也常常负责远距离运输任务。例如，对于偏远地区或少数民族地区的长途货物运输、因救灾工作紧急需求而组织的远距离货物运输，以及公路超限货物的"门到门"远距离直达运输等。

（三）我国公路的分级

1. 我国公路的技术等级

《公路工程技术标准》（JTG B01—2014）是国家颁布的关于公路设计、修建和养护的技术准则，反映了我国公路建设的方针、政策和技术要求。在公路设计、修建和养护中，必须严格遵守。

公路技术等级划分的定量指标主要有交通量和计算行车速度两项。

交通量是指单位时间内（每小时或每昼夜）通过两地间某公路断面处来往的实际车辆数。我国的《公路工程技术标准》（JTG B01—2014）规定了各级公路的计算行车速度。

汽车在道路上实际行驶的平均速度被称为平均技术速度。通常情况下，平均技术速度略低于计算行车速度。平均技术速度根据公路等级的不同而有所变化，一般为计算行车速度的60%～90%。

我国公路分为两大类、五个等级：两大类是指汽车专用公路和一般公路；五个等级是指高速公路，一级、二级、三级、四级公路。我国公路等级见表2-1。

表 2-1 我国公路等级

公路等级	在交通网中的意义	年平均昼夜交通量/辆
高速公路	具有特别重要的政治、经济意义，专供汽车分道行驶，全程控制出入	15000以上
一级公路	连接重要政治、经济中心，通往重点工矿区，可供企业行驶，部分控制出入	15000以上
二级公路	连接政治、经济中心或大型工矿区的干线公路，或运输任务繁忙的城郊公路	5000～15000
三级公路	沟通县以上城市的一般干线公路	2000～6000
四级公路	沟通县、乡、村等的支线公路	双车道2000以下 单车道400以下

2. 我国公路的行政等级

目前我国公路的行政等级主要分为国道、省道、县道、乡道和专用公路。

（1）国道。国道是指具有全国性政治、经济意义的主要干线公路，包括重要的国际公路、国防公路，连接首都与各省、自治区首府和直辖市的公路，连接各大经济中心、港站枢纽、商品生产基地和战略要地的公路。

（2）省道。省道是指具有全省（自治区、直辖市）政治、经济意义，以省会城市为中心，连接省内重要城市、交通枢纽、主要经济区的干线公路，以及不属于国道的省际重要公路。

（3）县道。县道是指具有全县政治、经济意义，连接县城和县内主要乡（镇）、主要商品生产和集散地的公路，以及不属于国道、省道的县际公路。

（4）乡道。乡道是指直接或主要为乡（镇）内部经济、文化、行政服务的公路，以及乡（镇）与外部联系的公路。

（5）专用公路。专用公路是指专供或主要供某特定工厂、矿山、农场、林场、油田、电站、旅游区、军事要地等与外部连接的公路，它由专用部门或单位自行规划、建设、使用和维护。

案例分析

广东德邦物流有限公司（以下简称"德邦物流"）于2015年在广东省广州市注册成立。德邦物流以华南、华北、华东、西南、华中为主干线，全面开拓全国各地的整车、零担和快递业务，公司自行开设了近百条长途专线及短途专线，通达全国500多个城市。德邦物流以"为中国提速"为使命，凭借一流水准的服务体系和持续完善的营业网络，竭诚为广大客户提供安全、快速、专业的服务。

思考：
1. 德邦物流是一个以汽运业务为核心的企业，该运输形式有何特点？
2. 德邦物流公路货运可以开展哪些运输形式？

答：1. 德邦物流以汽车运输为核心业务，汽车运输的特点是：
（1）汽车运输途中不需要中转，因此，汽车运输的运送速度比较快。
（2）汽车运输可以实现"门到门"的直达运输，因而货损货差少。
（3）机动灵活，运输方便。
（4）原始投资少，经济效益高。
（5）驾驶技术容易掌握。
（6）运输能力小。
（7）运输能耗很高。
（8）运输成本高。
（9）劳动生产率低。
（10）占地多，污染严重。
（11）易发生事故。
（12）受环境影响大。
2. 可以开展整车货物运输、零担货物运输两种运输形式。

二、公路运输设施与设备

（一）公路及其基本构成

公路是一种人工陆上道路，具有一定线形、宽度和强度，专为各种机动车辆、非机动车辆、行人和牲畜通行而设计。其主要组成部分包括路基、路面、桥梁、隧道、涵洞等基本结构，以及其他辅助构造物和设施。

1. 路基

路基承担着路面的基础功能，与路面一同分担车辆的负荷，同时抵挡地表各种自然因素的侵蚀。路基的宽度与公路横向的路幅宽度相等，路幅宽度则包括中间路面宽度与两侧路肩宽度。为了满足车辆和行人通行的需求，路基必须具备坚固和稳定的特性。因此，在公路选址时，需充分考虑路基的坚固性，合理设计路基的形状和尺寸，并在施工过程中特别注意分层填筑和压实，确保有效解决路基排水问题。

2. 路面

路面是在路基上使用坚硬材料铺设的层状结构，专为汽车行驶而设计。它直接承受车辆的行驶作用力，一般分为面层、基层、垫层和土基。根据不同的面层材料，路面可分为沥青路面、水泥混凝土路面、块料路面和粒料路面等；而根据技术条件和面层类型的不同，又可分为高级、次高级、中级和低级路面。通过合理选择和设计路面，可以显著降低公路建设的成本。路面的选用通常需要考虑公路性质、任务、交通量，并充分利用当地材料，结合施工条件等因素来确定。为了确保车辆在路面上能够以一定的行驶速度安全行驶，路面必须具备一定的强度、平整度和必要的粗糙度，以确保车辆在其表面上能够安全、迅速、舒适地行驶。

3. 桥梁、隧道与涵洞

当公路需要横跨河流、山谷，或与铁路、其他公路形成立体交叉时，通常需要修建桥梁或涵洞；当公路穿越山岭时，则需要兴建隧道。按照相关技术规范，单孔跨径小于5m或多孔跨径之和小于8m的被称为涵洞，超过这一规定值的则被称为桥梁。桥梁主要用于公路跨越河流、山谷或其他人工建筑物，包括梁式桥、拱桥、吊桥、刚构桥和斜拉桥等不同类型。

涵洞是为了排除地面水流或满足农田灌溉需要而设置的小型排水构造物，其跨越路基，根据规定的尺寸分类。公路排水系统旨在排除地面水和地下水，由各种排水设施组成，包括拦截、汇集、输送和排放等关键环节。

隧道一般设置在公路线形的平坡和直线段上，也可以设在不设超高的大半径平曲线上。隧道内的纵坡度应在0.3%～3%之间，以便于排水和确保行车安全。对于较长的公路隧道，还需要配备照明、通风、消防和报警等其他设施，以确保隧道内的安全和通行条件。

4. 防护工程

防护工程是为了加固路基边坡，确保路基稳定而修建的结构物。

5. 交通服务设施

交通服务设施一般是指公路沿线设置的交通安全、养护管理、服务、环境保护等设施，如交通标志、交通标线、养护管理房屋和绿化美化设施等。

（二）高速公路的发展

中国的高速公路发展始于20世纪80年代。从1988年中国大陆第一条高速公路——沪嘉高速公路全线通车起至今，中国在高速公路建设方面取得了令人瞩目的成就。截至2012年，中国高速公路通车总里程达到9.6万km，位居全球第二。到2013年底，中国高速公路通车总里程突破10万km，超过美国，成为当时全球高速公路通车总里程最长的国家。2016年，中国建成了当时世界上最高的高速公路桥——北盘江大桥。2017年，世界上最长的沙漠高速公路——京新高速公路基本建成通车。2018年，全球最长的跨海大桥——港珠澳大桥建成通车。截至2022年年底，中国高速公路通车总里程达到17.7万km，稳居全球第一。

（三）高速公路的命名及其功能

1. 国家高速公路网路线的命名

国家高速公路网路线的命名应遵循公路命名的一般规则。

国家高速公路网路线名称按照路线起讫点的顺序，在起讫点地名中间加连接符"—"组成，全称为"××—××高速公路"。路线简称采用起讫点地名的首位汉字表示，也可以采用起讫点所在省（市）的简称表示，格式为"××高速"。

国家高速公路网路线名称及简称不可重复。出现重复时，采用以行政区划名称的第二或第三位汉字替换等方式加以区别。

国家高速公路网的地区环线名称，全称为"××地区环线高速公路"，简称"××环线高速"，如"杭州湾地区环线高速公路"，简称"杭州湾环线高速"。

国家高速公路网的城市绕城环线名称以城市名称命名，全称为"××市绕城高速公路"，简称"××绕城高速"，如"沈阳市绕城高速公路"，简称"沈阳绕城高速"。

当两条以上路段起讫点相同时，则按照由东向西或由北向南的顺序，依次命名为"××—××高速公路东（中、西）线"或"××—××高速公路北（中、南）线"，简称"××高速东（中、西）线"或"××高速北（中、南）线"。

路线地名应采用规定的汉字或罗马字母拼写表示。路线起讫点地名的表示，应取其所在地的主要行政区划的单一名称，一般为县级（含）以上行政区划名称。

南北纵向路线以路线北端为起点，以路线南端为终点；东西横向路线以路线东端为起点，以路线西端为终点。放射线的起点为北京。

全国高速公路详细内容可以查看《国家公路网规划》，该规划是我国高速公路建设的纲领性文件。

2. 高速公路的主体功能

（1）封闭、全立交、严格控制出入。高速公路实行的是一种封闭型管理，各种车辆只能在具有互通式立交的匝道进出，从而界定了运营管理的责任。

（2）汽车专用，限速通行。高速公路只供汽车专用，不允许行人、牲畜、非机动车和其他慢速车辆通行。同时，一般规定时速低于60km的车辆不得上路，最高时速也不宜超过120km，从而保证了运营管理对象的唯一性。

（3）设中央分隔带，分道行驶。高速公路一般有4条以上车道，实行车道分离，渠化通行，隔绝了对向车辆的干扰，并通过路面交通标线分隔不同车速的车辆，较好地保证了高速公路的连续畅通，从而强调了运营管理的秩序。

（4）有完善的交通设施与服务设施。高速公路能满足驾驶员在路上的多种需求，除设有各种安全、通信、监控设施和标志进行无声服务外，还建有服务区，能够提供停车休息、餐饮、住宿、娱乐、救助、加油、修理等综合服务，同时，高速公路也是信息传递的多功能载体，从而决定了运营管理的服务性。

（四）高速公路的设施与设备

为了确保高速公路的安全与畅通，为驾驶员提供快速、优质的信息服务，高速公路建设了各类基础性设施，安装了先进的通信、监控系统，可以快速、准确地监测道路交通状况，并通过可变情况板、交通信息广播电台及互联网实时发布交通信息。这些设施与设备可以概括为以下几大类。

1. 安全设施

（1）标志，如警告、限制、指示标志等。

(2) 标线，用文字或图形来指示行车的安全设施。
(3) 护栏，有刚性护栏、半刚性护栏、柔性护栏等。
(4) 隔离设施，是对高速公路进行隔离封闭的人工构造物的统称，如金属网、常青绿篱等。
(5) 照明及防眩设施，如为保证夜间行车的安全所设置的照明灯、车灯灯光防眩板等。
(6) 视线诱导设施，如为保证驾驶员视觉及心理上的安全感而设置的轮廓标等。

2. 交通管理设施

(1) 高速公路入口控制。
(2) 交通监控设施，如监测器监控、工业电视监控、通信联系电话、巡逻监视等。

3. 服务性设施

(1) 综合性服务站（包括停车场、加油站、修理所、餐厅、旅馆、邮局、休息室、厕所、小卖部等）。
(2) 小型休息点（以加油为主，附设厕所、电话、小块绿地、小型停车场等）。
(3) 停车场。

4. 环境美化设施

高速公路景观绿化设计是环境设计的一个重要组成部分，包括互通立交区内部和服务设施的场地景观设计，中央隔离带的绿化设计，边坡及路线两侧的景观设计等。如中央隔离带绿化采用了两种种植单元的方案，即一般路段的景观美化和重点路段的景观美化。

（五）汽车货运站的基本功能

汽车货运站是道路交通运输的基础设施之一，在国家经济建设中具有重要地位，其基本功能包括汽车运输组织、中转和装卸储运、中介代理、通信信息服务、辅助服务等。

1. 运输组织功能

汽车货运站应具有对运输市场的组织管理和站内各机构、车辆、货流的组织管理功能。

2. 中转和装卸储运功能

通过各种运输方式运到汽车货运站的货物需要中转或送达用户，但货运站不可能将全部货物及时中转或送达用户，没有及时送出的货物需要在站内储存、堆放。另外，汽车货运站的仓库，不仅作为中转货物的储存地，更重要的是通过合同关系，出租给各企业存放成品和半成品。许多企业为了减少投资，降低成本，加速产品流通，自己不设仓库，而由货运站的仓库代为储存。

3. 中介代理功能

运输代理是指汽车货运站为其服务区域内的各有关单位或个体，代办各种货物运输业务，为货主和车主提供双向服务，选择最佳运输线路，合理组织多式联运，实行"一次承运，全程负责"。

4. 通信信息服务功能

汽车货运站作为交通运输信息中心，应采用先进的信息技术手段，建立一个反应敏锐、处理及时的信息系统，向有关各方提供准确、及时的信息服务。其信息系统应有以下几方面的功能：

（1）信息系统应能对货物的流量、流向、流时进行统计和计算处理，对货物的品种、包装、运输特性的变化进行信息存储和处理，为货物运输组织管理提供科学的依据。

（2）信息系统应能根据掌握的车流、货源信息，站场装卸、仓库堆存情况，货物运输距离、货物种类、批量大小，优化运输方案，合理安排货物的中转、堆存，及时调整和安排车辆的装卸等。

（3）信息系统应提供开放性服务，向相关各方提供货物流量、流向、流时及站场的装卸、堆存情况的信息。

（4）信息系统应向货主、车主等提供车货配载信息，为车主和货主牵线搭桥，促进运输市场的发展，提高实载率和里程利用率。

5. 辅助服务功能

汽车货运站除了可以开展正常的货运生产外，还可以提供与运输生产相关的一系列服务。这包括为货主代办报关、报检、保险等业务，提供商情信息服务，进行商品的包装、加工处理等服务，并代货主办理货物的销售、运输和结算等服务。此外，汽车货运站还可以为货运车辆提供停车、清洗、加油、检测和维修等服务，为货主和相关人员提供食物、住宿、娱乐等服务。

（六）汽车货运站的形式与特点

当前，我国汽车运输的货物运输形式大致可以划分为整车货运、快速货运、零担货运和集装箱货运。与这四种运输方式相对应的汽车货运站是整车货运站、零担货运站（包括快速货运站），以及集装箱货运站。

1. 整车货运站

整车货运站是指以货运商务作业机构为代表的汽车货运站，其职责包括调查和组织货源，处理货运商务作业。商务作业涵盖托运、承运、受理业务，以及结算运费等多个方面。整车货运站主要负责大批货物的运输，有些也同时从事小批货物的运输。

整车货运站的主要特点如下：

（1）汽车运输企业调查、组织货源、办理货运等商务作业的代表机构。

（2）承担货运车辆在站内的专用场地停放和保管任务。

（3）运输企业对运输货物一般不提供仓储设施，主要提供运力，从发货单位的仓库内装车，负责运输过程中的货物保管，直接运送到收货单位的仓库卸车。

（4）由于大批货物的装卸地点一般比较固定，所以适合于采用大型载货汽车和高生产率的装卸机械。

2. 零担货运站

专门经营零担货物运输的汽车货运站，称为零担货运站或简称为零担站，其主要特点如下：

（1）零担货物一般由托运单位及个人根据需要自行运到货运站，也可以联系后，由货运站指派业务人员上门办理托运手续。因此，货运计划性差，难以采用运输合同等方法将其纳入计划管理的轨道。

（2）站务作业工作量大而复杂。零担货运作业的内容及程序是受理托运、退运与变更、检货称重、验收入库、开票收费、装车与卸车、货物交接、货物中转、到达与交付等。这些站务作业是零担货运站的基础工作，工作量大而复杂。

（3）对车站的设施建设要求高。由于零担货运站是连接零担货物运输网络的关键节点，货主众多，货源广泛，货物种类繁多且质高价贵，对时间性要求极高。因此，建设零担货运站必须考虑满足零担货运的工艺要求，合理规划零担货运站房、仓库、货棚、装卸场、停车场以及相关的生产辅助设施。各组成部分的相互位置和面积应当符合方便货主、便于作业的目标。

（4）车站的设备和设施应满足零担货运的需要。由于零担货物的特点包括数量小、批量多、包装不统一、到站分散等，再加上零担货物通常具有质高价贵的特性，因此一般的车型明显不适合运载零担货物。为了有效运输，必须选择专用的厢式车辆，并且配备高生产率的站内装卸搬运机械设备。

3. 集装箱货运站

集装箱货运站主要承担集装箱的中转运输任务，所以又称为集装箱中转站。其主要工作任务如下：

（1）承担港口、火车站与货主之间的集装箱门到门运输与集装箱货物的拆箱、装箱、仓储和接运、送达任务。

（2）承担空、重集装箱的装卸、堆放和集装箱的检查、清洗、消毒、维修任务。

（3）承担车辆、设备的检查、清洗、维修和存放任务。

（4）为货主代办报关、报检等货运代理业务。

（七）汽车货运站的选址与布局

1. 选址的原则

（1）应符合公路主枢纽总体布局规划和所在地区汽车货运站的发展规划。选址既要最大限度地满足货运市场需要，又要尽量减少车流、噪声及废气排放对环境的危害。地理位置应尽量远离学校、医院、住宅区等。

（2）汽车货运站应当与城市综合运输网有着紧密的衔接，具备与其他运输方式换装联运的条件以及广阔的发展前景。一般而言，汽车货运站的选址应当考虑在城市公路出入口、城市对外交通干线、铁路货运站以及货运码头附近。对于以中转货物为主的汽车货运站而言，其位置既需要靠近城市的工业区和仓库区，同时还要尽可能与铁路车站、水运码头保持便捷的联系，以便有效组织联合运输。对于主要服务于城市生产和生活的汽车货运站以及专业零担站，选址时需充分考虑货物取送的便捷性，宜布置在市场中心区的边缘。

（3）在保持汽车货运站功能不减少的前提下，确保工艺布置符合货运的规律性，并满足环境卫生与交通运输要求。在这个基础上，尽可能充分利用现有设施，并为未来发展留有足够的余地，力求在项目实施中实现节约投资，并着重提高投资的经济效益。

（4）汽车货运站建设区域应具有良好的道路和通信条件，以及必要的水源、电源、消防及排污等设施。

2. 选址的步骤

（1）资料搜集与整理。搜集城市规划、道路网络、国土等相关规划以及运输统计、站址内水文地质等资料，明确货运站的服务范围和功能。预测服务范围内各辐射方向上的货运量以及发展趋势，计算设计年度货运站的生产规模（年吞吐量）和占地面积。

（2）提出备选方案。根据站址选择原则，提出若干个备选方案。深入研究相关资料，根据货运量的预测，以及汽车货运站规模的测算结果，结合布局和站址选择原则，参考相关规划，通过比较找出服务区域内满足要求且可能作为汽车货运站站址的各处场所作为备选站址。

（3）备选站址现场勘察。对备选站址进行具体的现场勘察，详细了解站址条件，获取第一手资料，确保对站址有全面的了解。

（4）站址确定。以获得最大综合经济效益（或最小综合费用）为目标，通过对方案的比较或理论计算，在满足基本要求的所有备选站址中最终确定一个最优方案。

3. 站内布局

根据汽车货运站的功能和生产规模，实行统一的布局，并结合货运业务的实际情况，突出重点并采取分期实施。在布局过程中，首要考虑生产区域，并在分期实施的建设项目中充分考虑相互衔接的需求，与现有设施的改造和利用相结合，以减少用地面积和实现节约投资。根据不同的货运业务特点，合理设置相应的设施，确保生产设施和设备符合生产工艺的要求。危险货物的储存与作业应当在相对独立的专门区域内进行。站内道路的规划应当统一、合理利用，并符合国家和当地政府现行的安全、消防、环保等相关规定。

三、公路运输车辆

（一）汽车的基本构造

汽车是公路运输中重要的货物运载工具，其类型较多，但无论何种类型的汽车，其总体构造均由发动机、底盘、车身和电气设备四个部分组成，如图2-2所示。

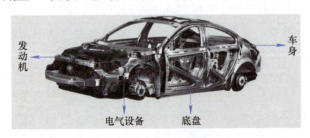

图2-2 汽车结构示意图

1. 发动机

发动机作为汽车的动力装置，是一种将能量转化为机械能的机器。目前，绝大多数汽车采用往复活塞式内燃机作为动力装置，这种发动机通过将燃料燃烧产生的热能转化为机械能来驱动汽车，根据所使用燃料的不同，主要分为汽油机和柴油机两大类。

汽油机的总体构造包括两大机构和五大系统：两大机构分别是曲柄连杆机构和配气机构；五大系统包括燃料供给系统、冷却系统、润滑系统、点火系统和启动系统。

相比之下，柴油机在总体构造上不包含点火系统，因此由两大机构和四大系统组成。各个子系统分别完成不同的功能，它们相互配合、相互协调，共同完成发动机能量转化的基本任务。

2. 底盘

汽车底盘的基本功能是接收发动机的动力，保证汽车按照驾驶员的意愿正常行驶。汽车底盘通常由传动系统、行驶系统、转向系统和制动系统四个部分组成。

3. 车身

汽车的车身既是驾驶员工作的场所，也是装载乘客和货物的场所。典型的货车车身由驾驶室和车厢两部分组成。

4. 电气设备

汽车的电气设备由电源和用电设备两大部分组成，包括蓄电池、发电机、启动系统、点火系统以及汽车的照明、信号装置和仪表等。现代汽车上还大量采用了各种微机控制系统和人工智能装置，如故障自诊、防盗、巡航控制、制动防抱死、车身高度调节等系统。

（二）货运车辆的类型及选择

在物流作业过程中，要实现合理化运输，很重要的一个步骤就是要选择一辆适合的货运车辆，这对物流作业的全过程起着举足轻重的作用。在货运车辆的选择过程中，首先我们需要了解货运车辆的类型及特征，根据物流作业的不同要求，制定不同的标准，进行最优车辆方案的选择。

1. 货运车辆的类型

货运车辆按用途和使用条件可分为普通货车和专用货车。普通货车是指具有栏板式车厢，用于运载普通货物的汽车；专用货车是指装配有专用设备，具备专用功能，承担专门运输任务的汽车，如汽车列车、厢式车、冷藏保温车、罐式车、自卸车等。

货车按其最大总质量可以分为以下四类：

（1）微型货车，最大总质量不超过 1.8t。
（2）轻型货车，最大总质量为 1.8～6t。
（3）中型货车，最大总质量为 6～14t。
（4）重型货车，最大总质量在 14t 以上。

2. 货运车辆的选择

货运车辆的选择涉及货物种类、特性以及运输批量等因素。在选配车辆时，必须遵循技术上先进、经济上合理、生产上适用、维修上方便的基本原则。货运车辆类型的选择应主要基于货物的特性、包装类型以及形状来确定。普通货车可以满足一般货物的运输需求，专用货车则能更好地满足特殊货物的运输需求，是确保运输质量、降低运输成本和提高运输效率的理想设备。

（1）车辆类型的选择。随着我国高速公路和现代物流业的不断发展，专用货车需求量呈逐年递增态势，以下是在物流领域中可以选配的常见车型（如图 2-3 所示）。

a）普通栏板式货车

b）厢式车

c）自卸车

d）罐式车

e）汽车列车

f）冷藏保温车

g）集装箱运输车

图2-3　常见车型

1）普通栏板式货车。普通栏板式货车具有整车重心低、载重量适中的特点，适合于装运百货和杂品。

2）厢式车。在物流领域中，由于厢式车结构简单，利用率高，适应性强，是应用前景较广泛的一种车型。封闭式的车厢可使货物免受风吹、日晒、雨淋，将货物置于车厢内，能防止货物散失、丢失，安全性好。小型厢式载货汽车一般带有滑动式侧门和后开门，货物装卸作业非常方便。厢式车小巧灵便，无论大街小巷均可驶入，可真正实现"门到门"的运输方式。

3）自卸车。自卸车可自动后翻或侧翻使货物自动卸下，具有较大的动力和较强的通过能力，是矿山和建筑工地上物流运输的理想车型。

4）罐式车。罐式车装有罐状容器，密封性强，一般用于运送危险品和粉状物料等。

5）汽车列车。汽车列车指一辆汽车（货车或牵引车）与一辆或一辆以上挂车的组合。牵引车为汽车列车的驱动车节，称为主车；被主车牵引的从动车节称为挂车。采用汽车列车运输是提高经济效益较有效且简单的技术手段。它具有快速、机动灵活、安全等优势，可方便地实现区段运输、甩挂运输、滚装运输。汽车列车主要有全挂汽车列车、半挂汽车列车、双挂汽车列车和特种汽车列车四种类型。

6）冷藏保温车。冷藏保温车指装有冷冻或保温设备的厢式货车，通过制冷装置为货物提供最适宜的温度和湿度条件，用来满足对温度和湿度有特殊要求的货物的运输需要。

7）集装箱运输车。集装箱运输车指专门用来运输集装箱的汽车，主要用于港口码头、铁路货场与集装箱堆场之间的运输。

（2）动力的选择。

1）活塞式内燃机汽车。根据汽车使用的燃料不同，通常分为汽油车和柴油车。活塞式内燃机还可按其活塞的运动方式分为往复活塞式内燃机和旋转活塞式内燃机等类型。

2）电动汽车。电动汽车的动力装置是直流电动机。目前，蓄电池（镍镉电池、镍氢电池、锂离子电池）的研究取得了较大的进展。这种电池性能好、重量轻，但是其制造工艺较复杂，因而价格较高。

3）燃气轮机汽车。与活塞式内燃机相比，燃气轮机功率大、质量小，转矩特性好，使用的燃油无严格限制，但其耗油量大、噪声较大，制造成本也较高。

（3）货运车辆使用性能选择。货运车辆的使用性能是指汽车能够适应使用条件而表现出最大工作效率的能力。它既是评价和选择汽车的主要标准，又是正确使用汽车的基本依据。

评价货运车辆使用性能的指标有很多，如动力性、燃油经济性、行驶安全性、制动性、操纵稳定性、舒适性、通过性、环保性、可靠性、维修适应性等，下面对几个主要性能指标加以阐述。

1）动力性是货运车辆主要使用性能指标之一。仅在货运车辆具备良好的动力性能时，才有可能提高平均行车速度。货运车辆的平均行车速度越高，单位时间内完成的货物周转量就越大，也越有助于提高运输生产率。评估货运车辆动力性的指标包括最高车速、加速能力和爬坡能力。

2）货运车辆的燃油经济性指的是以最小的燃油消耗量完成单位运输工作的能力，也是货运车辆的主要使用性能指标之一。在中国和欧洲，燃油经济性通常以 L/100km 为单位，表示在指定工况下每 100km 行程货运车辆消耗的燃油升数。数值越大表示货运车辆的燃油经济性越差。该指标可用于对具有相同载重量的货运车辆进行燃油经济性评估。另一个常用的考核指标是以 L/100（t·km）为单位，表示每完成 100t·km 货物周转量所用燃油的升数。利用该指标可对不同载重量的货运车辆进行燃油经济性的比较和评价。显然，数值越大，货运车辆的燃油经济性越差。

3）货运车辆的行驶安全性分为主动安全性和被动安全性两方面。主动安全性指货运车辆本身预防或减少道路交通事故的能力，与制动性、操纵稳定性、舒适性、视野和灯光等因素密切相关。此外，动力性中的加速能力也对行车安全产生影响。被动安全性指货运车辆发生交通事故后，车辆本身能够减轻人员伤害和货物受损的能力。

4）为确保货运车辆的行驶安全性和充分发挥其动力性，良好的制动性是必不可少的。货运车辆的制动性是指在给定方向上连续强制减速直至停车的能力。即使货运车辆具备较好的动力性，如果其制动性不佳，其动力性能也无法得到充分发挥。因此，货运车辆的动力性和制动性是其高速行驶的两个关键性能或基本条件。货运车辆的制动性可通过制动效能、制动效能的恒定性和制动时的方向稳定性三个方面的评价指标进行评估。

5）在驾驶员不感到过分紧张和疲劳的情况下，货运车辆按照给定方向行驶的能力以及对各种试图改变其行驶方向的外部干扰的抵抗能力称为操纵稳定性。操纵稳定性包括两个方面：一是车辆按照驾驶员给定方向行驶的能力，称为操纵性；二是货运车辆抵抗地面不平、坡道、大风等干扰因素以保持稳定行驶的能力，称为稳定性。货运车辆的操纵稳定性不仅影响着车辆是否能够灵活驾驶，而且是确保货运车辆在高速行驶中的安全性的一个主要性能。

6）在货运车辆行驶过程中，由于路面不平，乘坐者会感受到振动和冲击。为了减少这种振动和冲击，需要采取有效的措施。一方面是改善路面质量，减少振动源；另一方面要求货运车辆对路面不平具有良好的隔振特性，这一性能称为行驶平顺性。由于货运车辆的行驶平顺性主要根据乘坐者的舒适度来评价，因此也称为舒适性。此外，货运车辆的舒适性还包括噪声、空气调节和居住性等方面的内容。

7）货运车辆的通过性是指货运车辆以足够高的平均速度通过不良道路、无路地带和克服障碍的能力。

8）货运车辆的环保性是指在运行过程中对周围环境产生不利影响的程度。货运车辆运行时主要对周围环境产生废气排放污染和噪声污染两方面的危害。汽油机主要排放一氧化碳、碳氢化合物和氮氧化合物等污染物，而柴油机主要排放氮氧化合物和碳烟。为应对这些问题，各国都制定了非常严格的货运车辆尾气排放标准，我国也不例外。因此，在选择货运车辆时，必须优先选择符合环保性要求的车辆。

（4）货运车辆的质量指标选择。

1）整车装备质量。整车装备质量指货运车辆完全装备好的质量，包括发动机、底盘、车身、全部电气设备和车辆正常行驶所需要的辅助设备的质量，以及随车工具、备用轮胎及备用物品等的质量之和。

2）厂定最大总质量。厂定最大总质量指货运车辆满载时的总质量。

3）最大装载质量。最大装载质量等于厂定最大总质量和整车装备质量之差，这是选择货运工具时一个直观的量化指标。

4)最大轴载质量。最大轴载质量指货运车辆单轴所承载的最大总质量。

在以上四个质量指标中,最大装载质量是人们所关心的主要使用指标,货运车辆装载时绝不允许超过车辆的额定最大装载质量。

(5)货运车辆的主要尺寸参数选择。

1)车长。垂直于车辆纵向对称平面并分别抵靠在货运车辆前、后最外端突出部位的两垂面间的距离。

2)车宽。平行于车辆纵向对称平面并分别抵靠在货运车辆两侧固定突出部位(除后视镜、侧面标志灯、方位灯、转向指示灯等)的两平面之间的距离。

3)车高。车辆支承平面与车辆最高凸出部位相抵靠的水平面之间的距离。

为了有效利用车厢的面积和容积,在选择车辆时,其内部尺寸的选择应考虑与流通容器之间的配合关系。

项目二 铁路运输设备

一、铁路运输概述

铁路作为国民经济的主要动脉,在我国经济崛起的背景下,社会对铁路服务的需求显著增加。如何缓解运输紧张状况、确保铁路列车运行的安全一直是铁路部门思考的重要问题。目前,企业自备的列车大多数的载重达到60t,每列铁路货车的载重量在4 000t左右。在一些地区,还开行了载重达到5 000t的单列重载列车,而大秦线已经开始运行重达20 000t的组合列车。铁路列车的运行速度一般在80km/h以下,而一些行包快运列车的运行速度甚至达到了120km/h。此外,铁路列车的轴重为21t,主要包括敞车、平车、棚车、罐车以及一些专用货车。

自2009年开始,我国铁路建设进入了大规模发展阶段,铁路运输已经成为物流活动中的另一重要运输渠道,在整个综合运输体系中占据着关键的地位。截至2023年年底,全国铁路营业里程达到15.9万km,居世界第一,其中高铁营业里程4.2万km。展望到2030年,铁路网络将基本实现内外互联互通、区际多路畅通、省会高铁连通、地市快速通达、县域基本覆盖的目标。

(一)铁路运输的概念

铁路运输是一种使用铁路列车运送客货的运输方式,是指利用内燃机、电力机车或者蒸汽机车牵引的列车在固定的重型或者轻型钢轨上运行的系统,主要可以分为城市间的铁路交通运输系统、区域内和城市内的有轨交通运输系统两种类型。铁路运输主要适用于承担长距离、大宗货物运输,它是干线运输中的主力运输形式。

(二)铁路运输的特点

铁路作为一种有效的交通运输方式,相对于其他运输方式具有以下优点:

1. 运输能力大，适合大批量低值产品的长距离运输

铁路运输的运输能力与铁路列车本身的最大载重量和列车数量有关。一般来讲，铁路列车的运输能力相对于汽车和飞机都要大得多，再加上铁路线路以及铁路列车车次、对数很多，因此铁路货物运输的能力非常大。对于一些低价值的大批量的货物，在运输距离很长的情况下，选择铁路运输可以大大缩减运输成本，提高运输利润。

2. 运输适应性、安全性较强，适合各类货物运输

当代的铁路几乎可以在任何地方修建，其修建要求较低，并且在运输过程中受到地理条件和气候条件的限制和影响较小，因此其适应性和安全性较强，基本可以适应各种条件下的货物运输，并且可一年四季不分昼夜地进行铁路运输。铁路列车的类型多种多样，可以适应于各种不同类型的货物。

3. 车速较高，计划性、准时性较强

随着铁路发展的迅速扩张，高速铁路的建设和发展越来越快，铁路运行速度也越来越快，其平均车速在各种基本运输方式中排在第二位，仅次于航空运输，特别是高速铁路列车的运行速度更可达到 $200 \sim 300 km/h$。由于铁路运输是在铁路编组站的严格列车运输计划内开展的，其运输计划性、准时性较强。

4. 可以方便地实现驮背运输、集装箱运输及多式联运

由于铁路列车装载空间大，可将装有货物的货车开到铁路驮背运输车上，通过铁路驮背运输车将装载的货车运送到目的地。货车驶离铁路驮背运输车后，将货物直接送到货主门口，实现了从揽货到发货的"一装到底"和"门对门"服务。铁路驮背运输车在大宗货物和中长途货物运输方面效果显著，减少了中途卸装和转装的烦琐程序，有效地维护了货物在运输中的完好率。技术上，铁路驮背运输车填补了我国的一项技术空白，为实施"互联网+"行动计划、促进现代运输与传统运输深度融合提供了重要装备。

铁路驮背运输车不仅对推动现代物流和交通运输方式创新起到了积极作用，而且对我国综合交通运输体系的健康发展、经济效益和社会效益方面都产生了显著的影响。同时，铁路列车还可用于装载集装箱，实现集装箱运输。因此，铁路运输不仅能够方便地进行驮背运输，还能实现集装箱输送和多式联运。铁路运输的以上优点是其他运输方式不能比拟的，但是铁路运输也存在着相应的缺陷，具体如下：

（1）铁路线路是专用的，固定成本很高，原始投资较大，建设周期较长。

（2）铁路按列车组织运行，在运输过程中需要有列车的编组、解体和中转改编等作业环节，占用时间较长，因而增加了货物在途中的时间。

（3）由于装卸次数多，货物损毁或丢失事故通常比其他运输方式多。

（4）不能实现"门到门"的运输，通常要依靠其他运输方式配合，才能完成运输任务，除非托运人和收货人均有铁路支线。

二、铁路等级及主要技术标准

铁路等级是铁路的基本标准，应根据其在铁路网中的作用、性质、客货运量等确定。我国的客货共线铁路一般分为四个等级，具体分级见表 2-2。

表 2-2 我国的客货共线铁路等级

等级	铁路在铁路网中的作用	近期年客货运量
Ⅰ级铁路	起骨干作用	≥20Mt
Ⅱ级铁路	起联络、辅助作用	<20Mt 且≥10Mt
Ⅲ级铁路	为某一区域服务	<10Mt 且≥5Mt
Ⅳ级铁路	为某一区域服务	<5Mt

铁路主要设计标准是设计铁路的基本标准，应根据国家要求的年输送能力和确定的铁路等级，考虑沿线资源分布和国家科技发展规划，并结合设计线的地形、地质、气象等自然条件，经过论证比选确定。

铁路主要技术标准包括正线数目、限制坡度、最小曲线半径、牵引种类、机车类型、机车交路、车站分布、闭塞类型、到发线有效长度等。这些标准是确定铁路能力大小的决定性因素，选用不同的标准对设计线的工程造价和运营质量有重大影响。

三、铁路系统的构成

（一）铁路线路

铁路线路是机车车辆和列车运行的基础，它直接承受机车车辆轮对传来的压力。为了保证机车车辆能按规定的最高速度安全、平稳和不间断地运行，使铁路运输部门能够高质量地完成客货运输任务，铁路线路必须经常保持完好状态。为了做好预防工作，在铁路线路上需要设置各类线路标志，其目的是便于线路的维修养护和满足司机、车长等工作时的需要。铁路线路是由路基、桥隧建筑物和轨道等组成的一个整体性工程。

1. 路基

路基是铁路线路承受轨道和列车载荷的基础结构物。按地形条件及线路平面和纵断面设计要求，路基横断面可以修成路堤、路堑和半路堑三种基本形式。

路基的宽度根据铁路等级、轨道类型、道床标准、路肩宽度和线路间距等因素确定。路基的形状包括有路拱和无路拱两种。非渗水的路基往往做成不同形式的路拱，以便排水。为保证路基的整体稳定性，路堤和路堑的边坡都应根据有关规定筑成一定的坡度。

为了消除或减轻地面水和地下水对路基的危害，使路基处于干燥状态，须采用地面水和地下水排水措施，将降落或渗入路基范围的地面水和地下水拦截、汇集、引导和排出路基范围。这些排水设施有侧沟、排水沟、截水沟、渗（暗）沟等。

2. 桥隧建筑物

铁路通过江河、溪沟、谷地和山岭等天然障碍物或跨越公路、其他铁路线时需要修筑各种桥隧建筑物。桥隧建筑物包括桥梁、涵洞、隧道等。

3. 轨道

路基、桥隧建筑物修成之后，即可在上面铺设轨道。轨道是由钢轨、轨枕、道床、连接零件和防爬设备等组成的，其结构如图 2-4 所示。

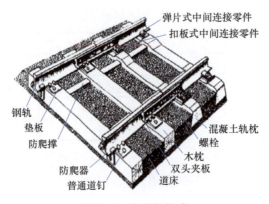

图 2-4 轨道的构成

4. 新型轨道结构

钢轨是轨道结构与机车车辆直接接触的部分。多年来，除了随着机车车辆轴重和行车速度的增加而提高质量外，钢轨没有发生重大改进和根本性改革。钢轨接头仍然是轨道结构的薄弱环节。

轨道结构中钢轨以下的部分称为轨下基础。20 世纪 70 年代，各国推出了各种新型轨下基础，包括新型轨下受力部件和新型道床。新型轨下受力部件保留了传统的道床，但将传统的横向轨枕改变为特殊形状的新型轨下部件。

1966 年，我国开始在繁忙的干线和其他一些线路上试铺了一种宽混凝土轨枕。宽混凝土轨枕的长度与普通轨枕相同，但宽度约为后者的一倍。它扩大了轨枕在道床上的支承面积，减少了轨道的总下沉量，并降低了机车车辆通过时的道床振动加速度，从而提高了轨道的承载能力和稳定性。

宽轨枕轨道能够保持道床的整洁和排水畅通，减少了道砟清筛工作量，延长了养护维修周期。在长隧道内铺设宽轨枕轨道可以改善养路工人的工作条件。在大型客货站场及运煤线路上铺设这种轨道也取得了良好效果。为充分发挥宽轨枕轨道的优势，其常常与焊接长钢轨、质地良好的弹性扣件和弹性垫层配合使用。

相对于传统道床的改进，新型道床是研究较少的领域之一。整体道床通常应用于隧道内，直接在隧道基底上浇筑混凝土，以替代传统的碎石道床。结构形式包括预埋混凝土短枕式、预埋短木枕式和整体浇筑式，其中预埋混凝土短枕式最为常见。隧道整体道床主要由混凝土道床、隧道底部填充（隧道设仰拱时）、钢筋混凝土短枕、排水沟、人行道及其他附属设施组成。根据对排水要求的不同，分为中心水沟式和两侧水沟式。整体道床在全长上根据需要设置伸缩缝。与两端碎石道床连接处应设置道床弹性渐变的过渡段，以减少机车车辆进出整体道床时的冲击。整体道床坚固耐用、外观整洁，基本上能减少维修工作，但要正确处理好隧道水文地质条件与设计施工之间的关系。缺点是造价高昂，要求较高的施工精度和特殊的施工方法，一旦出现问题，整治非常困难。

沥青道床是尝试使用沥青作为铁路道床材料的一种方法，20 世纪 20 年代最早在美国开始尝试，后来法国、瑞士、德国和苏联也进行过类似的试验，取得了一定的成果。日本从 1960 年开始在全国范围内推广沥青道床，而中国自 1967 年开始在多个试验段进行了试铺。沥青道床可以使用沥青混合料加热施工，也可以使用水泥乳化沥青砂浆、乳化沥青砂浆或稀释沥青不加热施工。沥青材料的灌入深度可以只达到碎石道床的表面层，也可以深入碎石道床的全部。沥青道床通常需要在其顶面设置由水泥沥青砂浆制成的调整层，以消除由于施工不当或轨枕厚度不一而引起的高低误差，并起到一定的缓冲作用。沥青道床的优点包括增加线路强度，延缓轨道下沉，提高道床的稳定性，从而减少线路维修工作量，且能在不中断行车的条件下进行旧线施工。缺点是对沥青材料的性能要求较高，并需要搭配使用能大幅度调整轨距及轨面高低的扣件，以适应改道及起道的需求。

（二）信号与信号设备

铁路信号是向有关行车和调车人员发出的指示和命令。

铁路信号设备包括通信设备、联锁设备和闭塞设备。随着铁路信号技术的发展，铁路信号逐步实现了微机化、综合化、集成化和智能化。通信设备在指挥机车车辆运行、组织运输生产以及进行公务联络等方面起着关键作用。其特点是迅速、准确、安全、可靠，能够形成一个完善和先进的铁路通信网络。通信技术正在从模拟向数字化转变，逐步实现程控数字交换，推动宽频带信息传输和智能网络管理的发展。

四、铁路车站与铁路枢纽

（一）铁路车站

铁路车站既是铁路办理乘客、货物运输的基地，又是铁路系统的基层生产单位。

为了保证行车安全和必要的线路通过能力，铁路上需要每隔一定的距离（10km 左右）设置一个车站。车站把每一条铁路线路划分成若干个长度不同的段落，每段线路称为一个区间，车站是相邻区间之间的分界点。

车站上除了正线以外，还配有其他线路，因此，车站的定义就是设有配线的分界点，无配线的分界点包括非自动闭塞区段的线路和自动闭塞区段的通过色灯信号机。我国铁路上有大小车站 5 000 余个，按等级分为特等站、一等站、二等站、三等站、四等站、五等站；按技术作业分为编组站、区段站、中间站；按业务性质分为货运站、客运站、客货运站。

（二）铁路枢纽

在铁路网的交汇点或终端地区，由若干铁路干线、联络线、专业车站，以及其他为运输服务的有关设施组成的整体称为铁路枢纽。

铁路枢纽是客流和货流从一条铁路转运到各接轨铁路的中转节点，也是所在城市客、货到发及联运的中心。其主要设备有铁路线路，包括引入线路、联络线环线、专用线等；各种车站，包括客运站、货运站、编组站、工业站和港湾站等；疏解设备，包括铁路线路与铁路线路的平面和立交疏解，以及铁路线路与公路线路的道口和立交桥等；其他设备包括机务段、车辆段等。

铁路枢纽在货物运转方面有各铁路方向之间的无改编列车和改编列车的专线以及枢纽地区车流交换的小运转列车的作业；在货运业务方面，办理各种货物的承运、装卸、发送、保管等作业。

五、铁路运载设备

（一）机车

机车是铁路运输的基本动力，铁路运输是用机车牵引车辆，行驶在铺有钢轨线路上的一种现代化运输方式。因此，只有在机车和轨道两种主要设备先后发明并配合使用时，才揭开了铁路史的第一页。

1. 内燃机车

内燃机车是以内燃机作为原动力的一种机车。内燃机车的热效率可达到 30% 左右，是各类机车中效率较高的一种。内燃机车的优点是机车的整备时间短，持续工作的时间长，适用于长交路；用水量少，适用于缺水地区；初期投资比电力机车少，而且机车乘务员劳动条件好，便于多机牵引。内燃机车最大的缺点是对大气和环境有污染。铁路上采用的内燃机车绝大多数是柴油机车。在内燃机车上，柴油机和机车动轮之间装有传动装置，柴油机的功率是通过传动装置传递到机车动轮上去的，而不是由柴油机直接驱动机车动轮的，其原因在于柴油机的特性不能满足机车牵引性能的要求。

2. 电气化铁路与电力机车

电气化铁路是指以电能作为牵引动力的铁路，它用电力机车牵引列车，电能由电力系统通过铁路牵引变电所和架设在铁路上空的接触网传送给电力机车或电动车组。世界首条电气化铁路建于 19 世纪末，随着经济发展和技术进步，它以优越的牵引技术性能和显著的经济效益，在国际上得到蓬勃的发展。

由于电力机车本身不能携带能源，而是靠外部电力系统经过牵引供电装置供给其电能，故电气化铁路是由电力机车和牵引供电装置组成的。牵引供电装置一般分成牵引变电所和接触网两部分，所以又将电力机车、牵引变电所和接触网称为电气化铁路的"三大元件"。

电力机车可制成大功率机车，具有运输能力强、启动快、速度高、爬坡性能好、不污染空气、劳动条件好、利于环保、运营费用低、可利用多种能源等优点，特别适用于运输繁忙的铁路干线和隧道多、坡度大的山区铁路。从世界各国铁路的发展来看，电力机车被公认为是较有发展前途的一种机车。

（二）车辆

铁路车辆是运送旅客和货物的工具。一般车辆没有动力装置，需要把车辆连挂成列，由机车牵引，才能在轨道上运行。一般来说，铁路车辆由车体、车底架、走行部、车钩缓冲装置、制动装置五部分组成。

铁路车辆类型较多，按轴数分，有四轴车、六轴车和多轴车。四轴车的四根轴分别组成两个相同的转向架，能相对于车底架做自由转动，因此缩短了车辆的固定轴距，使之能顺利通过曲线。我国铁路上的大部分车辆均采用这种形式。对于载重量较大的车辆，为使每一车轴加在线路上的质量不超过线路强度所规定的吨数（称为"轴重"），可以做成六轴车或多轴车。

按照车辆运送对象不同，可分为三大类，即客运车辆、货运车辆和客货运车辆。目前主要探讨的是物流作业中我们对于货物运载工具的使用，所以在这里我们重点阐述货运车辆。货运车辆主要可以分为以下三大类：

1. 通用货车

通用货车是一种通用性较强的车辆，可以运载大多数货物，是比较常见的铁路车辆类型，如棚车、敞车和平车等。

2. 专用货车

专用货车专供装运某些种类的货物，具有专项性的特征，如家畜车、散装水泥罐车、保温车、集装箱车等。

3. 特种货车

特种货车包括凹型车、落下孔车、钳夹车等。各种常用铁路货运车辆如下：

（1）棚车。棚车是铁路货车中的通用车辆，如图2-5所示，用于运送怕日晒、雨淋、雪浸的货物，包括各种粮谷、日用工业品及贵重仪器设备等。一部分棚车还可以运送人员和马匹。

（2）敞车。敞车是具有端壁、侧壁而无车顶的铁路货车，如图2-6所示，主要运送煤炭、矿石、矿建物资、木材、钢材等大宗货物，也可用来运送质量不大的机械设备。若在所装运的货物上蒙盖防水帆布或其他遮盖物，可代替棚车承运怕雨淋的货物。敞车具有很大的通用性，按卸货方式不同可分为两类：一类是适用于人工或机械装卸作业的通用敞车；另一类是适用于大型工矿企业、站场、码头之间成列固定编组运输，用翻车机卸货的敞车。

图2-5 棚车

图2-6 敞车

（3）平车。平车是铁路上大量使用的通用车型，如图2-7所示，无车顶和车厢挡板，车体自重较小，装运吨位可相应提高，且无车厢挡板的制约，装卸较方便，必要时可装运超宽、超长的货物。平车主要用于装运大型机械、集装箱、钢材、大型建材等。在平车基础上采取各种相应的技术措施，发展出集装箱车、车载车、袋鼠式车等，对满足现代物流要求，提高载运能力是很有作用的。

（4）保温车。保温车又叫冷藏车，是运送鱼、肉、鲜果、蔬菜等易腐货物的专用车辆，如图2-8所示。这些货物在运送过程中需要保持一定的温度、湿度和通风条件，因此保温车的车体装有隔热材料，车内设有冷却装置、加温装置、测温装置和通风装置等，具有制冷、保温和加温三种性能。保温车车体外表涂成银灰色，利于阳光反射，减少辐射热。我国自制的保温车有冰箱保温车和机械保温车两大类。

图2-7 平车

图2-8 保温车

BSY型四节式冷冻板保温车组是一种运输易腐货物的专用车辆，由三辆货物车和一辆带乘务员室的车组成。车组利用地面制冷设备制冷，给车顶部盛蓄冷剂的容器（即冷冻板）"充冷"，故称冷冻板保温车。每辆货物车有14块冷冻板，车内温度保持在-18℃以下时，可连续运行100h。车上还设有调温板，车内温度可在-12～5℃范围内调节。

一、水路运输概述

（一）水路运输的定义

水路运输是指以船舶为主要运输工具、以港口或港站为运输基地、以水域包括海洋河流和湖泊为运输活动范围的一种运输方式。它是我国综合运输体系中的重要组成部分并且正日益显示出巨大作用。

（二）水路运输的主要分类

1. 按照运输对象分类

水路运输按照运输对象不同可分成旅客运输和货物运输，其中货物运输包括散货运输和杂货运输等。

2. 按照贸易种类分类

水路运输按照贸易种类不同可以分成外贸运输和内贸运输。

3. 按照营运方式分类

水路运输按照营运方式不同可以分成班轮运输和租船运输。

（1）班轮运输。班轮运输最早出现在19世纪初，由美国最先开始采用。班轮运输是指轮船公司按照事先制定的船期表，在特定的海上航线的若干个固定挂靠的港口之间，定期为非特定的众多货主提供货物运输服务，并按照事先公布的费率或者协议费率收取运费的一种船舶经营方式。

（2）租船运输。租船运输，又称租船，是海洋运输的一种方式，是指租船人向船东租赁船舶用于货物运输的一种方式。租船运输适用于大宗货物运输，有关航线和港口、运输货物的种类以及航行的时间等，都按照承租人的要求，由船舶所有人确认。租船人与出租人之间的权利义务以双方签订的租船合同确定。

4. 按照航行区域分类

水路运输按照航行区域的不同可以分成海洋运输和内河运输。

（1）海洋运输。海洋运输是使用船等水运工具，在海上航道运送货物和旅客的一种输方式。它具有运量大、成本低等优点，但运输速度慢，且受自然条件影响。

海洋运输又分为以下三种形式：

1）沿海运输。沿海运输是使用船舶通过大陆附近沿海航道运送客货的一种方式，一般使用中、小型船舶。

2）近海运输。近海运输是使用船舶通过大陆邻近国家海上航道运送客货的一种运输形式，视航程可使用中型船舶，也可使用小型船舶。

3）远洋运输。远洋运输是使用船舶跨大洋的长途运输形式，主要依靠运量大的大型船舶。

（2）内河运输。内河运输是用船和其他水运工具，在国内的江、河、湖泊、水库等天然或人工水道运送货物和旅客的一种运输方式。它具有成本低、耗能少、投资省、少占或不占农田等优点，但其受自然条件限制较大，速度较慢，连续性差。内河运输主要使用中、小型船舶。对于需要通航吨位较高的船舶，窄的河道要加宽，浅的要挖深，有时还得开挖沟通河流与河流之间的运河，才能为大型内河船舶提供四通八达的航道网。

（三）水路运输的特点

由于水路运输主要利用江、河、湖泊和海洋的"天然航道"来进行，并可以利用其天然的有利条件，实现大吨位、长距离的运输，因此水路运输具有如下特点。

（1）水路运输运量大、成本低，非常适合大宗货物的运输。水路运输的船舶一般容积比较大，属于大型装备，其运量较大，一般的杂货轮的运量在 5 万 t 以上，巨型邮轮其运量甚至可以超过 60 万 t。由于船舶的装载量大，运输里程远，分摊到单位重量上的运输成本就小，因此相比于其他运输方式，水路运输的单位运输成本较低，约为铁路运输的 1/5，公路运输的 1/10，航空运输的 1/30，水路运输非常适合大宗货物的运输。

（2）水上航道四通八达，通航能力几乎不受限制，而且投资省。水路运输可以利用"天然航道"来进行，港口设施一般也都是政府负责修建，并且修建投资费用不大。

（3）与其他运输方式相比，水路运输速度较慢，受自然气候和条件的影响较大。由于船舶的体积大，装载量大，水流的阻力高，受到风力的影响较大，因此运输速度较低，一般货船的运输速度为 10~20 节，集装箱船的船速可达到 35 节，相比其他的运输方式，运输速度较为缓慢。水路运输受自然条件和气候的影响较大，运输的连续性较差。由于船舶能在一定的水域范围内航行，很多船舶只能在固定的航线上航行，而且会受到港口条件的限制。因此其运输机动性也较差。

（四）水路运输的设施与设备的构成

水路运输是一种以船舶为运输工具，在海洋、江河、湖泊等水域沿航线载运旅客和货物的运输方式。在水路运输中，涉及的主要设施与设备有船舶、水域（海洋、江河、湖泊等）、航道、港口和航标等。船舶主要是实现旅客或货物的运载，种类繁多。构造不一的港口是供船舶作业，供旅客上下、货物装卸和生活物料供应作业的区域。航标是指在水路运输中的各种标识。接下来将对水路运输装备中的船舶、航道、港口、航标进行介绍。

二、水路设施与设备

（一）水面设施

（1）航道，供船舶通行的水道，有一定的宽度和深度，并配有航标以便船舶安全行驶。

(2)锚地,供船舶抛锚停泊之处。
(3)泊位,有足够水深,使船舶安全靠泊并能从事货物装卸的场所。
(4)防波堤,防止风浪和海流,可使港内水面平静。

(二)码头设施

码头设施包括系船设备、防冲设备、钢轨、车挡和埋设件、主作业平台、装卸设备、栈桥、爬梯和阶梯、护轮槛、系网环和护栏及其他附属设施。

(三)港区交通设备

港区交通设备包括港区道路、港口铁路、铁路专用线、码头铁路线、运输车辆、道路电子眼等。

(四)导航设施

(1)航道标志。航道标志包括立标、发光标、灯塔、航道浮标等。
(2)信号设备。信号设备包括信号台、海岸边信号、夜间信号等。
(3)照明设备。照明设备包括照明灯、导航灯、船灯等。
(4)港务通信设备。港务通信设备包括海岸电台、无线电通信等。

(五)装卸设施

1. 岸边集装箱起重机

岸边集装箱起重机是一种桥式起重机,是龙门起重机的一种形式,用于集装箱装卸船舶作业。岸边集装箱起重机的起重量大多为40.5t。集装箱起重机的起重量应包括集装箱质量和吊具质量,对于国际标准40ft(1ft=0.304 8m)集装箱按其最大总质量取30.5t,目前使用的伸缩式吊具最大质量约为10t。

2. 装卸桥

装卸桥也是一种桥式起重机。装卸桥的桥架支撑在两边支腿上,起重机可在地面轨道上行走,小车则在桥架轨道上运行。装卸桥的跨度一般比较大,为40～90m。装卸桥多用于装卸散货。

3. 门座起重机

门座起重机多用于港口装卸货物,常用起重量为5～25t,起升用吊钩或抓斗。

4. 轮胎起重机

轮胎起重机是装在专用的轮胎底盘上的旋转起重机。它有起升、旋转、变幅和运行四个工作结构,分别完成起升和水平搬运货物、调整臂架伸距及变换工作地点的动作。

5. 浮式起重机

浮式起重机是装在专用平底船上的臂架起重机,又称为起重船,它广泛应用于港口。

6. 带式输送机

带式输送机是连续输送机中效率较高、使用广泛的一种机型。在大宗散货港口作业中,带式输送机已成为不可缺少的主要装卸输送设备。带式输送机有一个主要的特点，就是输送带既是承载构件又是牵引构件。

7. 斗式提升机

斗式提升机是在垂直或接近垂直的方向上连续提升粉粒状物料的输送机械。

8. 链斗卸船机

链斗卸船机是一种连续式卸船机械，它应用于内河驳船和海船散货（煤炭、砂石等）装卸作业。由于内河驳船和海船的船舱有不同的结构特点，所以有适用于不同船型的链斗卸船机。

9. 螺旋式卸船机

螺旋式卸船机可用于卸散装谷物、化肥和水泥等。

10. 气力输送机

气力输送机是运用风力使管道形成气流来输送货物的设备。在港口，常用气力输送机卸散装粮谷、散装水泥等。

11. 叉式装卸车

叉式装卸车在作业时，能自行叉起货物，在卸货地点可自行堆码货物，且具有机动灵活的特点，因而在港口得到广泛的应用。叉式装卸车的起重量有多种：对一般件杂货的装卸起重量为 3～5t；对舱内、车内作业则宜用小型机械，起重量为 1～2t；对集装箱装卸用大型机械，起重量可达 25t。叉式装卸车的动力大多采用内燃机，也有采用蓄电池的，但多为小型叉式装卸车。

12. 牵引车

牵引车是拖带的机械，用于装卸时，拖带载货的平板车进行水平搬运作业；用于辅助作业时，拖带没有行走动力的移动式起重机，使机械在生产场所定位及出入机械库。牵引车的基本结构与汽车相似，但结构更为紧凑，外形较小，具有更好的机动性和灵活性。

13. 集装箱跨运车

集装箱跨运车是用于码头前沿和堆场水平搬运及堆码集装箱的专用机械。

14. 抓斗

抓斗是配在起重机上能自动抓取和卸下货物的专用工具。抓斗的种类很多：根据抓取的货物不同，分为散粮抓斗、煤炭抓斗和木材抓斗等；根据抓斗的操纵原理不同，分为单绳抓斗和双绳抓斗等。

15. 电磁吸盘

电磁吸盘由铸钢外壳和装在其内的线圈组成。电流通过挠性电缆输入线圈，通电后即产生磁力线，磁力线在外壳与磁性物料间形成闭合回路，于是物料即被电磁吸盘吸住。线圈断电后，物料自行掉落。电磁吸盘以直流电为宜，因为直流电工作可靠，磁力损失及涡流损失小，电感影响也较小。

(六) 库场设施

1. 仓库

仓库是专供通过港口的货物进行临时或短期存放保管的建筑物，是港口的重要组成部分之一。其主要作用是方便货物储存、集运，加速车船周转，提高港口通过能力和保证货运质量。港口仓库按其位置可分为前方仓库和后方仓库。前方仓库是设在码头前方第一线与船舶装卸作业直接相关的建筑物，其容量一般要与泊位通过能力相适应。后方仓库是与前方仓库相对而言的，位于港区的后方，距离码头泊位比较远。堆存时间较长的货物通常保管在后方仓库。为加速车船周转，避免港口堵塞，卸在前方仓库的货物，如超过堆存期限，物资部门仍未提货，港口即将其转到后方仓库堆存保管。后方仓库的容量，要根据货物集散的速度和港口所在地区的要求而定。

2. 货场

货场即在港口内堆存货物用的露天场地，同港区仓库性质一样，也是港口的重要组成部分之一。其主要作用也是方便货物储存、集运，加速车船周转，提高港口通过能力和保证货运质量。不许进库的货物都在货场存放。货场有件杂货场和散杂货场两类。件杂货场一般都需要进行铺砌，所用材料视货物种类和装卸设备类型而异，有混凝土、沥青混凝土、块石、碎石等多种。根据所在位置，货场也有前方和后方之分。场地要有一定的坡度，便于排水；要留有通道，便于车辆和装卸机械通行和消防作业。

3. 货棚

货棚是一种只有顶盖和支柱，四周一般不建围墙的储货建筑物，具有空敞开阔、通风优良的特点。货棚是通常用于存放活鲜物和不能日晒雨淋的货物，或临时进行货物分类、检查的场所。简易货棚建造容易，投资少，在我国南方内河港口运用较广。永久货棚一般同其他建筑物结合建造在一起，便于装卸货物或进行货物分类、检查。

4. 水上仓库

水上仓库又称为货趸，是在一些水位差较大的港口，为组织船舶和货物快装快卸，设于水上临时堆存货物的仓库。水上仓库通常为平板驳、趸船，舱面上有顶盖，所以可以存货，用作临时仓库。一般货趸的舱面、舱内都可用于临时堆存货物。

5. 谷仓

谷仓是贮存散装谷物的建筑物。谷物在仓内一般可以进行净化、干燥、灌包、计量和装车等工作。码头谷仓的结构形式主要有楼层仓和圆筒仓。

6. 冷藏库

冷藏库是指具有冷藏设备的仓库，是低温冷链物流系统中的重要组成部分。其可分为分配冷藏库和加工冷藏库。分配冷藏库主要用于长期或短期储存易腐品或需在低温下保管的货物，也兼营货物的挑选和分类业务，多设在转运、消费地区；加工冷藏库主要用于在低温下对货物进行加工，多设在生产地区。

7. 油库

油库是港口储存原油及成品油的设施，是油港的重要组成部分，主要由储存各种油品的储油罐、泵房、输油管道、加热设备、消防设备及计量系统等组成。为提高储油罐的利用率和保证油品质量，往往根据工艺流程将油品分为若干组，同组储油罐集中在一起。为了防止发生事故或火灾时原油外流，油库一般用土堤或防火墙围起来。

8. 地下储油罐

地下储油罐是设在地面以下，有利于战备隐蔽和生产安全的储油罐。其容量根据实际需要确定，一般为圆筒形，底部呈球面形。按建筑材料可分为钢结构、钢筋混凝土结构、预应力钢筋混凝土结构等。

9. 危险品仓库

危险品仓库是储存易燃、易爆、剧毒等物品的建筑物。危险品仓库作业要求较高，主要包括：禁止共同储运的物品，不能同时在同一仓库中保存；仓库要适应危险品的允许最高温度和最大相对湿度的要求；与居住区、公共建筑、一般仓库码头、厂矿企业、铁路、公路之间要有一定的安全间距，其大小与危险品仓库类型、规模大小有关。隔热、防腐、降温等是危险品仓库保证危险品安全的主要措施，所以这类仓库有其专门设施。

三、水路运输运载工具

（一）船舶的概念

船舶是指能航行或停泊于水域进行运输或作业的工具，是水路运输的主要货物运载工具，在国防、国民经济和海洋开发等方面都占有十分重要的地位。

（二）船舶的种类

1. 干散货船

干散货船又称为散装货船，如图 2-9 所示，是用于装载无包装的大宗货物的船舶。因为干散货船的货种单一，不需要进行成捆、成包、成箱的包装装载运输，且货物本身不怕挤压，便于装卸，所以都是单甲板船。又由于干散货船是用于装载无包装的大宗货物的船舶，所以一般不装起货设备。舱内不设支柱，但设有隔板，用以防止在风浪中运行时舱内货物发生错位。干散货船根据总载重量可分为4个级别。

图 2-9　干散货船

（1）总载重量为 10 万 t 级以上的干散货船，称为好望角型货船。

（2）总载重量为 6 万～8 万 t 级的干散货船，称为巴拿马型货船。

（3）总载重量为 3.5 万～4 万 t 级的干散货船，称为轻便型散装货船，吃水较浅，世界上各港口基本上都可以停靠。

（4）总载重量为 2 万～2.7 万 t 级的干散货船，称为小型散装货船。

2. 杂货船

杂货船又称为普通货船、通用干货船或统货船，主要用于装载一般包装、袋装、箱装和桶装的件杂货，如图 2-10 所示。件杂货的批量较小，因而杂货船的吨位也较小，一般为双层甲板，并配备完善的起货设备。

杂货船的货舱和甲板分层较多，主要是为了便于分隔货物。新型的杂货船一般为多用途型，既能运载普通件杂货，又能运载散货、大件货、冷藏货和集装箱等。

图 2-10 杂货船

3. 冷藏船

冷藏并运输鱼、肉、果、蔬等货物的船舶，统称为冷藏船，如图 2-11 所示。冷藏船最大的特点是其货舱实际上就是一个大型冷藏库，可保持适合货物久藏的温度。冷藏舱所需的冷源由设置在机舱内的大型制冷设备提供。为保证一定的制冷效果，冷藏舱的四壁、舱盖和柱子都装有隔热材料，以防止外界热量传入。为使船员能及时掌握并控制舱内的温度、湿度、二氧化碳含量等环境参数，冷藏舱内还装有各种远距离测量和记录装置。此外，为了

图 2-11 冷藏船

有效地抑制各类微生物的繁殖和活动，舱内还设有臭氧发生器，使舱内空间在特定的持续时间内保持一定的臭氧浓度，以起到杀菌消毒的作用。

另外，由于不同种类的货物所要求的冷藏温度不同，因此冷藏船还可按不同的冷藏温度进行细分：专门运输水果、蔬菜的保温运输船；鱼、肉等货物，因需要在较低的温度下以冻结的状态进行运输，所以冷冻并运输这类货物的船舶称为冷冻船。

4. 集装箱船

集装箱船又称为箱装船、货柜船或货箱船，是一种专门载运集装箱的船舶，如图 2-12 所示。其全部或大部分船舱用来装载集装箱，往往在甲板或舱盖上也可堆放集装箱。集装箱船的货舱宽而长，货舱的尺寸按集装箱的要求规格化。其装卸效率高，大大缩短了停港时间。为获得更好的经济性，其航速一般高于其他载货船舶，最高可达 30km/h 以上。集装箱船可分为部分集装箱船、全集装箱船和可变换集装箱船。

图 2-12 集装箱船

（1）部分集装箱船。仅以船舶的中央部位作为集装箱的专用舱位，其他舱位仍装运普通杂货。

（2）全集装箱船。专门用以装运集装箱的船舶。它与一般杂货船不同，其货舱内有格栅式货架，装有垂直导轨，便于集装箱沿导轨放下，四角有格栅制约，可防倾倒。全集装箱船的舱内可堆放 3～9 层集装箱，甲板上还可堆放三四层集装箱。

（3）可变换集装箱船。其货舱内装载集装箱的结构为可拆装式的。因此，它既可装运集装箱，必要时又可装运普通杂货。

5. 滚装船

滚装船主要用来运送汽车和集装箱，如图 2-13 所示。这种船本身无须装卸设备，一般在船侧或船的首尾有开口斜坡连接码头。当装卸货物时，无论是汽车还是集装箱（装在拖车上的），都可以直接进、出船舱。这种船的优点是不依赖码头上的装卸设备，装卸速度快，可加速船舶周转。

图 2-13　滚装船

6. 载驳船

载驳船是专门载运货驳的船舶，又称为子母船，如图 2-14 所示。其运输方式与集装箱船运输方式相仿，因为货驳亦可视为能够浮于水面的集装箱。其运输过程是将货物先装载于统一规格的方形货驳（子船）上，再将货驳装于载驳船（母船）上，载驳船将货驳运抵目的港后，将货驳卸至水面，再由拖船分送至各自目的地。载驳船的特点是不需要码头和堆场，装卸效率高，便于海河联运。

图 2-14　载驳船

但由于造价高，货驳的集散组织复杂，其发展也受到了限制。

目前较常用的载驳船主要有如下两种：

（1）拉西式载驳船。其尾部有突出的悬尾，悬尾下方面临水面。上甲板两侧，在整个载货区域内设有门式起重机运行轨道，轨道一直延伸到船尾上。轨道上设置了起重量达 500t 的门式起重机。装载时，货驳由推轮推入悬尾下的水面，然后由悬尾上的起重机吊起，并沿轨道送至固定舱位堆放。

（2）西比式载驳船。其为多层全通甲板船，没有舱口，其尾部设有起重量为 2 000t 的升降平台，其升降范围可从水面下一定深度达到各层甲板的高度，各层甲板上都设有轨道拖车系统。船尾部敞开，由一个滑门封住。西比式载驳船的标准尺寸为 29.7m×10.7m×3.2m，载货后质量可达 1 000t。装船时，升降平台降到水面下一定深度，顶推船将货驳推上平台并固定，然后升到各层甲板的高度，再用拖车沿轨道送至指定位置的支座上安放。

（三）船舶的主要性能

船舶的主要性能有浮性、稳性、抗沉性、快速性、耐波性、操纵性和经济性等。

(四)船舶的主要技术特征

船舶的主要技术特征有船舶排水量、船舶主尺度、舱容和登记吨位、船体型线图、船舶总布置图、船体结构图等。船体水线以下所排开水的质量,即为船舶的浮力,并应等于船总质量。船的自重等于空船排水量。船的自重加上装到船上的各种载荷的质量的总和(载重量)是变化的,等于船的总质量。

船舶载重量包括货物、燃油和润滑油、淡水、食物、人员和行李、备品及供应品等的质量。通常预定的设计载货量与按预定最大航程计算的油、水、食物等的质量之和,称为设计载重量。设计载重量时的排水量称为设计排水量或满载排水量。

船舶主尺度包括总长、设计水线长度、垂线间长、最大船宽、型宽、型深、满载(设计)吃水等。钢船主尺度的度量指量到船壳板内表面的尺寸;水泥船、木船等则指量到船体外表面的尺寸。

舱容是指货舱、燃油舱、水舱等的体积,它从容纳能力方面表征船舶的装载能力、续航能力,它影响船舶的营运能力。登记吨位是历史上遗留下来的用以衡量船舶装载能力的度量指标,作为买卖船舶、纳税、服务收费的依据之一。登记吨位和载重量分别反映船舱的容纳能力和承重能力,它们虽互有联系,但属不同的概念。

船体型线图表征船舶主体(包括墙和首楼、尾楼)的型表面的形状和尺寸,是设计和建造船舶的主要图纸之一。它由三组线图构成:横剖线图、半宽水线图和纵剖线图。三者分别由横剖面、水线面和纵剖面与船体型表面切割而成。

船舶总布置图是设计和建造船舶的主要图纸之一,它反映船的建筑特征、外形和尺寸、各种舱室的位置和内部布置、内部梯道的布置、甲板设备的布局等。船舶总布置图由侧视图、各层甲板平面图和双层底舱划分图组成。

船体结构图反映船体各部分的结构情况,船体各相关部分的结构既相互独立又相互联系。船舶主体结构是保证船舶纵向和横向强度的关键,通常把它看成一个空心梁进行设计,并用船中横剖面结构图来反映它的部件尺寸和规格。

四、货物种类及在港内的作业方式

(一)货物种类与装运方式

从运输、储存条件和装卸工艺的角度考虑,货物主要可分为四大类:件杂货、干散货、液体货和集装箱货。

1. 件杂货

凡成件运输和保管的货物,不论有无包装,统称为件杂货。它们的形式、形状、大小及质量各不相同,种类繁多。包装货物常见的有袋装货物、捆装货物、箱装货物、桶装货物、瓶装货物和罐装货物等;无包装的大宗零散件货物有金属及其制品、木材等;单个大件货有机械设备、金属构件等。件杂货单件质量小,影响装卸设备的生产率,因此可用网线、绳扣、货板等成组工具,提高装卸单元的质量,使零散的、单件的件杂货集小为大、集散成整,整体随货运转。成整体的货物组件一般每件重 1.5~3t。

2. 干散货

干散货包括散装谷物、煤炭、矿石、散装水泥、矿物性建筑材料及化学性质比较稳定的块状或粒状货物。常见的散装谷物有小麦、玉米、大米、大豆等。煤炭是一种大宗散货，种类繁多。矿石种类也很多，大宗运输的有铁矿石、磷矿石、锰矿石等。矿物性建筑材料有沙、碎石、石材等。干散货通常是大宗的，因此常为其设置专用码头。

3. 液体货

液体货包括石油、石油产品、植物油和液化气体等，大量通过港口的原油和成品油属于易燃液体。易燃液体按闪点分级。闪点是液体挥发出的气体和空气的混合物，在正常的大气压力下遇到火星能闪起火花，但液体本身尚未燃烧的最低温度。原油闪点为 36～38℃，汽油小于 28℃，煤油为 28～45℃，柴油为 45～120℃。闪点低于 28℃为一级，高于 45℃为三级，中间为二级。在运输装卸易燃液体时要特别注意遵守相应的安全规则。

4. 集装箱货

国际贸易把货物分为 56 类，其中最佳装箱货约 32 类，主要是易损、易盗的高价商品，如酒类、药品、纺织品、电气产品、光学仪器、仪表、照相机、高级服装和冷藏品等。用集装箱把品种繁杂、单元小的件杂货集装成规格化重件，可大大提高装卸效率，缩短船舶在港时间，减少货损货差，节省包装费用，简化理货手续，便于多式联运，雨天装卸，从而大大降低货物运输成本。集装箱运输的发展引起了船型、装卸工艺、码头布置，乃至港口营运等一系列改革。集装箱运输实现了货物从生产厂门经过各运输环节直到用户门，中间不需要拆装的门到门运输。

（二）货物在港内的作业方式

货物通过港口一般要经过装卸、储存和短途运输三个环节，操作过程主要是根据一定的装卸工艺来完成一次货物的搬运作业，通常有五种形式。

（1）卸车装船，或卸船装车（船—车）。

（2）卸车入库，或出库装车（库—车）。

（3）卸船入库，或出库装船（库—船）。

（4）卸船装船（船—船）。

（5）库场间倒载搬运（库—库）。装卸过程是指货物从进港到出港所进行的全部作业过程，由一个或多个操作过程所组成。在一般的物流作业过程中，货物陆运进港、海运出港，其装卸过程一般由三种不同形式来完成：货物由车直接装船离港；货物在前方库场或二线库场储存一段时间再装船离港；先在二线库场储存，再经由前方库场装船离港。这三种形式的装卸过程分别为一个操作过程、两个操作过程和三个操作过程。货物在港内的作业方式还应包括船舱内作业，这往往是作业效率最低的环节。

经过操作过程的货物数量叫操作量，它的计算单位是操作吨，是反映装卸工作量的主要指标。1t 货物从进港起到出港止，不管经过多少次操作，只算 1t 装卸自然吨。

项目四　航空运输设备

一、航空运输的概述

航空运输是指通过空中运行的各种航空器，如热气球、飞艇和飞机等实现客货运输。

航空运输适合运载的货物主要有：价值高、运费承担能力很强的货物，如贵重设备的零部件、高档次产品等；紧急需要的物资，如救灾抢险物资等。由于航空运输突出的高速直达性，使之在交通系统中具有特殊的地位并且拥有很大的发展潜力。

（一）航空运输的作用

航空运输的发展带动和促进了制造业、运输业、旅游业、服务业等许多经济领域的发展。航空运输与其他运输方式分工协作、相辅相成，共同满足社会对运输的各种要求。

（1）当今国际贸易有相当数量的洲际市场，商品竞争激烈，市场行情瞬息万变，时间就是效益。航空货物运输具有比其他运输方式更快的特点，使进出口货物能更快进入市场，增强商品的竞争能力，对国际贸易的发展起到了很大的推动作用。

（2）航空货物运输适合于运输鲜活易腐和季节性强的商品。这些商品对时间的要求敏感，如果运输时间过长，则可能使商品变为废品，无法供应市场。季节性强的商品的运送必须抢行就市，争取时间，否则可能变为滞销商品，滞存仓库，积压资金，同时还要负担仓储费。航空运输可保鲜成活，又有利于开辟远距离的市场，这是其他运输方式无法相比的。

（3）利用航空运输快速、安全、准时等优点，运输电脑、精密仪器、贵稀金属、皮革制品、中西药材、工艺品等价值高的商品，可弥补运费高的缺陷。航空运输是国际多式联运的重要组成部分。为了充分发挥航空运输的特长，在不常以航空运输直达的地方，也可以采用联合运输的方式，如常用的陆空联运、海空联运、陆空陆联运，甚至陆海空联运等。多种运输方式的配合，可使各种运输方式各显所长，相得益彰。

（二）航空运输的特点

现代航空运输是社会生活和经济生活的一个重要组成部分，是目前发展最快的一种运输方式。航空运输的快速发展是和它自身的特点相关的，与其他运输方式相比，航空运输的优点表现在以下几个方面。

1. 速度快

航空运输在各种运输方式中速度最快，这是航空运输的最大特点和优势。其速度约为 1 000km/h，且距离越长，所能节省的时间越多，快速的优势也越显著。因而航空运输适用于中长距离的旅客运输，邮件运输，以及精密、贵重货物和鲜活易腐物品的运输。

2. 机动性大

飞机在空中运行，受航线条件限制的程度相对较小，可跨越地理障碍将任何两地连接起来。航空运输的这一优点使其成为执行救援、急救等紧急任务时必不可少的手段。

3. 舒适、安全

现代民航客机平稳舒适，且客舱宽敞、噪声小，机内有供膳、视听等设施，旅客乘坐的舒适程度较高。随着科技的进步和管理的不断改善，航空运输的安全性也比以往大大提高。

4. 基本建设周期短、投资少

发展航空运输的设备条件是添置飞机和修建机场。这与修建铁路和公路相比，建设周期短、占地少、投资省、收效快。

与其他运输方式相比，航空运输也有受到限制的地方，其主要缺点如下：
（1）飞机机舱容积和载重量都比较小，运载成本和运价比地面运输高。
（2）飞机飞行往往要受气象条件的限制，因而影响其准点性。
（3）航空运输速度快的优点在短途运输中难以体现。

二、航空港及技术设施

航空港又称为机场和航空站，是航空线的枢纽，供飞机执行客货运业务、保养维修、起飞、降落使用。航空港按照设备情况可分为基本航空港和中途航空港。

1. 跑道

跑道系统由结构道面、道肩、防吹坪和跑道安全地带组成，供飞机起降使用。结构道面在结构载荷、运转、控制、稳定性等方面支撑飞机；道肩抵御喷气气流的吹蚀，并承载维护和应急设备；防吹坪防止紧临跑道端的表面地区受各种喷气气流吹蚀；跑道安全地带支撑应急和维护设备以及可能发生的转向滑出的飞机。

2. 滑行道

滑行道是飞机在跑道与停机坪之间出入的通道，提供从跑道到航站区和维修库的通道。

3. 停机坪

停机坪是供飞机停留的场所，也可称为试车坪或预热机坪，设置于临近跑道端部的位置。

4. 机场地面交通

机场地面交通包括出入机场交通和机场内交通两部分。机场内交通设施包括供旅客、接送者、访问者、机场工作人员使用的公用通道；供特种车辆出入的公用服务设施和非公用服务道路；供航空货运车辆出入的货运交通通道。

5. 指挥塔或管制塔

指挥塔或管制塔是飞机进出航空港的指挥中心，其位置应有利于指挥与航空管制，维护飞行安全。

6. 助航系统

助航系统是辅助安全飞行的设施，包括通信、气象、雷达、电子及目视助航设备。

7. 输油系统

输油系统主要为飞机补充油料，需要有配套的输油设备。

8. 维护修理基地

维护修理基地主要为飞机归航以后或起飞以前做例行检查、维护、保养和修理。

9. 货运设施

货运量大的机场应将处理货物运输的系统与旅客运输系统分开。机型大型化后导致客货混合作业时间延长，规划机坪门位系统时应考虑货物处理问题。

航空货物包括空运货物和航空邮件。空运货物在飞机与航站楼之间由航空公司或货运商运送，需要提供运货卡车专门道路；航空邮件通常由车辆直接运送至机场邮件中心。常见的装卸设备是装卸—运输联合机，升降式装卸机适用于不同机舱高度的飞机。

10. 其他各种公共设施

其他各种公共设施主要包括给水、给电、通信、交通、消防系统等。

三、航空运输运载工具

飞机是航空运输中主要的运载工具。飞机依其分类标准的不同，可有以下划分方法。

1. 按飞机的用途划分，有民用航空飞机和国家航空飞机之分

国家航空飞机是指军队、警察和海关等使用的飞机；民用航空飞机主要是指民用飞机和直升机。民用飞机指民用的客机、货机和客货两用机。客机主要运送旅客，一般行李装在飞机的深舱。由于航空运输以客运为主，客运航班密度高、收益大，所以大多数航空公司都采用客机运送货物。不足的是，由于舱位少，每次运送的货物数量十分有限。货机运量大，可以弥补客机的不足，但经营成本高，只限在某些货源充足的航线使用。客货两用机可以同时运送旅客和货物，并根据需要调整运输安排，是最具灵活性的一种机型。

2. 按飞机发动机的类型划分，有螺旋桨飞机和喷气式飞机之分

螺旋桨飞机利用螺旋桨的转动将空气向机后推动，借其反作用力推动飞机前进。所以螺旋桨转速越高，飞行速度越快。但当螺旋桨转速高到某一程度时，会出现空气阻碍的现象，即螺旋桨四周已成真空状态，再怎么加快螺旋桨的转速，飞机的速度也无法提升。喷气式飞机最早由德国人在 20 世纪 40 年代制成，喷气式飞机将空气多次压缩后喷入飞机燃烧室内，使空气与燃料混合燃烧后产生大量气体以推动涡轮，然后于机后以高速度将空气排出机外，借其反作用力使飞机前进。它结构简单，制造、维修方便，速度快，节约燃料费用，装载量大（一般可载客 400～500 人或 100t 货物），使用率高（每天可飞行 16h），所以目前已经成为世界各国机群的主要机种。

3. 按飞机发动机的数量划分，有单发（动机）飞机、双发（动机）飞机、三发（动机）飞机、四发（动机）飞机之分

4. 按飞机的航程远近划分，有近程飞机、中程飞机、远程飞机之分

远程飞机的航程为 11 000km 左右，可以完成中途不着陆的洲际跨洋飞行；中程飞机的航程为 3 000km 左右；近程飞机的航程一般小于 1 000km。近程飞机一般用于支线，因此又称为支线飞机。中程、远程飞机一般用于国内干线和国际航线，又称为干线飞机。我国按飞机客座数划分大、中、小型飞机，飞机的客座数在 100 座以下为小型飞机，100～200 座之间为中型飞机，200 座以上为大型飞机。航程在 2 400km 以下为短程飞机，2 400～4 800km 之间为中程飞机，4 800km 以上为远程飞机。但分类标准是相对而言的。

四、飞机的组成

飞机主要由机翼和尾翼、机身、动力装置、起落装置、操纵系统等部件组成，如图 2-15 所示。

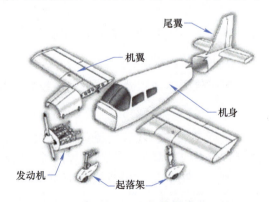

图 2-15 飞机的组成

1. 机翼和尾翼

机翼是为飞机飞行提供升力的部件。机翼受力构件包括内部骨架、外部蒙皮以及机身连接的接头。尾翼包括水平尾翼和垂直尾翼。水平尾翼由固定的水平安定面和可动的升降舵组成。垂直尾翼则包括固定的垂直安定面和可动的方向舵。尾翼的主要功用是操纵飞机俯仰和偏转,并保证飞机能平稳地飞行。

2. 机身

机身是装载人员、货物、燃油、武器、各种装备和其他物资的部件,连接机翼、尾翼、起落架和其他有关构件。

3. 动力装置

动力装置主要用来产生拉力或推力,使飞机前进。此外还可以为飞机上的用电设备提供电源,为空调设备等用气设备提供气源等。

现代飞机的动力装置应用较广泛的有四种:一是航空活塞式发动机加螺旋桨推进器;二是涡轮喷气式发动机;三是涡轮螺旋桨发动机;四是涡轮风扇发动机。随着航空技术的发展,火箭发动机、冲压发动机、原子能航空发动机等也逐渐被采用。飞机飞行速度提高到需要突破声障时,要用结构简单、质量轻、推力大的涡轮喷气式发动机。涡轮喷气式发动机包括进气道、压力机、燃烧室、涡轮和尾喷管五部分。

4. 起落装置

飞机下部用于起飞、降落或地面滑行时支撑飞机并用于地面移动的附件装置,叫作起落装置。飞机起落装置使飞机能在地面或水面上平顺地起飞、着陆、滑行、停放,由吸收着陆撞击的能量机构、减震器、机轮和收放机构组成。改善起落性能的装置包括增举装置、起飞加速器、机轮刹车和阻力伞或减速伞等。现代飞机多采用前三点式起落架,即一对主要承载起落架位于飞机重心之后,另一个起落架位于机头之下。

5. 操纵系统

飞机操纵系统分为主操纵系统和辅助操纵系统。主操纵系统对升降舵、方向舵和副翼三个主要操纵面进行操纵,辅助操纵系统对调整片、增举装置和水平安定面等进行操纵。

飞机除了上述五个主要部件之外,根据飞行操纵和执行任务的需要,还装有各种仪表、通信设备、领航设备、安全设备和其他设备等。

五、飞机的常用参数

(1)机长,指飞机机头最前端至飞机尾翼最后端之间的距离。

(2)机高,指飞机停放地面时,飞机尾翼最高点的离地距离。

(3)翼展,指飞机左、右翼尖间的距离。

(4)最大起飞质量,指飞机适航证上所规定的该型飞机在起飞时所许可的最大质量。

(5)最大着陆质量,指受机身和起落架结构强度限制,在着陆时所能承受的着陆冲击载荷所允许的最大重量,由飞机制造厂和民航局规定。

(6)飞机基本质量,指除商务载重(旅客及行李、货物邮件)和燃油外,飞机做好执行飞行任务准备时的质量。

一般情况下,飞行速度越低的飞机,翼展跟机身长度比相对更大一些。

六、几种大型飞机介绍

1. 空中客车 A321

空中客车 A321 是欧洲空中客车工业公司研制的双发中短程客机,如图 2-16 所示。它是空中客车 A320 加长型,是 A320 系列飞机中最大的飞机成员。与 A320 相比,A321 增加 24% 的座位和 40% 的空间,机翼面积略微扩大,在机翼前后各增加两个应急出口,起落架被加固,使用高推力 CFM56 和 V2500 发动机。A321 机高 11.76m,客舱长度 34.44m,最大客舱宽度 3.70m,平均小时耗油量 2 355kg,最大起飞重量 83 000kg,最大着陆重量 73 500kg,实用升限 12 000m,满载航程 5 600km,动力装置为两台涡扇发动机,发动机推力 2×133kN。如果是高密度客舱布局,其可容纳多达 220 名乘客。

2. 波音 787

波音 787(英文:Boeing 787)是一款航空史上首架超远程中型客机,由美国著名飞机制造商波音公司于 2009 年 12 月 15 日推出,如图 2-17 所示。波音 787-8 长度 57m,翼展 60m,高度 17m,最大起飞重量 227 950kg,满最高巡航速率 945km/h,载航距 13 620km。其变体机型中典型的三层座位设计能容纳 242~335 名乘客。

波音 787 的最大特点是大量采用先进复合材料建造飞机骨架、超低燃料消耗、较低的污染排放、高效益及舒适的客舱环境。其主要竞争对手为空客 A350 及 A330neo。首架波音 787 于 2011 年 9 月 26 日交付全日空航空公司使用。

图 2-16　空中客车 A321

图 2-17　波音 787

3. 新舟 60 飞机

新舟 60 飞机是我国首次按照与国际标准接轨的中国民用航空规章第 25 部《运输类飞机适航标准》进行设计、生产和试飞验证的飞机,如图 2-18 所示。在飞机的研制过程中,西安飞机工业(集团)有限责任公司采取多种国际合作方式,包括引进成品的技术培训,聘请乌克兰飞机设计专家,特邀加拿大试飞员协助试飞等,并建立了新舟 60 飞机飞行训练中心。

新舟 60 飞机在安全性、舒适性、维护性等方面接近或达到世界同类飞机的水平,使用性能良好、油耗低、维修方便、简单实用。新舟 60 飞机可承载 52~60 名旅客,满油航程为 2 450km,适宜支线航线的运营。新舟 60 飞机可在高温、高原状态下起飞,适应不同航路、跑道的特性。新舟 60 飞机可进行多用途改装:货物运输机、海洋监测机、航测机、探测机等。新舟 60 飞机价格为国外同类飞机的 2/3,直接使用成本比国外同类飞机低 10%~20%,年生产能力为 15~20 架。新舟 60 飞机的改进型新舟 600 飞机于 2008 年首飞。新舟 600 飞在机载设备、机舱内装饰等方面进行了全新改进。新舟 60 飞机的第一个国内正式用户是奥凯航空，其通过融资租赁的方式租赁了 10 架。津巴布韦采购了 3 架新舟 60 飞机，成为该飞机的第一个国际用户（2005 年 4 月 30 日首批交付），这是中国拥有自主知识产权，按国际适航标准制造的民航飞机首次出口国外。相继有刚果（布）、赞比亚、老挝、印度尼西亚、菲律宾、玻利维亚等国的航空公司签订了购机合同。

4. C919 飞机

我国国产飞机 C919 的最大载客量为 190 人，标准航程为 4 075km，最大航程为 5 555km，经济寿命为 9 万飞行小时，全机长 38.9m，翼展 35.8m，全机高 11.9m，如图 2-19 所示。在 2010 年第八届珠海航展上，C919 获得了中外 6 家客户共 100 架启动订单，C919 的目标是为民航市场提供具有竞争力的中短程民用运输机。2017 年 5 月 5 日，C919 在上海浦东机场圆满首飞。2021 年 1 月，C919 高寒试验试飞专项任务圆满成功。

图 2-18　新舟 60 飞机

图 2-19　C919 飞机

职业素养

> 交通运输部、教育部在《关于加快发展现代交通运输职业教育的若干意见》中指出，交通运输是国民经济的基础性、先导性、服务性行业，是经济社会发展的重要保障。交通运输职业教育是我国职业教育体系的重要组成部分，是技术技能人才培养的重要基地，面向交通生产建设一线，承担着普及专业知识、推广实用技术、培养技术技能人才、促进农村劳动力转移、服务城乡和区域经济社会发展的重要任务，对创造更大人才红利、促进就业和改善民生具有重要意义，具有很强的社会性、基础性和战略性。

模块练习

一、单选题

1. 公路运输的优点有（　　）。
   A．机动灵活，运输方便　　　　B．运输能力大
   C．运输能耗很高　　　　　　　D．运输成本低
2. 不属于汽车货运站的是（　　）。
   A．零担货运站　　　　　　　　B．集装箱货运站
   C．铁路货运站　　　　　　　　D．整车货运站

3. Ⅱ级铁路的作用是（　　）。
   A．起骨干作用　　　　　　　　B．起联络、辅助作用
   C．为某一区域服务　　　　　　D．客运专用
4. 下列说法不正确的是（　　）。
   A．棚车是铁路货车中的通用车辆
   B．敞车主要运送煤炭、矿石、矿建物资
   C．平车有车顶和车厢挡板
   D．保温车又叫冷藏车
5. 水路运输按照营运方式分类可以分为（　　）。
   A．外贸运输和内贸运输
   B．旅客运输和货物运输
   C．海洋运输和内河运输
   D．班轮运输和租船运输
6. 被称为子母船的是（　　）。
   A．冷藏船　　　　B．载驳船　　　　C．杂货船　　　　D．滚装船
7. 按飞机发动机的类型划分，飞机分为（　　）。
   A．民用航空飞机和国家航空飞机
   B．螺旋桨飞机和喷气式飞机
   C．中程飞机和远程飞机
   D．有单发（动机）飞机和双发（动机）飞机

二、判断题

1. 汽车的基本结构由发动机、底盘、电气设备、车身四大部分组成。（　　）
2. 公路运输的最大优点是灵活性强。（　　）
3. 铁路运输是一种小运量、现代化的陆上运输方式。（　　）
4. 机车是铁路运输的基本动力。（　　）
5. 滚装船主要用来运送汽车、集装箱。（　　）
6. 航空运输的特点是快速、运费便宜。（　　）
7. 机翼、飞行装置、机身、动力装置属于飞机结构。（　　）
8. 近程飞机的航程一般小于 800km。（　　）

三、简答题

1. 常见的货运车辆有哪些？
2. 简述铁路运输的特点。
3. 简述水路运输的特点。
4. 飞机的主要结构有哪几部分？

模块三 运输管理

知识目标：掌握运输的定义，掌握运输的功能、运输与物流的关系，了解运输质量管理的定义、特性，了解影响运输质量的因素，理解运输的合理化。

能力目标：掌握运输案例分析方法，通过小组讨论、角色扮演和模拟演练，罗列出一些不合理的运输案例。

素质目标：将交通运输管理与国家社会、经济发展联系起来，理解运输管理的重要性；培养从事运输行业的使命感、责任感和自豪感；培养严谨认真、一丝不苟的工作态度。

学习重点：运输的地位和功能。

学习难点：运输合理化的措施。

模块导入

受到寒潮影响，北方多个地区出现了降雪天气。这给当地人的出行和生活带来了不小的麻烦。其中，在北方某市，当地人种植的白菜也受到了影响。2023年以前，白菜一般价格为1.0～1.2元/kg，而2023年白菜的价格一度飙升到3.0～4.0元/kg，相较于往年足足翻了一倍多。图3-1为菜农冰天雪地里抢收大白菜的情景。

图3-1 菜农冰天雪地里抢收大白菜

思考：该地区白菜价格上涨的原因是什么？说明了什么问题？

项目一　运输概述

一、运输的含义

运输是物流作业最重要的环节之一，是指人或货物借助运输工具和运输基础设施在空间产生的位置移动。本书中运输专指物的载运和输送，一般指在较大地域范围内，以改变物的空间位置为目的的活动。中华人民共和国国家标准《物流术语》（GB/T 18354—2021）对运输（transport）的定义是"利用载运工具、设施设备及人力等运力资源，使货物在较大空间上产生位置移动的活动"。现代运输是一项综合性物流活动，不仅包括以上基本作业，还需要将运输和包装、流通加工、配送、信息处理等基本功能实现有机结合。

运输概述

二、运输的特点

运输包括公路运输、铁路运输、水路运输、航空运输、管道运输等多种运输方式，各种运输方式有其各自的特点，但它们都具有运输的一般特点。相对于其他产业部门，运输由于生产方式的特殊性，因此具有有别于其他产业的特点。

1. 运输作业中价值创造不改变产品的物理化学性质

运输是一种特殊的物质生产方式，它不同于普通的工农业生产，它不改变产品的物理性质和化学性质。运输通过移动货物的空间位置来实现资源的有效利用，进而实现价值增值。

2. 运输作业具有流动性

制造业和流通业的生产经营活动一般在一个固定的工业园区和商业网点进行，运输作业的过程则是流动的，具有点多、面广、机动、分散的特点。这种流动性大大增加了运输作业的复杂性和运输管理的难度。

3. 运输作业创造"场所效应"

通过运输活动，实现货物的场所变化和位移，将货物从价值低的区域转移到价值高的区域，充分发挥"物"的潜力，实现资源的优化配置，使物品的使用价值和价值得到最大实现。

4. 运输费用在物流成本构成中所占比例最大，是物流成本控制的重点

在整个物流成本结构中，运输费用所占比例要高于其他物流环节所占比例，因此也是物流成本管理的重点。

5. 运输具有即时性

即时性即运输服务不可存储，运输服务生产过程就是运输服务消费过程。

三、运输的地位和功能

（一）运输的地位

1. 运输是物质生产部门实现再生产的必要条件，是商品流通的物质条件，运输业是支撑国民经济运行的基础性产业

企业在产品生产过程中要将采购、生产、分销各环节衔接起来，就必须依靠运输作业来实现。在流通业中，批发商和零售商需要依靠运输实现货畅其流。国民经济各部门之间、城乡之间、不同地区和国家之间商品和生产要素的流动需要通过运输活动来实现。

2. 运输是物流系统优化的重点

物流系统通过创造空间效用、时间效用和形质效用来创造价值。物流系统优化是指通过降低物流成本，提高物流效率来实现物流系统的优化运行。运输成本占物流成本比例最大，也是优化的重点。运输效率的高低制约着其他物流环节效率的提高，进而影响物流系统整体效率的高低，所以运输是物流系统优化的重点。

（二）运输的功能

运输的发展推动社会经济的繁荣发展，社会经济的发展对运输业也提出了更高的要求。在现有的产业分工体系里，运输承担两大基本功能。

1. 产品转移

生产领域的原材料、零部件、装配件、在制品、制成品和流通领域的商品都存在着广泛的运输需求。产品转移就是通过运输实现产品在价值链中的移动，它是运输的主要功能。运输作业需要消耗人力、运输工具和其他物质资源，只有当运输活动增进的产品价值超过了运输成本时，产品转移才是必要的。

2. 产品储存

产品储存是运输的附属功能，即将运输车辆作为临时储存设施。在有些货物中转、交接等作业中，与其将货物卸下入库，还不如临时存放在运输车辆上，以便减少装卸搬运作业工作量，节约作业费用。另外，在仓库空间有限的情况下，利用运输车辆储存也是一种可行的选择。

四、运输和物流其他环节的关系

现代物流系统是各物流环节相互联系、相互支撑的综合性物流系统，运输是物流系统的核心环节之一，运输活动的高效运作需要其他物流环节紧密配合。一般来说，物流系统包括运输、仓储、配送、装卸搬运、包装、流通加工以及信息处理活动。其中，运输与包装、装卸、仓储、配送联系最为密切。

1. 运输与包装的关系

运输作业过程和运输方式对货物有包装要求。一方面，出于保护运输作业过程中货物的要求，材料结实、结构设计合理的包装有助于保护货物，减少运输作业过程中货物的损失；另一方面，合适的包装规格尺寸有助于提高运输工具满载率，提高运力的使用率。

2. 运输与装卸的关系

装卸作业是与运输前后衔接的物流环节。一般情况下，完成一次运输活动，必然伴随两次或两次以上的装卸活动。装卸活动的质量直接影响运输作业的质量，装卸是否合理将直接影响运输过程中货物的损耗。另外，装卸是实现各种运输方式有效衔接的作业环节。特别是在多式联运的情况下，装卸搬运起着重要的作用。

3. 运输与仓储的关系

运输和仓储是物流活动中两项基本的物流功能。高效的运输系统，可以降低库存量，减轻存储压力，提高库存周转率。大批量的存储能力，有助于采取规模化的运输手段，降低单位货物运输成本。

4. 运输与配送的关系

一般来说，运输是少品种、长距离、大批量的输送，配送是多品种、短距离、小批量、多频次的输送。运输主要用于干线输送，配送用于支线运输。配送重视货物输送过程中的"配"，是服务于终端网点和客户的，因此运输和配送需要协调配合，以满足最终客户的需求。

项目二 运输质量管理

运输质量管理

案例分析

将货物交给别人代办，运输及中途卸货，自己能看到其全过程吗？

20××年4月，武汉某公司物流部经理在记者面前点开了物流信息系统，查询编号为680646的货车的在途运输情况。系统显示：货车正在上海制药厂卸货。而此前在南京、苏州等地的行进轨迹和时间一目了然。那么，武汉的物流市场有多大？武汉会成为现代物流之都吗？

专家分析，武汉区位优势明显：在武汉市中心方圆1 200 km范围内，汇聚了我国14个GDP超千亿城市中的12个。更难得的是"九省通衢"，天然黄金水道横穿而过，集铁路、水路、公路、航空等多种交通方式于一体，是我国中部地区最大的交通运输枢纽，而且经济基础较好，商贸发达，物流需求量大，前景良好。

思考：

（1）什么是现代物流？现代物流运输质量管理包含哪几个方面？

（2）物流运输质量管理有哪些特点？

引思明理

物流运输质量管理是一个复杂而又关键的管理体系，需要企业在实施过程中不断完善和优化。只有通过科学、规范的管理，才能确保物流运输过程中货物的安全、准确、及时和完整，从而提高企业的竞争力和市场占有率。

一、运输质量管理的任务

运输质量管理的主要任务是制定货物运输质量管理规章制度和办法,组织、指导、考核、监督全行业货运质量管理工作,处理货运质量纠纷,使全行业的货物运输达到安全优质、准确及时、经济方便、热情周到、完好送达和用户满意的目标。

二、运输质量管理的意义

运输企业在生产经营活动中既要重视提高货物运量和货物周转量,又要努力提高运输质量。良好的运输质量是物流运输企业持续经营的前提,也是物流系统优化的目标。因此,提高运输质量对于社会经济发展和企业效益改善具有重要意义。

1. 有利于提高经济效益

安全优质的运输服务可以减少事故赔偿的费用支出,降低车辆等运输工具因为事故损失带来的维修成本的增加,从而达到提高经济效益的目的。

2. 有利于提高企业信誉

安全优质的运输服务能减少运输过程中货物的损耗,保障货物的质量和数量不发生损失,避免因为运输失误对货主造成业务上的损失。良好的运输质量可以为物流运输企业树立良好的信誉,稳定业务合作关系。

3. 有利于稳定员工情绪,实现运输作业团队的稳定

运输作业员工特别是汽车驾驶员和他们的家属总是担心发生交通运输事故,造成车毁、货损、人亡的悲剧。所以重大交通运输事故的发生不仅对事故责任人带来精神打击和物质损失,还会影响本部门其他运输作业员工情绪,影响作业团队的稳定。

三、运输质量的内涵与考核指标

运输质量事故是指货物从托运方交承运方起,至承运方将货物交收货单位签字止的承运责任期内,发生的货物丢失、短少、变质、污染、损坏、误期、错运以及由于失职、借故刁难、敲诈勒索而造成的不良影响或经济损失。运输质量内涵具体包括安全性、及时性、方便性、经济性、服务性。

(一)运输质量内涵

1. 安全性

安全性是运输质量的首要特性,主要包括运输作业人员人身安全及运输工具运行安全。评价安全性的主要指标有各种运输方式的特大安全责任事故、安全事故率、死亡率、责任事故损失率、货损率、货差率和货物赔偿率。

2. 及时性

及时性是运输质量的时间特性,是指及时满足托运人的运输服务需求,并在保证安全的前提下缩短运输时间。评价及时性的主要指标有各种运输方式的平均运行速度、正点率、正班率、准班率、运输期限合格率、送达期限超限率等。

3. 方便性

方便性是运输质量的基础特性，指运输服务所用的设施和设备的建立、布局和线路的安排以货主或托运人的需要为出发点，运输线路四通八达。评价方便性的主要指标有：各种运输方式的运网密度、运行班次密集性、直达运输比重和客货联运量等。

4. 经济性

经济性是运输质量的经济特性，即以社会效益为基本准则，为用户提供经济的运输服务。它包含两层意思：一是对用户来说满足运输需要的费用要合理；二是对运输企业来说既能为用户提供经济合算的运输服务，又能从中获得利润，使企业得以生存和发展。评价经济性的主要指标有各种运输方式的收入利润率、资产利润率、运价成本比、燃料单耗和单位成本等。

5. 服务性

服务性是运输质量的综合特性，包括运输企业的服务条件和服务态度等方面。由于一般难以用量化指标来直接衡量服务的质量，所以通常通过货主的投诉情况来反映，即用货主的满意率和货主意见处理率来衡量。

（二）运输质量考核指标

1. 运输质量事故分类

依据货物运输质量事故造成货物损失金额来划分，有以下类别：

（1）重大事故。即货损金额在 3 000 元以上的运输质量事故，以及经省级有关部门鉴定为珍贵、尖端、保密物品在运输过程中发生灭失、损坏的事故。

（2）大事故。即货损金额在 500～3 000 元的货运质量事故。

（3）一般事故。即货损金额在 50～500 元的货运质量事故。

（4）小事故。即货损金额在 20～50 元的货运质量事故。

此外，货损金额在 20 元以下的货运质量事故，不作为事故统计上报，但企业仍需进行内部记录和处理。

2. 货物运输质量事故考核指标

（1）货运质量事故频率。货运质量事故频率指每完成百万吨公里发生的货运质量事故次数。事故次数以次为计算单位，全国平均考核标准一般为每百万吨公里 0.7 次。其计算公式为：

$$货运质量事故频率 = 货运质量事故次数 \div 完成的货运周转量（吨公里）$$

（2）货损率。货损率指运输统计报告期内，发生货运质量事故造成货物损失吨数占货运总吨数比例。其计算公式为：

$$货损率 = 货损吨数 \div 货运总吨数$$

（3）货差率。货差率指运输统计报告期内，发生货运质量事故造成货差货物的吨数（货差吨数）占货运总吨数的比例。其计算公式为：

$$货差率 = 货差吨数 \div 货运总吨数$$

(4) 赔偿率。赔偿率指运输统计报告期内，发生货运质量事故所赔偿的金额占货运总收入金额的比例。其计算公式为：

$$货运质量事故赔偿率 = 质量事故赔偿金额 \div 货运总收入金额$$

(5) 完成运量及时率。完成运量及时率指运输统计报告期内，按托运要求时间完成的货运量吨数占完成总货运量吨数的比例。完成运量及时率的考核标准，国家暂不作统一规定，由各地根据实际情况自定标准。其计算公式为：

$$完成运量及时率 = 按托运要求时间完成的货运量吨数 \div 完成的总货运量吨数$$

四、提高运输质量的措施

（一）强化运输质量观念

树立质量观点，坚持质量第一，真正把提高运输质量当作关系自身生存和发展的头等大事，长抓不懈质量管理是企业管理的中心环节，在企业管理中占头等位置，搞好质量管理，是企业所有成员的共同责任，必须使企业全部工作合理化、科学化、标准化，对运输工作流程的各环节进行环环把关，各环节的运输作业人员要参与质量管理，落实全面质量管理的思维。

（二）提高运输作业人员素质

人是提高运输质量的首要因素。因此，一是要搞好宣传教育，强化员工对用户的理念。运输企业与用户的关系是服务与被服务的关系，用户的运输需要决定运输企业的存在和发展，增强"企业必须为用户服务"的理念，才能改善服务态度和服务方法，加强职业道德教育，以良好的运输服务质量，赢得用户信任和提高企业的信誉。二是质量监管人员要和其他岗位员工相结合，组成质量保障体系。三是培养员工严格认真的工作作风。四是根据不同岗位要求对员工进行工作技能培训，努力造就一支技能熟练、作风优良的员工队伍。

（三）完善运输质量管理制度

提高物流运输服务质量，主要应从提高物流运输企业管理水平入手，建立和健全合理的规章制度，不断改进物流运输组织工作，加强物流运输质量管理，保证物流运输安全和货物完好，才能保证物流运输效率。

从管理制度上构建质量保障体系，包括：物流运输服务质量标准、运输生产各环节质量标准、物流运输作业计划工作质量标准、业务受理工作质量管理、调度过程中的质量管理、各级调度工作制度、运输过程中的质量管理等。重视过程检查，对收货、装货、交货、鉴定、验收等各环节建立严格的岗位责任制和经济责任制，以便质量管理有章可循。

（四）运输质量管理应以预防为主

在加强质量管理的过程中，要树立以预防为主的观点，把提高物流运输服务质量工作的重点从事后把关改为事先预防，做到防患于未然，以达到确保物流运输质量和运行安全的目的。

（五）要研究和总结运输质量管理的技术方法

提高运输质量水平要通过不断研究和总结运输质量管理的技术方法来实现，包括最佳物流运输方案制定、合适的运输方式和运输工具的选择、运输包装的改进、运输过程中装卸方法优化、运输车辆的检查、运输路况的熟悉等,另外还要广泛征求用户意见,不断改进工作,提高运输质量。

(六)运输管理的信息化是监控和改善运输质量的有效手段

运输管理信息系统已经广泛应用于各类运输企业以及物流企业的运输管理中,有效地提高了运输各环节作业质量的管理水平。

项目三 运输合理化

案例分析

沃尔玛公司是世界上最大的商业零售企业之一,在物流运营过程中,尽可能地降低成本是其经营的哲学。沃尔玛有时采用空运,有时采用船运,还有一些货物采用卡车公路运输。在中国,沃尔玛主要采用公路运输,所以如何降低卡车运输成本,是沃尔玛物流管理面临的一个重要问题,为此沃尔玛主要采取了以下措施:

沃尔玛使用一种尽可能大的卡车,货柜大约有16m长,比集装箱运输卡车更长或更高。沃尔玛把卡车装得非常满,产品从车厢的底部一直装到最高,这样非常有助于节约成本。

沃尔玛的车辆都是自有的,司机也是自己的员工。沃尔玛的车队大约有3700名司机,有5000名非司机员工,车队每周一次运输可以达7000～8000km。沃尔玛深刻理解杜绝交通事故、保障运输安全对于卡车运输的重要性。因此,对于运输车队来说,保证安全是节约成本的重要环节。沃尔玛的口号是"安全第一,礼貌第一",而不是"速度第一"。在运输过程中,卡车司机们都非常遵守交通规则。沃尔玛定期在公路上对运输车队进行调查,卡车上面都带有公司的号码,如果看到司机违章驾驶,调查人员就可以根据车上的号码报告,以便进行惩处。沃尔玛认为,卡车不出事故,就是节省公司的费用,就是最大限度地降低物流成本。由于狠抓安全驾驶,沃尔玛运输车队已经创造了300万km无事故的纪录。

沃尔玛采用全球定位系统对车辆进行定位。因此,调度中心在任何时候都可以知道这些车辆在什么地方,离商店有多远,还需要多长时间才能运到商店,这种估算可以精确到小时。沃尔玛知道卡车在哪里,产品在哪里,就可以提高整个物流系统的效率,有助于降低成本。

沃尔玛的连锁商场的物流部门24h进行工作,无论白天或晚上,都能为卡车及时卸货。另外,沃尔玛的运输车队还利用夜间进行运输,从而做到了当日下午进行集货,夜间进行异地运输,翌日上午即可送货上门,保证在15～18h内完成整个运输过程,这是沃尔玛在速度上取得优势的重要措施。

沃尔玛的卡车把产品运到商场后，商场可以把它整个卸下来，而不用对每个产品逐个检查，免去了收货清点复查的环节。这样就可以节省很多时间和精力，加快了沃尔玛物流的循环过程，从而降低了成本。这里有一个非常重要的先决条件，就是沃尔玛的物流系统能够确保商场所得到的产品与发货单完全一致。

沃尔玛的运输成本比供货厂商自己运输产品要低。所以厂商也使用沃尔玛的卡车来运输货物，从而做到了把产品从工厂直接运送到商场，大大节省了产品流通过程中的仓储成本和转运成本。

沃尔玛的集中配送中心把上述措施有机地组合在一起，做出了一个最经济合理的安排，从而使沃尔玛的运输车队能以最低的成本高效率地运行。

思考： 试分析沃尔玛是如何通过运输管理的合理化节约成本的。

引思明理

运输合理化是从物流系统的总体目标出发，按照货物流通规律，运用系统理论和系统工程原理和方法，选择合理的运输路线和运输工具，以最短的路径、最少的环节、最快的速度和最少的劳动消耗，组织好货物的运输与配送，以获取最大的经济效益。

一、运输合理化的含义与作用

（一）运输合理化的含义

运输合理化是指以实现运输系统最大效益为目标，根据货主的要求，运用合适的运输工具，选择合理的运输方式和运输线路，以最短的路径、最少的环节、最快的速度和最少的劳动消耗将货物运至目的地。

运输合理化

（二）运输合理化的作用

1. 有利于促进社会再生产顺利进行，提高国民经济运行效益

合理化组织运输活动可以使物质产品迅速从生产场所向消费场所转移，加速资金周转，促进社会再生产顺利进行；同时，合理化组织运输活动可以降低国民经济流通成本，提高流通效率和国民经济运行效益。

2. 有利于缩短运输时间，提高运输速度，增强物流运输企业竞争力

当前企业对于物流运输的时间要求越来越高，随着准时化策略和敏捷供应链战略等管理思想的应用，越来越多的企业更加注重运输速度。合理组织运输活动，可以缩短运输时间，提高货物到达速度，从而增强运输服务企业的市场竞争力。

3. 有利于节约运输费用，降低物流成本，提高企业利润

运输成本是企业经营活动中物流成本的重要组成部分，通过合理组织运输活动，可以节约运输费用，降低物流成本，进而为提高企业利润做贡献。

4. 有利于减少能源消耗，降低污染，保护环境

合理组织运输活动，可以减少行驶里程，减少车辆废气排放，缓解道路拥挤，降低噪声污染，对于缓解能源紧张和运力不足具有现实意义。

二、运输合理化的影响因素

影响运输合理化的因素很多，其中主要影响因素有五个，见表3-1。

表3-1　运输合理化影响因素

影响因素	影响内容
运输距离	运输距离又称运距，在运输活动中，运输时间、货损货差、运费、车辆或船舶周转等经济技术指标都与运输距离存在着较强的正相关关系，运距长短是运输合理与否的一个最基本因素，缩短运距既具有宏观社会效益，也具有微观企业效益
运输环节	运输每增加一个环节，必然会增加运输的装卸、包装等附属作业活动，减少运输作业环节是运输合理化内容之一
运输方式	不同的运输方式具有各自的优势和劣势，根据运输任务和货物性质合理地选择运输方式或不同运输方式的组合，最大限度地扬长避短，并根据各种运输方式的特点进行装卸、搬运、包装等附属作业，是运输合理化的重要内容
运输时间	运输是所有物流活动中耗费时间较多的环节，长距离运输尤其如此。因此，缩短运输时间对缩短整个物流时间具有重要意义。缩短运输时间，有利于充分利用运力，有利于加速货主资金周转速度和提高运输线路的通过能力，增加经济和社会效益
运输费用	运输费用又称运费，是各项物流费用中所占比例较大的一项，运费高低是衡量物流运输是否合理的一个重要标志，一定程度上决定了整个物流系统的竞争能力。降低运输费用是物流运输企业的一个重要目标，也是货主企业的重要指标

三、不合理运输的表现形式

不合理运输是指没有达到应有的运输水平而造成运力浪费、运费超支和运输时间增加等问题的运输组织形式。如在组织货物运输过程中，违反货物流通规律，不按经济区域和货物自然流向组织货物调运，忽视运输方式合理分工和运输工具的充分利用，装载率过低，流转环节过多等，造成运力浪费和运输费用增加的现象。不合理运输的表现形式如下：

1. 启程或返程空驶

空车、空船或无货载行驶可以说是不合理运输的最严重形式。在实际运输组织中，有时候必须调运空车、空船，从管理上看，不能将其看成不合理运输。但是，因调运不当、货源计划不周、不采用社会化运输方式而形成的空驶，则是不合理运输的表现。

造成空驶的主要原因有以下几种：能利用社会化的运输体系却不利用，选择依靠自备车船送货，这往往出现单程实载、单程空驶的不合理运输；由于车辆过分专用，无法搭运回程货，只能单程实载，单程空驶周转；由于工作失误或计划不周，造成货源不实，车辆或船舶空去空回，造成双程空驶。

2. 对流运输

对流运输又称相向运输、交错运输，凡属同一种货物或彼此间可以相互代用又不影响

管理、技术及效益的货物,在同一线路上或平行线路上作相对方向的运输,并与对方运程的全部或一部分发生重叠的运输,即为对流运输。对流运输又有两种类型:一种是明显的对流运输,即在同一路线上的对流运输;另一种是同一种货物违反"近产近销"的原则,在两条平行的路线上沿相对的方向运输,它不易被发现,故称为"隐蔽的对流运输"。

3. 倒流运输

倒流运输是指货物从销地(或中转地)向产地(或起运地)回流的一种运输现象,其不合理程度要甚于对流运输,运出和返回的两程运输都是不必要的,形成了双程浪费。倒流运输也可以看成是隐蔽对流的一种特殊形式。

4. 重复运输

重复运输是指一种货物本可直达目的地,却由于某种原因而在中途停卸、重新装运的不合理运输现象。重复运输虽未延长运输里程,却增加了装卸环节,延长了货物在途时间,增加了装卸搬运费用,而且降低了车船使用效率,影响了其他货物运输。

5. 迂回运输

迂回运输是指本可以选取较短路线却选择了较长路线的一种不合理运输形式。需要说明的是,只有在计划不周、地形不熟、组织不当时发生的迂回运输才属于不合理运输。如果最短距离路线上有交通阻塞、路况不好或对噪声、排气等存在特殊限制,此时所发生的迂回运输不能称为不合理运输。

6. 过远运输

过远运输是指调运货物舍近求远的物流运输行为,即完全可以由距离较近的供应地调运却从远处调运质量相同的货物,从而造成浪费的一种不合理运输形式。过远运输导致货物在途时间长、运输工具周转慢、货物占压资金多,又易出现货损,增加费用开支。

7. 运输方式选择不当

运输方式选择不当又称运力选择不当,是指未正确利用运输工具造成的不合理现象。常见的运力选择不当有以下几种形式:

(1)弃水走路。在同时可以利用水运和陆运时,不利用成本较低的水运或水陆联运,而选择成本较高的铁路运输或公路运输,使水运优势不能发挥。

(2)运输工具承载能力选择不当。运输没有根据承运货物数量及重量有效选择运输工具,造成货物超载、损坏车辆或车辆不满载、运力浪费等。

(3)火车、飞机、大型船舶的过近运输。火车、飞机、大型船舶的起运及到达目的地的准备、装卸时间长,机动性不足,如果在过近距离中利用这些运输工具,不仅发挥不了它们的优势,反而会延长运输时间,增加装卸难度和运输费用。

8. 托运方式选择不当

托运方式选择不当是指没有选择最好的托运方式,造成运力浪费及费用增加的一种不合理运输。例如,应选择整车运输而采取零担托运,应采取直达运输而选择了中转运输等,都是托运方式选择不当的表现。

四、运输合理化的措施

物流运输合理化的有效措施包括以下几个方面：

1. 提高运输工具实载率

实载率有两个含义：一是单车实际载重与运距的乘积和标定载重与行驶里程的乘积的比例，在安排单车、单船运输时，这是作为判断装载合理与否的重要指标；二是车船的统计指标，即一定时期内车船实际完成的货物周转量（以吨公里计）占车船载重吨位与行驶里程的乘积的百分比。在计算车船行驶的里程数时，不但包括载货行驶，也包括空驶。

提高实载率的意义在于：充分利用运输工具的额定能力，减少车船空驶和不满载行驶的时间，减少运力浪费，从而实现运输的合理化。

我国曾在铁路运输上提倡"满载超轴"，其中"满载"的含义就是充分利用货车的容积和载重量，多载货，不空驶，从而达到合理化目的。这种做法对推动当时运输事业发展起到了积极作用。当前，国内所开展的"配送"形式，优势之一就是将多家需要的货和一家需要的多种货实行配装，以达到容积与载重的充分合理运用，比起以往自家提货或一家送货，车辆大部分空驶的情况，是运输合理化的一个进步。常见的提高实载率的具体措施有配载运输、合装整车运输等具体措施。

（1）配载运输。这是充分利用运输工具载重量和容积，合理安排装载的货物及载运方法以求得合理化的一种运输方式。

配载运输往往是轻重商品的混合配载，在以重质货物运输为主的情况下，同时搭载一些轻泡货物，如海运矿石、沙等重质货物，在舱面捎运木材、毛竹等；铁路运输在矿石、钢材等重物上面搭运轻泡农、副产品等，在基本不增加运力投入且不减少重质货物运输的情况下，解决了轻泡货物的搭运，因而效果显著。

（2）合装整车运输。合装整车运输也称"零担拼整车""中转分运"，它主要适用于杂货运输。如在铁路运输中，合装整车运输是在组织货运时，由同一发货人将不同品种但发往同一车站、同一收货人的零担托运货物由物流企业自己配组在一个车皮内，以整车运输的方式托运到目的地；或把同一方向不同到站的零担货物集中组配在一个车皮内，运到一个适当的车站，然后再中转分运。

合装整车运输的具体做法有四种：零担货物拼装车直达运输、零担货物拼整车接力直达或中转分运、整车分卸和整装零担。由于采用合装整车的办法可以减少一部分运输费用，所以这种措施可以取得较好的经济效果，还能提高运输工具的利用率。

2. 减少动力投入，增加运输能力

其要点是：少动力投入、多运力产出、走高效益之路。运输的投入主要是能耗和基础设施的建设，在设施建设已完成和定型的情况下，尽量减少能源投入，节约运费，降低单位货物的运输成本，达到合理化的目的。国内外在这方面的有效措施有以下几点：

（1）满载超轴。其中"超轴"的含义就是在机车能力允许情况下，多加挂车皮。我国在客运紧张时，也采取加长列车、多挂车皮办法，在不增加机车的情况下增加运输量。

（2）水运拖排和拖带法。运输竹、木等物资，利用竹、木本身的浮力，不用运输工具载运，采取拖带法运输，可省去运输工具本身的动力消耗从而求得合理化；将无动力驳船编成一定

队形，一般是"纵列"，用拖轮拖带行驶，与船舶载乘运输相比，运量更大。

（3）顶推法。顶推法是我国内河货运采取的一种有效方法，是将内河驳船编成一定队形，由机动船顶推前进的航行方法。其优点是航行阻力小，顶推量大，速度较快，运输成本很低。

（4）汽车挂车法。汽车挂车的原理和船舶拖带、火车加挂基本相同，都是在充分利用动力能力的基础上，增加运输能力。

3. 发展社会化运输体系

运输社会化的含义是发挥运输的规模效益优势，实行专业分工，打破一家一户自成运输体系的状况。社会化运输体系中，各种联运体系是其中水平较高的方式，联运方式充分利用面向社会的各种运输系统，通过协议进行一票到底的运输，通过协同提高运输效率，受到普遍欢迎。

4. 开展中短途铁路公路分流，"以公代铁"的运输

此项措施的要点在公路经济里程范围内（一般为200km以内），或者经过论证超过通常平均经济里程的可行范围（有时可达 700～1 000km），尽量利用公路这种运输合理化的表现主要有两点：一是对于比较紧张的铁路运输，用公路分流后，可以得到一定程度的缓解，从而加大这一区段的运输通过能力；二是充分利用公路的门到门和在中途运输中速度快且灵活机动的优势，实现铁路运输服务难以达到的水平。

5. 发展直达运输

直达运输是追求运输合理化的重要形式，其实现合理化的方式是通过减少中转换载，提高运输速度，省去装卸环节，降低中转货损，尤其是在一次运输大批量货物和用户一次需求量达到了一整车时表现最为突出。此外，在生产资料、生活资料运输中，通过直达，建立稳定的产销关系和运输系统，也有利于提高运输的计划水平，用最有效的技术来实现这种稳定运输，从而大大提高运输效率。

6. 发展"四就"直拨运输

"四就"直拨是指：就厂直拨，就车站、码头直拨，就库直拨，就车、船直拨等。一般批量到站或到港的货物，首先要进入分配部门或批发部门的仓库，然后再按程序分拨或销售给用户，这样就增加了运输环节。"四就"运输就是力求减少中转运输环节，以最少的中转次数完成运输任务的一种形式。

"四就"直拨和直达运输之间既有联系又有区别。一般而言，直达运输的货物运输里程较远，批量较大，而"四就"直拨运输的货物运输里程较近，批量较小，一般只在大中城市批发站所在地办理。在运输过程中，如能将"四就"直拨运输与直达运输结合起来，往往会收到更好的经济效果。

7. 发展特殊的运输工具和运输技术

采用先进的科技手段是运输合理化的重要途径。

（1）特殊的运输工具。诸如袋鼠式车皮、大型半挂车解决了大型设备整体运输问题；滚装船解决了车载货的运输问题；集装箱船能比一般船容纳更多的箱体；集装箱高速直达车船加快了运输速度等。

（2）特殊的运输技术。譬如解体运输。解体运输是针对一些体积大而且笨重、不易装卸、容易碰撞致损的货物所采取的一种装载技术。例如，在运输大型机电产品、科学仪器、自行车、缝纫机等货物时，可将其拆卸装车，分别包装，以缩小占用空间，达到便于装卸搬运和提高运输装载效率的目的。

8. 通过流通加工，使运输合理化

有不少产品，由于产品形状及特殊问题，很难实现运输的合理化，如果进行适当加工，就能够有效解决合理运输问题，例如将造纸材料在产地预先加工成干纸浆，然后压缩体积运输，就能解决造纸材料运输不满载的问题；轻泡产品预先捆紧，包装成规定尺寸，装车就容易提高装载量；水产品及肉类预先冷冻，就可提高车辆装载率并降低运输损耗。

9. 分区产销平衡运输

分区产销平衡运输就是在组织物流活动中，对某种货物而言，根据产销分布情况和交通运输条件，在产销平衡的基础上按照"近产近销"的原则，从固定的生产区运往特定的消费区，使货物运输线路最短，实现合理运输。

分区产销平衡运输主要适用于品种单一、规格简单、生产集中、消费分散，或消费集中、生产分散以及调运量大的物质产品，如煤炭、木材、水泥、粮食、牛猪、建材等。实行这一办法，对于加强产、供、运、销一体化，消除过远运输、迂回运输、对流运输等不合理运输，充分利用地方资源，促进生产力合理布局，降低物流费用，节约运力，具有十分重要的意义。

> **职业素养**
>
> 习近平总书记在党的二十大报告中明确指出："建设现代化产业体系。坚持把发展经济的着力点放在实体经济上，推进新型工业化，加快建设制造强国、质量强国、航天强国、交通强国、网络强国、数字中国。"交通运输业作为经济发展的基础性和先导性产业，对国民经济发展，人民生活改善，综合国力提升起到重要支撑作用。

模块练习

一、单选题

1. 下列哪一项不属于运输的特点？（　　）
   A．运输服务的公共性　　　　　　　B．运输改变服务对象的本质属性
   C．运输产品的同一性　　　　　　　D．运输产品具有非储存性
2. 运输具有哪两大功能？（　　）
   ①货物装卸　　②货物位移　　③货物配送　　④货物包装　　⑤货物存储
   A．①②　　　　B．④⑤　　　　C．①③　　　　D．②⑤
3. 运输产品是（　　）。
   A．有形产品　　B．无形产品　　C．商品　　　　D．劳动品

4. 运输产品因（　　）不能被储存用来满足其他时间和空间发生的运输需求。
   A．运输的储存性　　　　　　　　B．运输的特殊性
   C．运输的无形性　　　　　　　　D．运输的非储存性
5. 对流运输是指（　　）。
   A．不经过最短线路绕道而行、舍近求远的一种不合理运输
   B．同一种货物在同一线路或平行线路上作相对方向的运送
   C．被运输货物含杂质过多，使运输能力浪费于不必要物资的运转
   D．货物从销售地或中转地向产地或起运地回流的一种运输现象
6. 直拨运输是指（　　）。
   A．按照货物合理流向，选择最短路线组织的运输
   B．将货物从产地或起运地直接运到销售地或用户的运输
   C．根据一定生产区的产品相对固定于某一消费区组织的运输
   D．对当地生产或外地调运的货物，不运进流通批发仓库，直接将货物运送到用户的运输
7. 下面最适合实现"门到门"运输的运输方式是（　　）。
   A．管道运输　　　B．航空运输　　　C．公路运输　　　D．水路运输
8. 下列选项中，属于运力选择不当的不合理运输是（　　）。
   A．无效运输　　　　　　　　　　B．迂回运输
   C．重复运输　　　　　　　　　　D．铁路、水路大型船舶的过近运输
9. 提高运输合理化的主要措施中不正确的是（　　）。
   A．采用小吨位运输工具　　　　　B．合理选择运输工具
   C．合理选择运输方式　　　　　　D．发展直达运输

二、判断题
1. 运输管理是物流管理中的重要环节，负责货物的运输和配送。（　　）
2. 运输管理的目标是确保货物按时、安全、经济地送达目的地。（　　）
3. 在运输管理中，合理安排运输路线和运输方式是降低运输成本的关键。（　　）
4. 运输管理需要与供应链的其他环节紧密配合，以确保整个供应链的顺畅运行。
   （　　）
5. 运输管理不需要考虑货物的特性、运输距离和运输时间等因素。（　　）
6. 运输管理可以通过采用先进的物流信息技术，如物联网技术和大数据分析等，提高运输效率和准确性。（　　）

三、简答题
1. 运输的地位和作用是什么？
2. 衡量运输质量的指标有哪些？
3. 不合理运输的表现形式有哪些？实现运输合理化的措施有哪些？

模块四　装卸搬运设备和系统设计

知识目标：归纳装卸与搬运的特点与类型；识别常见的装卸搬运方法；熟悉装卸搬运设备的分类、作用及特点；掌握装卸搬运系统设计的原则及应考虑的因素；掌握装卸搬运系统的设计步骤。

能力目标：掌握手动托盘搬运车搬运操作步骤；能够正确区分不同类型的装卸搬运设备，并说明其应用领域和优缺点；能够根据装卸搬运系统的设计原则和应考虑的因素，制定合理的装卸搬运方案。

素质目标：培养装卸搬运设备分类、作用及特点的综合分析能力；具备装卸搬运系统设计程序的实际操作和优化能力；树立良好的沟通协调能力和团队合作意识；具备不断学习和更新知识的自我提升能力；增强规范操作、安全意识。

学习重点：装卸搬运设备的分类、作用及特点；装卸搬运系统设计的原则及应考虑的因素；装卸搬运系统的设计程序。

学习难点：装卸搬运系统的设计程序。

模块导入

智能搬运方案以其高效、精准和灵活的特点，在生产场景中发挥着越来越重要的作用。通过机器人技术，智能搬运方案能够自动化地完成生产线上的物料搬运和对接工作，从而大大提高了生产效率，降低了人工成本。

机器人是智能搬运方案的核心设备，其技术也在不断进步，为搬运工作提供了更加强大的支持和保障。在各种不同的生产场景中，智能搬运方案可以适配不同的上装，实现多种应用需求，满足生产线的不同需求。例如，机器人可以通过配备不同的抓取器，实现对不同形状和尺寸的物料的搬运；同时，机器人还可以通过精确的定位和对接技术，实现物料的高效对接和转运，如图4-1所示。

图4-1　智能搬运车在仓库搬运场景

> 智能搬运方案的应用范围非常广泛,不仅适用于制造业,还可以应用于物流、仓储、机场等各个领域。在制造业中,智能搬运方案可以自动化地完成生产线上的物料搬运和对接工作,提高生产效率;在物流领域,智能搬运方案可以实现货物的快速装卸和转运;在机场领域,智能搬运方案可以自动化地完成行李的搬运和分拣工作。
>
> 未来,随着技术的不断进步和应用需求的不断提高,智能搬运方案将会更加智能化、高效化和柔性化。机器人技术将会更加成熟和稳定,从而实现更加精准和高效的搬运和对接工作。同时,智能搬运方案也将更加灵活和柔性,更好地适应各种不同的应用场景和需求。智能搬运方案的发展和应用将会为生产和生活带来更多的便利和效益。
>
> **思考:**智能搬运系统应用于哪些场景?

项目一 装卸搬运概述

一、装卸搬运的概念

1. 装卸与搬运的概念

根据国家标准《物流术语》(GB/T 18354—2021),装卸是指在运输工具间或运输工具与存放场地(仓库)间,以人力或机械方式对物品进行载上载入或卸下卸出的作业过程;搬运是指在同一场所内,以人力或机械方式对物品进行空间移动的过程。

装卸搬运概述

在实际操作中,装卸与搬运是密不可分的,两者是伴随在一起发生的。因此,在物流科学中并不过分强调两者的差别,而是将它们作为一种活动来对待,因此,装卸搬运是指在同一地域范围内进行的以改变货物存放状态与空间位置为主要内容和目的的物流活动。但从严格意义上来说,装卸和搬运是两个不同的概念,装卸主要是指货物在空间上发生的以垂直方向为主的位移,主要是改变货物与地面的距离;而搬运是指货物在小范围内发生的短距离的水平位移。

搬运的"运"与运输的"运"有所不同,两者的区别之处在于,搬运是在同一地域的小范围内发生的,而运输是在较大范围内发生的,两者是量变到质变的关系,中间并无一个绝对的界限。

2. 装卸搬运的基本内容

装卸搬运一般可分为与运输设备对应的"装进、卸下"和与储存保管设施对应的"入库、出库"两大类,伴随商品的堆放、拆垛、分拣、配货、搬送、移送而发生。

(1)堆放作业。堆放作业是把商品从预先放置的场所移动到卡车之类的商品运输设备或仓库之类的固定设备的指定位置,再按要求的位置和形态放置商品的作业。

(2)拆垛作业。拆垛作业是堆放作业的逆向作业。

(3)分拣作业。分拣作业是在堆放作业、拆垛作业的前后或在配货作业之前发生的作业,是把商品按品种、出入先后、货流分类再分别放到规定的位置。

（4）配货作业。配货作业是在卡车等运输设备装货作业前进行的把商品从所在的位置拆垛、堆放。它包括把分拣作业拣出的货物按规定分类集中起来和送到指定位置的作业。

（5）搬送作业。搬送作业是为了进行上述各项作业而发生的移动作业。

（6）移送作业。移送作业是用传送带等对商品进行运送的作业。

3. 装卸搬运的特点

（1）装卸搬运具有附属性和伴生性。装卸搬运是物流每项活动开始及结束时必然发生的活动，但有时常被人忽视，有时其被看作其他操作不可缺少的组成部分。例如，一般而言的"汽车运输"实际上就包含了相伴随的装卸搬运，仓库中泛指的保管活动也含有装卸搬运活动。

（2）装卸搬运具有支持性和保障性。装卸搬运的附属性不能理解成被动的，实际上，装卸搬运对其他物流活动有一定的保障性，因为装卸搬运会影响其他物流活动的质量和速度。例如，装车不当会引起运输过程中的损失，卸放不当会造成货物下一步流通困难。许多物流活动在有效的装卸搬运支持下才能实现高水平的作业。

（3）装卸搬运具有衔接性。任何物流活动互相过渡时都是以装卸搬运来衔接的，因而装卸搬运往往成为整个物流的"瓶颈"，是物流各功能之间形成有机联系和紧密衔接的关键，而这又是一个系统的关键。建立一个有效的物流系统，关键看这一衔接是否有效。比较先进的系统物流方式和联合运输方式就是着力解决这种衔接而出现的。

4. 装卸搬运的分类

（1）按装卸搬运的物流设施设备分类。按装卸搬运的物流设施设备分类，装卸搬运可分为仓库装卸搬运、铁路装卸搬运、港口装卸搬运和汽车装卸搬运等。

1）仓库装卸搬运。仓库装卸搬运配合出库、入库、装卸搬运维护保养等活动进行，并且以堆垛、上架、取货等操作为主。

2）铁路装卸搬运。铁路装卸搬运是对火车车皮的装进及卸出，其特点是一次作业就实现一车皮的装进或卸出，很少有像仓库装卸搬运时出现的整装零卸或零装整卸的情况。

3）港口装卸搬运。港口装卸搬运包括码头前沿的装船和后方的支持性装卸搬运，有的港口还采用小船在码头与大船之间过驳的办法进行装卸。因而其装卸搬运的流程较为复杂，往往经过数次的装卸搬运作业才能实现船与陆地之间货物过渡的目的。

4）汽车装卸搬运。汽车装卸搬运一般一次装卸批量不大，由于汽车的灵活性，可以减少或省去搬运活动，直接、单纯利用装卸作业达到车与物流设施之间货物过渡的目的。

（2）按装卸搬运的机械及机械作业方式分类。按装卸搬运的机械及机械作业方式分类，装卸搬运可分为使用吊车的"吊上吊下"方式、使用叉车的"叉上叉下"方式、使用半挂车或叉车的"滚上滚下"方式、"移上移下"方式及散装散卸方式等。

1）使用吊车的"吊上吊下"方式。使用吊车的"吊上吊下"方式是指采用各种起重机械从货物上部起吊，依靠起吊装置的垂直移动实现装卸，并在吊车运行的范围内或回转的范围内实现搬运或依靠搬运车辆实现小搬运。由于吊起及放下属于垂直运动，因而这种装卸方式属于垂直装卸。

2）使用叉车的"叉上叉下"方式。使用叉车的"叉上叉下"方式是指采用叉车从货物底部托起货物，并依靠叉车的运动移动货物，搬运完全靠叉车本身，货物可不经中途落地直接放置到目的地。这种方式垂直运动不大,主要是水平运动,因而属于水平装卸方式。

3)使用半挂车或叉车的"滚上滚下"方式。使用半挂车或叉车的"滚上滚下"方式主要是港口装卸搬运的一种水平装卸方式。它利用叉车或半挂车、汽车承载货物,连同车辆一起开上船,到达目的地后再从船上开下。利用叉车的"滚上滚下"方式,在船上卸货后,叉车必须离船,若使用半挂车、平车或汽车则用拖车将半挂车、平车或汽车拖拉至船上后,拖车离开而载货车辆连同货物一起运到目的地,再将车开下或拖车上船拖拉半挂车、平车或汽车开下。"滚上滚下"方式需要有专门的船舶,对码头也有不同的要求,这种专门的船舶称为滚装船。

4)"移上移下"方式。"移上移下"方式是在两车之间(火车和汽车)进行靠接,然后利用各种方式,不使货物垂直运动,而靠水平移动从一辆车上推移到另一辆车上。"移上移下"方式需要使两种车辆水平靠接,因此需要对站台或车辆货台进行改变,并配合移动工具实现这种装卸。

5)散装散卸方式。散装散卸方式是对散装物不加包装直接进行装卸的作业方式,一般从装点直到卸点中间不再落地,这是集装卸与搬运于一体的装卸方式。

(3)按装卸搬运的作业特点分类。按装卸搬运的作业特点分类,装卸搬运可分为连续装卸搬运与间歇装卸搬运两类。

1)连续装卸搬运。连续装卸搬运主要是同种大批量散装或小件杂货通过连续输送机械连续不断地进行作业,中间无停顿,货间无间隔。装卸量较大、装卸对象固定、货物对象不易形成大包装的情况适于采取这一方式。

2)间歇装卸搬运。间歇装卸搬运方式有较强的机动性,装卸搬运地点可在较大范围内变动,主要适用于货流不固定的各种货物,尤其适用于包装货物、大件货物,散粒货物也可采取此种方式。

(4)按装卸搬运作业场所分类。按装卸搬运作业场所分类,装卸搬运可分为车间装卸搬运、站台装卸搬运和仓库装卸搬运。

1)车间装卸搬运。车间装卸搬运是指在车间内部工序间进行的各种装卸搬运活动。

2)站台装卸搬运。站台装卸搬运是指在企业车间或仓库外的站台上进行的各种装卸搬运活动。

3)仓库装卸搬运。仓库装卸搬运是指在仓库、堆场、物流中心等处进行的装卸搬运活动。

(5)按装卸搬运作业方式分类。按装卸搬运作业方式分类,装卸搬运可分为垂直装卸搬运和水平装卸搬运。

1)垂直装卸搬运。垂直装卸搬运主要是使用各种起重机械,采取提升和降落的方式进行装卸搬运,以改变货物的垂直方向位置为主要特征的方式,它的应用面最广。

2)水平装卸搬运。水平装卸搬运是以改变货物水平方向的位置为主要特征的方式,需要有专门的设施,如汽车水平接靠的高站台、汽车与火车车厢之间的平移设备等。

二、装卸搬运的方法

常见的装卸搬运方法有三种,分别是单件装卸搬运、单元装卸搬运和散装装卸搬运。

1. 单件装卸搬运

单件装卸搬运是指非集装按件计的货物逐个进行装卸搬运的方法。单件装卸搬运作业对机械、装备等条件要求不高，机动性较强。

单件装卸搬运作业可采取人力、半机械化及机械化方式。由于逐件处理装卸搬运速度慢，容易出现货损货差，因此，其作业对象主要是包装杂货、多品种和小批量的货物及单件大型笨重货物。

2. 单元装卸搬运

单元装卸搬运是用集装化工具将小件或散装货物集成具有一定质量或体积的组合件，以便利用机械进行装卸搬运的方式。单元装卸搬运的速度快，装卸时并不逐个接触货体，因而货损货差小。集装作业的对象范围较广，一般除特大、特重、特长的货物之外，都可以进行集装。粉、粒、液和气状货物则需要经过一定的包装处理，再进行集装单元装卸搬运。常见的单元装卸搬运作业有以下两种。

运输单元

（1）托盘装卸搬运。托盘是按一定规格制成的单层或双层平板载货工具。同时，托盘也是一种随货同行的载货工具。托盘装卸搬运常需叉车与其他设备配合才能完成，利用叉车对托盘载货进行装卸，属于"叉上叉下"方式。托盘以木制为主，但也有由塑料、玻璃纤维、金属材料或纸等材料制成的。

1）自重小，因此，装卸、运输托盘本身所消耗的劳动相对较少，无效运输及装卸与集装箱相比较小。

2）返空容易，返空时占用运力很少。由于托盘造价不高，又很容易相互代用，互以对方托盘抵补，因此无须像集装箱那样必有固定归属者，也无须像集装箱那样返空。即使返空，也比集装箱容易。

3）装盘容易，不需要像集装箱一样深入箱体内部，装盘后可采用捆扎、紧包等技术处理。但是托盘的保护能力比集装箱差，露天存放困难，需要有仓库等配套设施。

（2）集装箱装卸搬运。集装箱又称货箱、货柜，是一种容器，但并非所有的容器都可以称为集装箱，它必须是具有一定的强度并专供周转使用且便于机械操作的大型货物容器。国际标准化组织（International Organization for Standardization，ISO）根据保证集装箱在装卸、堆放和运输过程中的安全需要，提出了集装箱的基本条件：具有足够的强度，能长期反复使用；途中转运不须移动箱内货物，可以直接换装；有适当的装置，可以进行快速装卸，并可以从一种运输工具方便地换到另一种运输工具，便于货物存放取出；具有 $1m^3$ 及以上的容积。

与托盘相比，集装箱的优点有以下三项。

1）可提高装卸效率，加速周转，降低货运成本。集装箱运输是将单件货物集合成组装入箱内，使运输单位加大，便于机械操作，从而大大提高装卸效率。如一个20ft（1ft=0.304 8m）的国际标准箱，每个循环的装卸时间仅需3min，每小时可装卸货物400t。而传统货船每小时装卸货物仅为351t。因此，采用集装箱运输可提高装卸效率。

2）可提高货运质量，减少货损货差。集装箱结构坚固，强度很大，对货物具有很好的保护作用。即使经过长途运输或多次换装，也不易损坏箱内货物，而且一般杂物集装箱既不怕风吹雨淋日晒，也不怕中途偷窃。例如，我国出口到日本的金鱼缸和其他瓷器，按传统方式运输破损率最高达到50%，而采用集装箱进行装卸和运输后，破损率降为0.5%，基本保证了货物的完整无损。

3）可节省货物的包装用料。货物在集装箱内，集装箱本身实际上起到一个强度很大的外包装的作用。货物在箱内受到集装箱的保护，不受外界的挤压、碰撞，因此货物的外包装可大大简化。例如，原来需要木箱包装的就可改为硬纸箱包装，原来需要厚纸箱包装的就可以改为厚纸包装，从而节约木料或其他材料，节省包装费用。有些商品甚至无须包装，如国际上运输成衣服装采用衣架集装箱，这种集装箱内设有专门的装置，有一排排挂衣架供服装直接吊挂，无需任何包装，集装箱运达目的地后，收货人即可从箱内取出服装，无须重新熨烫平整，可直接放在售货架上，既节省包装用料和费用，又能使商品及时供应市场。据统计，其包装费用一般可节省 50% 以上。

其他的装卸搬运方式还有货捆装卸搬运、集装网装卸搬运、挂车装卸搬运和滑板装卸搬运等。

3. 散装装卸搬运

散装物资的装卸搬运，如大批量粉状、粒状货物进行无包装散装、散卸及搬运，可以连续进行，也可以采取间断的装卸搬运方式。但是都需要采用机械化设施、设备。在特定情况下，批量不大时，也可采用人力装卸搬运。散装装卸搬运的作业方法主要有以下三种。

（1）气力输送装卸搬运。气力输送装卸搬运的主要设备是管道及气力输送设备，以气流运动裹携粉状、粒状物沿管道运动而达到装、搬、卸的目的；也可以采用负压抽取的方法使散货沿管道运动。管道装卸密封性好，装卸能力高，容易实现机械化和自动化。

（2）重力装卸搬运。重力装卸搬运是利用散货本身的质量进行装卸搬运的方法，这种方法必须与其他方法配合，首先将散货提升到一定的高度，待其具有一定的势能之后才能利用本身的重力进行下一步的装卸搬运。

（3）机械装卸搬运。机械装卸搬运是利用能承载货物的各种机械进行装卸搬运的方式，机械装卸搬运有两种。

1）用吊车、叉车改换不同机具或用专用装卸机进行抓、铲等形式作业，完成装卸搬运作业。

2）用皮带、刮板等输送设备进行一定距离的装卸搬运作业，并与其他设备配合实现装货。

项目二　装卸搬运设备识别与运用

一、手动托盘搬运车

手动托盘搬运车是一种小巧方便、使用灵活、载质量大、结实耐用的货物搬运工具，俗称"地牛"（如图 4-2 所示）。手动托盘搬运车除了具有托运货物的功能外，为了方便起降货物，其车底盘与轮之间还带有液压装置，可以方便地将车推入托盘之下，用液压装置将托盘升高，托起货物，便可拖动货物移动，到达目的地后通过液压装置使托盘降落，货物也随之落地，能减小劳动强度，提高效率。

装卸搬运设备识别与运用

1. 工作原理

手动托盘搬运车采用液压传动原理，以油液作为工作介质，通过密封容积的变化来传递运动，通过油液内部的压力来传递动力。搬运车货叉插入托盘后，利用人力上下按压的手动托盘搬运车控制舵柄，使液压装置中的柱塞被压力油顶起，柱塞依靠连杆机构带动货叉上升，实现托盘货物举升，举升高度一般可达 200mm；液压装置附带溢流阀，以在提升货物超重时提供过载保护，防止损坏液压油缸；举升后控制舵柄货物的水平移动由推拉控制舵柄实现；到货位后提起控制舵柄上的升降控制手柄，油缸回油，货叉即下降，由于装置有手动缓降控制阀，能够保证托盘货物被缓慢放下。手动托盘搬运车主要包括三大部分。

图 4-2　手动托盘搬运车

（1）动力部分。动力部分可将原动机的机械能转化为油液的压力能（液压能）。

（2）执行部分。执行部分可将液压泵输入的油液压力能转化为带动工作机构的机械能。

（3）控制部分。控制部分可用来控制和调节油液的压力、流量和流动方向。

手动托盘搬运车一般有三个挡位：中间是定位挡，此挡位车既不上升也不下降；往上拨是空挡，即下降的挡位、泄压挡位；往下拨是挂挡，即闭合油封可以让其液压上升。

2. 手动托盘搬运车的特点

（1）无污染。

（2）车身小，自重轻，转弯半径小。

（3）控制部分安装于手柄上部，操纵简易，控制机构灵活可靠。

（4）适合在车间、仓库、车站、码头等场所作业，尤其适用于有防火和防爆需求的场所，如印刷车间、油库、化工库房等。

3. 操作方法

手动托盘搬运车操作包括上升、下降及搬运等。

（1）上升。把操控柄按到最下位置，然后上下摇动椭圆手柄即可实现上升。

（2）下降。只需要将操控柄提上去，即可实现货叉下降。

（3）搬运。将操控柄停到中间位置，即可开始搬运作业。

二、电动托盘搬运车

电动托盘搬运车是一种在国内外应用广泛且市场潜力巨大的轻小型仓储工业车辆。它以蓄电池为动力，直流电机驱动，有液压提升装置，由操纵手柄集中控制，站立式驾驶。承载能力为 1.6～3.0t，作业通道宽度一般为 2.3～2.8m。电动托盘搬运车作业方便、平稳、快捷；外形小巧、操作灵活；低噪声、低污染，能在商场、超市、仓库、货场、车间等场所作业，尤其适合食品、纺织、印刷等轻工行业使用。

电动托盘搬运车按液压提升机构动力来源，可分为两种：一种是半电动托盘搬运车（如图 4-3a 所示）由操作人员手动驱动液压提升，步行操作电动行走；另一种为全电动托盘搬运车（如图 4-3b 所示），也称为电动起升行走式托盘搬运车，其提升、水平行走均由电力控制，可加装载人踏板以供驾驶员站立驾驶。

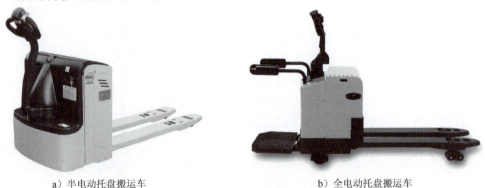

a）半电动托盘搬运车　　　　　　　　　b）全电动托盘搬运车

图 4-3　电动托盘搬运车

1. 操控方式

电动托盘搬运车前进、后退、制动操作全部集中于操纵手柄端部，电动托盘搬运车的货叉提升、放下都由操纵手柄（如图 4-4 所示）实现。

图 4-4　电动托盘搬运车操纵手柄

1—降低按钮　2—前进/后退按钮　3—喇叭按钮　4—倒车按钮　5—提升按钮

2. 操作与驱动

（1）前进操作。双手向后将操纵把手下压至 0°～90°；大拇指将方向速度控制按钮向前慢慢转动；车辆向前运行，速度由方向速度控制按钮转动角度控制。

（2）倒车操作。双手向后将操纵把手下压至 0°～90°；大拇指将方向速度控制按钮向后慢慢转动，车辆朝后行驶。

（3）转向。双手握住操纵把手的左右手柄，下压至倾斜位置，左右搬动操纵把手实现车辆转向。向左搬动把手，车辆向左转；向右搬动把手，则车辆向右转。

（4）减速与制动。慢慢松开大拇指，方向速度控制按钮便会自动回位，车辆速度下降。大拇指离开方向速度控制按钮，搬动操纵把手至水平位置或垂直位置时，实现车辆制动。

（5）停车。减速，即大拇指渐渐松开方向速度控制按钮；将操纵把手恢复至垂直位置；货叉下降到最低位置；钥匙开关置于"OFF"位置，按下紧急断电开关，拔去电瓶插头，取下钥匙并保管好。

> **小提示** 　　　　手动托盘搬运车及电动托盘搬运车的选择
>
> 　　手动托盘搬运车与电动托盘搬运车都是用于平面点到点搬运的工具。小巧灵活的体型使手动托盘搬运车几乎适用于任何场所。但由于是人工操作,当搬运2t左右较重的物品时比较吃力,通常用于15m左右的短距离频繁作业,尤其是装卸货区域。此外,手动托盘搬运车也常发挥各个运输环节之间的衔接作用,可在货运车辆上配备手动托盘搬运车,使装卸作业快捷方便且不受场地限制。当平面搬运距离在30m左右时,半电动托盘搬运车为最佳选择,其行驶速度通过手柄上的无级变速开关控制,可跟随操作人员步行速度的快慢,在降低人员疲劳度的同时,保证操作的安全性。如果主要搬运路线距离为30～70m,可以采用带折叠式踏板的全电动托盘搬运车,驾驶员站立驾驶,最大速度可提高近60%。

任务实操

一、利用手动托盘搬运车（地牛）完成托盘货物搬运任务

操作步骤：

（1）将运载货物整齐码放在托盘上。

（2）将地牛完全插入托盘货物下面。

（3）将地牛升至适当高度,即可进行拉运。

（4）将货物拉至目的地后停止并将货叉降至最低位置,完成货物搬运任务。

二、利用电动托盘搬运车完成装载、搬运、卸载、停放等作业任务

1. 装卸及搬运步骤

（1）小心接近货物。

（2）调整货叉高度以便货叉尽可能叉到托盘里面。

（3）提起货物并确认货物是否牢固。

（4）车辆缓慢离开,将货物拉至目的地后停止并将货叉降至最低位置。

2. 卸载步骤

（1）接近货物置放场所。

（2）提升货物至合适高度。

（3）前进,将货物置于卸货位置之上,然后停下。

（4）确认货物位于卸货位置的正上方后,货叉慢慢下降,直至货叉从货物中退出。

（5）将货叉降到离地面15～20cm的位置。

3. 停放步骤

（1）将电动托盘搬运车停在指定位置。

（2）将货叉下降到最低位置。

（3）关闭钥匙开关,取下钥匙。

（4）若长时间停放,应按紧急断电开关并拔去电瓶插头。

三、使用手动托盘搬运车和电动托盘搬运车的注意事项

1. 使用手动托盘搬运车的注意事项

（1）使用手动托盘搬运车时必须穿工作鞋。

（2）手动托盘搬运车在装载时，严禁超载/偏载（单叉作业）使用。

（3）手动托盘搬运车不允许重载或长期静置停放物品。

（4）严禁将货物从高处落到地上。

（5）手动托盘搬运车必须完全放入货架下面，将货物叉起，保持货物平稳后才能进行提拉操作。

（6）手动托盘搬运车在搬运过程中应将货叉放到尽量低的位置，以免货物摔落。

（7）下降货叉时，严禁将手和脚伸到货叉下面。

（8）手动托盘搬运车在斜坡上使用时，操作者不得站在手动托盘搬运车正前方，避免手动托盘搬运车速度过快而失控撞人。

（9）手动托盘搬运车严禁载人或在滑坡上自由下滑。

（10）手动托盘搬运车不用时，必须空载降低货叉到最低位置，且存放在规定的地方。

（11）手动托盘搬运车的载重量不得超过该手动托盘搬运车额定的最大载质量。

（12）手动托盘搬运车在使用时，必须注意使用通道及周围环境，不能撞及他人、设备和其他物品。

2. 使用电动托盘搬运车的注意事项

（1）使用中应特别注意及时对蓄电池进行充电并正确维护，充电应注意方法，既要使蓄电池充足电，又不能过量充电。

（2）在斜坡上运送货物时，货物必须始终在斜坡下方，即上坡时人在货物前方，下坡时人在货物后方。

（3）车辆沿坡道下行时，不要断开驱动电动机的电路，应使车辆运行于制动状态，以利用车辆下行的动能减少蓄电池能量消耗。

（4）车辆运行中，切勿将"前进、后退"的方向开关误当作转向开关。

（5）车辆在使用过程中发现电池电量不足时，应尽快对蓄电池充电，防止蓄电池过量放电。

三、叉车

1. 叉车的概念

叉车，又称铲车，是指通过各种叉车属具，对货物进行升降、移动以及装卸作业的一种轮式搬运车辆。叉车前部装有标准货叉，可以自由地插入托盘取货和放货，依靠液压起升机构升降货物，由轮胎式行驶系统实现货物的水平搬运。

叉车在装卸搬运设备中是应用最广的一种设备，广泛应用于港口码头、货运战场、物流中心和配送中心等场所，并且可以进入船舱、车厢和集装箱内，对成件、包装件以及托盘、集装箱等集装单元进行装卸、堆码、拆垛和短途搬运等作业。由于叉车属具的不同，可以通过更改叉车属具来实现对散堆货物、非包装货物以及长大件货物等进行装卸作业和短距离的搬运作业。

2. 叉车的特点

叉车作为应用最广泛的装卸搬运设备之一，主要具有以下特点：

（1）机械化程度高，节约劳动力。叉车可以通过货叉与货板的配合使用完成货物的装卸作业，在作业过程中机械化程度高，不需要单纯依靠人工进行装卸搬运，大大节省了劳动力。

（2）机动灵活、通用性好。叉车外形尺寸小，重量轻，一般能够在作业区域内任意行走，以适应货物的数量和货物流向的改变，并且可以机械地与其他重型装卸搬运设备配合工作，以提高机械的使用率。此外，通过改变叉车的属具可以对不同货物进行作业，具有"一机多用"的特点，通用性好。

（3）能够提高仓库容积利用率。叉车可以实现在高处存取货物，通过叉车进行垂直搬运可以提高仓库的容积利用率，叉车的堆码高度可以达到 3～6m。

（4）有利于开展托盘成组运输和集装箱运输。在集装单元物流作业中叉车是必不可少的装卸搬运设备，特别是在托盘和集装箱的物流作业中效果尤其突出，如通过叉车的货叉叉入托盘底部实现托盘成组移动，通过集装箱叉车实现集装箱的移动。

3. 叉车的类型

叉车的类型多种多样，通常按照动力装置和结构用途来进行分类。照叉车的动力装置，叉车可以分为电动叉车和内燃叉车；按照叉车的结构和用途，叉车又可以分为平衡重式叉车、插腿式叉车、前移式叉车、侧面式叉车以及其他特种叉车等。

（1）按叉车的动力装置分类。

1）电动叉车。电动叉车是指以蓄电池为动力源，驱动行驶电机和油压系统电机，从而实现行驶与装卸作业的叉车，如图 4-5 所示。

图 4-5 电动叉车

电动叉车采用电驱动，与内燃叉车相比，具有无污染、易操作、节能高效等优点。随着经济的发展和环保、节能要求的提高，电动叉车迅猛发展，市场销量逐年上升，尤其是在港口、仓储及烟草、食品、轻纺等行业，电动叉车正逐步替代内燃叉车。

2）内燃叉车。内燃叉车是指以内燃机作为动力装置的叉车，载重量为 0.5～45t。根据内燃机的不同可以分成汽油式叉车、柴油式叉车和液化石油式叉车。内燃叉车大多是平衡重式的叉车，也有一些侧面叉车、重型叉车等类型。

（2）按叉车的结构和用途分类。叉车又可以分成平衡重式叉车、插腿式叉车、前移式叉车、拣选式叉车和集装箱叉车、侧面式叉车以及其他特种叉车等。

1）平衡重式叉车。平衡重式叉车是最通用的基本型叉车，它的工作装置位于叉车的前端，货物载于前端的货叉上，其后部附加有平衡重块，以平衡货物的倾翻力矩，因而得名平衡重式叉车。其前轮为驱动轮，后轮为转向轮，如图4-6所示。

图4-6 平衡重式叉车

平衡重式叉车是目前应用最广的叉车之一，占叉车总量的80%左右。它可由驾驶员单独操作完成货物的装卸、搬运和堆垛作业，并且可通过变换属具扩大叉车的使用范围和作业效率。

2）插腿式叉车。插腿式叉车的前方带有小轮的支腿能与货叉一起伸入货物底部叉货，然后由货叉提升货物，由于货物重心位于前后轮之间，故叉车的稳定性好，如图4-7所示。

插腿式叉车具有起重量小（2t以下）、车速低、结构简单、外形尺寸小、行走轮直径小、对地面要求高等特点，适用于在通道狭窄的仓库和室内堆垛、搬运作业。

3）前移式叉车。前移式叉车具有两条前伸的支腿，支腿前端有两个轮子。取货时货叉伸出，卸下货物后或带货移动时，货叉退回接近车体的位置，因此叉车行驶时的稳定性好。前移式叉车有门架前移式（如图4-8所示）和货叉前移式（如图4-9所示）两种。

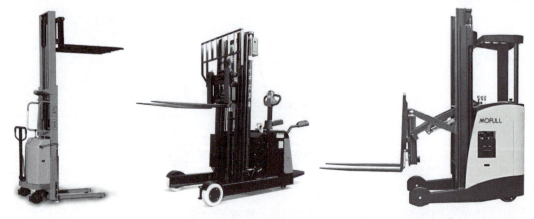

图4-7 插腿式叉车　　图4-8 门架前移式叉车　　图4-9 货叉前移式叉车

前移式叉车一般由蓄电池作动力，起重量在3t以下，具有车身小、重量轻、转弯半径小、机动性好等优点，适合在通道较窄的室内仓库作业。

4）拣选式叉车。拣选式叉车又可分为低货位拣选式叉车（如图4-10所示）和高货位拣选式叉车（如图4-11所示）两种。低货位拣选式叉车主要用于低位货物的拣选，拣选存放高度一般在2.5m以内；高货位拣选式叉车则主要用于高位货物的拣选，适用于多品种、小批量货物的入库、出库的拣选式高层货架仓库。

5）集装箱叉车。集装箱叉车是指一种集装箱码头和堆场上常用的搬运、装卸集装箱的专用叉车，既可用门架顶部吊具起吊搬运集装箱，也可用货叉插入集装箱底部叉槽举升搬运集装箱，如图 4-12 所示。集装箱叉车主要用于堆垛空集装箱等辅助性作业，也可在集装箱吞吐量不大（低于 3 万标准箱/年）的综合性码头和堆场进行集装箱装卸或短距离搬运。

图 4-10　低货位拣选式叉车　　　图 4-11　高货位拣选式叉车　　　图 4-12　集装箱叉车

集装箱叉车按照货叉工作位置的不同，分为正面集装箱叉车和侧面集装箱叉车。侧面集装箱叉车类似于普通侧面叉车，门架和货叉向侧面移出，叉取集装箱后回缩，将集装箱放置在货台上，再进行搬运。其行走时横向尺寸小，需要的通道宽度较窄（约 4m）。但侧面集装箱叉车构造及操作较复杂，尤其操作视线差，装卸效率低。而正面集装箱叉车操作方便，是常用的集装箱叉车，正面集装箱叉车又可分为重载集装箱叉车、轻载集装箱叉车、空箱集装箱叉车、滚上滚下集装箱叉车等。

四、智能搬运车

1. 智能搬运车的概念

智能搬运车（Automated Guided Vehicle，AGV）是一种自动化物流设备，利用先进的导航和控制技术，能够在生产和仓储环境中实现快速、精确、高效的物品搬运和运输。

几种 AGV 图片展示如图 4-13 和图 4-14 所示。

图 4-13　叉车式 AGV　　　　　　图 4-14　潜伏式搬运机器人

2. AGV 的特点

（1）自主导航。AGV 利用激光雷达、视觉传感器等感知装置，结合导航算法，能够在复杂环境下实现准确的自动导航，避开障碍物，安全高效地到达目标位置。

（2）充电自动化。当 AGV 小车的电量即将耗尽时，它会向系统发出请求指令，请求充电（一般技术人员会事先设置好一个值），在系统允许后自动到充电的地方"排队"充电。另外，AGV 小车的电池寿命很长（2 年以上），并且每充电 15min 可工作 4h 左右。

（3）灵活适应性。AGV 能够根据不同的物流需求进行自适应调整，例如路径规划、速度控制、负载调整等，可适应多样化的工作场景和任务。

（4）高效性。AGV 具备快速而精确的定位和动作执行能力，能够实现高效的搬运和运输作业，提升物流效率，减少人力资源和时间成本。

（5）安全性。AGV 配备丰富的传感器和安全装置，能够实现实时障碍物检测，安全避让，确保搬运过程中的安全性。

3. AGV 的引导方式

（1）电磁感应式。电磁感应式也就是我们最常见的磁条导航，通过在地面铺设磁性胶带，AGV 自动搬运车经过时，车底部安装的电磁传感器会感应到地面磁条地标，从而实现自动行驶运输货物，站点定位则依靠磁条极性的不同排列组合设置。

（2）激光感应式。通过激光扫描器识别设置在其活动范围内的若干个定位标志来确定其坐标位置，从而引导 AGV 运行。

（3）RFID 感应式。通过 RFID（射频识别）标签和读取装备自动检测坐标位置，实现 AGV 小车自动运行，站点定义通过芯片标签任意定义，即使是复杂的站点设置也能轻松完成。

4. AGV 的应用范围

（1）物流仓储。在物流行业中，AGV 也发挥了重要的作用。它可以在仓库内自主导航，进行货物的分拣和搬运，极大地提高了物流运作的效率和准确性。

（2）快递配送。随着电商的迅猛发展，快递配送需求也日益增长。AGV 可以承担快递的分拣、装车和配送任务，减轻了人工劳动强度，提高了配送效率。

（3）机场行李处理。在机场行李处理系统中，AGV 可以快速、准确地完成行李的运输和分拣，确保旅客能够及时拿到自己的行李。

（4）图书馆管理。在图书馆管理中，AGV 可以协助完成书籍的搬运和整理，使得图书的管理更加便捷高效。

（5）医疗服务。在医疗领域，AGV 可以用于药品、医疗器械和患者的运输，降低了医护人员的工作负担，提高了医疗服务的效率。

AGV 作为一种关键的自动化物流设备，正在迅速发展和应用于各个行业，为物流运输提供了更高效、智能的解决方案。

项目三　装卸搬运系统设计

一、物流装卸搬运系统

在物流系统的操作过程中，装卸搬运作业效率的高低，与装卸搬运作业系统的设计是否合理密切相关。物流装卸搬运系统是一种集成多种技术和设备的系统，可以进行物流的装卸搬运、包装打包、运输、仓储等工作。它可以大大提高物流运作的效率和精度，减少损失和误差，提高客户满意度。

具体地说，物流装卸搬运系统包括一系列自动化设备，如输送带、机械臂、自动装箱机、自动称重设备等，以及物流软件和硬件系统，如仓库管理软件、运输监控系统等。这些设备和系统能够协同工作，实现物品快速、准确、低成本的流转与分配，给企业提供了高效管控物流的解决方案。

二、装卸搬运系统设计的目的

装卸搬运系统设计的目的是在合适的成本下，采用合适的方法、顺序、方向、时间，在合适的位置提供合适数量、合适条件的合适物料。具体说明如下。

（1）合适的成本。物料装卸搬运系统的设计目的是符合企业需求，以提供竞争上的优势，如物料的功能和质量、服务的速度和质量、搬运时间、搬运成本等。物料装卸搬运系统要能创造收益，而不能只增加成本；物料装卸搬运系统不但要有效果（Effectiveness），而且要有效率（Efficiency）。然而，盲目地追求物料装卸搬运成本最小化可能是个错误的目标，正确的目标应是使企业所提供服务的附加价值达到最高，换言之，物料搬运的底线应该是合适的成本，而不一定是最低成本。因此，增加对装卸搬运技术的投资有其必要性。

（2）合适的方法。为了把事情做好，需要采用合适的方法，并辨识方法之所以正确的原因。

（3）合适的顺序。作业顺序的调整可以提高生产效率，这通常也是装卸搬运系统在设计时所考虑的重点，尤其是在搬运板块的应用。例如，简单化原则指出生产力的提升可以经由删除不必要的操作步骤和改善必要存在的步骤来达成。此外，适当的步骤合并及改变作业的顺序也可以提高生产效率。

（4）合适的方向。合适的方向最容易被物料搬运系统的设计者忽略。在实际运行过程中，调整物料的方向是常见的工作，并在人工作业中占有相当大的比重。

（5）合适的时间。合适的时间即在需要物料的时候才送达目的地。在竞争的环境中，物料装卸搬运系统在合适的时间移动、储存、保护和控制物料等重要性已大为提高，隔日送达几乎成为物流中心配送物料的交货标准。

（6）合适的位置。无论物料的储放位置是固定储位或是变动储位，它们都应该被放置在合适的位置上，且在未来的作业中，可以被移动到正好需要的位置。

（7）合适的数量。存货管理将确定储存与分配方面的正确存货数量，并要同时决定拣货作业区以及储存保管区的正确库存数量，即让进出货物的单位、数量前后保持一致，避免产生拆装、合并的情形。

（8）合适的条件。合适的条件中，最重要的是优良的质量，没有瑕疵或损伤。由于物料装卸搬运系统为物料损伤的主要因素，因此，在设计及操作物料装卸搬运系统时，应具有全面的质量意识。例如，根据用户需要的条件从事生产，把加工延迟到必要时再进行，可避免产生不必要的错误。

（9）合适的物料。根据订单所进行的拣货作业，最常见的两种错误为数量不符和物料不对。拣取正确的物料并非易事。因此几乎所有的仓库都有物料编号系统，并使用人工或电子标签维护货物的信息及标明物料的储放位置。

三、装卸搬运系统设计的原则

为提高装卸搬运系统的可行性和经济效益，装卸搬运系统设计要遵循以下原则。

（一）人格化的原则

在生产场所，"安全第一"的标语随处可见，这凸显了安全在生产中的重要性。对于物流领域而言，安全涵盖了人身安全、设备安全、货物安全以及环境安全等多个方面。尽管安全的重要性被广泛认知，但在实际操作过程中，时常会有疏忽和错误，因此，在整个装卸搬运过程中，存在诸多不安全因素。

例如，在吊车行驶时，必须发出响铃以提醒下方操作工人注意；在吊车吊运货物时，经过的线路下方，不应有任何人员；在散货卸船的清舱阶段使用集装网络时，不应使人工在漏斗边摘钩，而应使用自动摘钩机；在圆木装卸搬运中，应避免人工使用钢丝绳直接捆绑圆木，而应采用木材抓斗取木；对于圆形钢材，使用铁链捆扎容易滑落，而使用钢丝绳更为安全；易碎和怕挤压的货物应分别使用滑板和软性吊具进行吊装，以防止对货物造成损害。

总之，在装卸搬运的全过程中，必须时刻保持细心和警惕。在吊装货物时，务必确保重心位于吊具中心，避免因偏心导致倾斜事故；搬运货物时要捆绑加固，防止途中因颠簸而震荡；所有设备应安装安全保护装置，并尽可能实现人货分流；库场内应采取各种防火、防爆、防潮和防水措施。

（二）环境保护的原则

环境保护是全球共同关注的重大议题，需要我们每个人都积极参与。在装卸搬运系统的设计中，必须充分考虑环境保护设施、设备和方法的运用。在装卸过程中，可能产生的环境污染包括尘污染、油污染、噪声污染和毒性污染等。虽然污染是不可避免的，但我们应该积极找出产生污染的原因，并采取有效措施将其降低到最低程度。

在装卸搬运系统中，应严格按照国家标准的有关要求，采取相应的防止和减少污染的方法。例如，在散货装卸过程中，可以采用吸尘、喷水等方法解决尘雾飞扬的问题。在油船装卸搬运时，可以使用围油栏等设备防止油污扩散。对于港站装卸危险品的情况，需要设立专用码头，并在港口底部安装压缩空气管道，一旦有泄漏发生，可以及时打开空气阀，形成空气屏障，控制危险品泄漏的范围。在吸粮机等设备上安装消声器可以降低噪声。在油品、危险品码头等地方应建立污水处理设施，确保污水达到国家标准要求后才能排放。在一些港站，还应设立沉淀池等设备，对污水进行澄清后再排放，等等。

（三）充分发挥设备效益的原则

在优化装卸搬运方案时，我们应遵循充分发挥设备效益的原则。一方面，应尽可能多地运用设备，减少人工参与，以降低劳动强度。另一方面，要确保设备得到充分利用，避免闲置浪费。

装卸搬运作业是一项劳动强度较大的工作，因此，我们的设计理念是降低工人的劳动强度，推动装卸作业机械化，使工人在更舒适的环境下工作。现代自动化立体仓库基本实现了无人化，而普通立体仓库也普遍采用巷道堆垛、桥式起重机、叉车等机械设备进行操作，显著降低了工人的劳动强度。

为了充分利用设备，我们需要缩短设备在终端站的停留时间。设备只有在运移货物的实际时间内才能创造真正的"利润"。如果设备在等待装货的过程中停滞，会降低效率。通过使用挂车或托盘，设备在运行过程中就能完成装货，只需要在终点卸下满载的挂车或托盘，并返回空挂车或托盘。这种操作大大缩短了设备的停留时间，使得设备在相同时间内运行的次数增加，从而提高了效率。

要充分利用设备，还需要提高设备的适应性。这要求我们扩大设备的运用范围，使设备能够用于不同种类的货物的装卸搬运。例如，叉式装卸搬运车比升降式搬运车更具优势，因为它可以用于货台、托盘等多种场合，并配备各种工（属）具来装卸搬运捆、桶、箱等各种货物。

在同类型的货物量很大的情况下，我们应该尽可能使用专业化的设备。因为专业化的设备是专门为某类货物设计的，能显著提高装卸搬运的效率。在物流领域，石油从液体运输管道中分离出来，粮食类货物如谷物、大豆、玉米等的散粮运输以及小件杂货的集装箱运输都是物流史上的重要革命。这些革命使物流效率大幅提升，为企业带来了显著的经济效益。

需要明确的是，设备的通用性与专业化是相对的。选择专业化的设备还是通用性的设备取决于货流量的大小。如果同类型的货物流量大，使用大型运输工具运输时，专业化的设备更为合适；如果货物种类多且量不大，通用性好的设备更为合适。具体选择应根据统计数据来计算和比较。

（四）消除无效装卸搬运的原则

消除无效装卸搬运活动就是要合理布置工艺流程，主要从以下几个方面着手。

1. 减少作业数

在实现同样作业需求的前提下，应采用工序数最少的方案。要完成一项装卸搬运任务，需要做许多工作。如从船上卸货至仓库，先是人工在舱内清货、捆绑组成货吊、挂吊具、起重机吊到岸上、岸上工人摘挂钩、搬运车运货至货场堆垛或检验后送至仓库、叉车堆垛等。此过程中要是运用自动或半自动的吊货机构（如机械手取货、自动摘钩机构等）成组装卸搬运（如集装网络、集装箱、托盘等），则可减少作业次数。

2. 直线搬运

直线搬运是指将物品从一点移动到另一点，沿着直线路径进行搬运。这种搬运方式通常用于生产线上的物料运输、仓库的货物进出，以及物流运输等场景。

在设计搬运线路时，应尽量使用直线，这样可以减少货物的位移，缩短搬运时间。若港口的布置不合理，货物没有按装卸设备的行走路线在库场堆放，或堆放场地离港过远、连续输送机布置不适等，都会造成交叉运输、迂回运输、过远运输等后果。

3. 工艺不能中断

在装卸搬运作业过程中，应保持作业的连续性，避免频繁停顿。造成工艺中断的主要原因包括等车、等船、等货。在车、船直接换装的工艺中，若不能确保车辆连续不断地到达，则应设置库场，否则连续输送机需要等待车辆到达，这将导致误工现象，并增加船舶停留时间，进而降低船舶与码头的利用率。因此，在装卸搬运作业中，应采取有效措施确保作业的连续性与效率。

4. 工艺流程中各环节要相互协调

相互协调是指在流程中，各项工序的作业能力应保持平衡。例如，如果使用连续输送机进行搬运，但采用人工方式向输送机上装货，那么效率可能会大大降低。在工艺流程中，所有设备应具备相当的机械化程度，以确保从取货到运货、计量、检验、包装、堆垛等各项作业的效率保持一致。如果某些设备的效率较高，而其他设备效率较低，最终将在效率低的部分上积存，从而影响货流。

为了实现相互协调，具有相似工艺流程的作业线应尽量布置在一起。例如，在相邻的几个码头上使用皮带连续输送机卸货，如果一台输送机出现故障需要维修或任务量太大，相邻的输送机可以支援这台输送机，从而提高整体效率。这种相互协调的布局有助于确保流程的顺畅和效率的提高。

（五）充分利用物料特性的原则

我们知道，物料的种类不同，所使用的装卸搬运方法完全不同，那么在方案设计时就应分清货物种类，安排合理的装卸搬运工艺流程。

1. 集装单元化

集装单元化是指将货物集中成一个单位进行装卸搬运。对于小件杂货，要尽量地扩大装卸搬运单元，以便使用机械化装卸。小件杂货一般是小包装，搬运时使用托盘、集装网络、集装袋、集装箱等标准化工具成组装卸搬运，可以大大提高设备利用率和装卸效率。

2. 省力化

在装卸时应考虑重力因素，可以利用货物本身的重量，进行有一定落差的装卸搬运，以减少对动力和能源的消耗。如高站台低货位、滑溜化的作业方法在铁路系统中被广泛应用。矿石、煤炭、散粮、石油等均借助重力利用滑板、管道装车装船。小件杂货也可利用重力装船，只是要控制好滑板的倾斜角度，防止因速度过快而撞击损坏货物。

3. 提高装卸搬运的活性

活性是指货物从静止状态转变为运动状态的难易程度。货物存放的状态不同，其活性也不一样，见表4-1。

表4-1 搬运活性指数表

货物状态	货物一定的机动性	作业需求				需作业的数目	活性指数
		集中	搬起	升起	运走		
直接置地	移动时需逐个用人力搬到运输工具中	是	是	是	是	4	0
置于容器	可人工一次搬运，但不便于机械使用	否	是	是	是	3	1
置于托盘	可方便地使用机械搬运	否	否	是	是	2	2
置于车内	不需要借助其他机械便可移动	否	否	否	是	1	3
置于传送带	货物已处于移动状态	否	否	否	否	0	4

由表4-1可以很直观地看出：活性指数越大，货物的机动性就越高。在装卸搬运过程中，要尽量使货物处于高的机动性，这样便于货物的移动，装卸搬运效率也就越高。

(六)降低成本提高收益的原则

装卸搬运方案是否经济合理,要做一个整体的评估,主要考虑以下两方面。

在考虑港站作业相关的大系统时,我们必须全面分析运输成本、装卸搬运成本以及货物在港费用等经济因素。单纯依赖经济指标来评估方案的合理性是不够的,因为生产率高的方案可能成本高,而生产率低的方案可能成本低。我们的目标是寻找成本低且生产效率高的方案,这其中涉及价格比的问题。

在制定方案时,我们需要根据生产作业的特点,从大系统的角度出发,结合车船的利用率、货物的时间和质量信誉度等因素进行综合考虑。例如,虽然装卸搬运生产率高的方案可能导致装卸搬运成本增加,但能加快车船和货物的周转率,减少工具在港停留费用和货物在途的资金积压,从而提高整个大系统的经济效益。从港站角度看可能不太合理,但从大系统角度看是可行的。

此外,我们还需要充分利用规模效应来降低成本。规模效应的典型例子是薄利多销。在成本一定的情况下,通过增加货流量来降低装卸搬运的成本是一种有效的策略。增加装卸搬运量是港站获得更大利润的重要手段,因为生产成本由变动成本和固定成本两部分组成。随着装卸搬运量的增加,单位产品成本会下降。

四、装卸搬运系统设计的主要考虑因素

装卸搬运系统设计的核心内容为装卸搬运对象,布置和移动,以及装卸搬运分析方法,这也是装卸搬运系统设计考虑的三大因素。

(一)装卸搬运对象——物料

物料是指一般企业经营活动中所投入的人力、财力、技术方法及管理才能之外的有形财产中,固定资产(如机器设备)以外的统称。根据相关规定,物料通常被划分为以下七种类型:原料或材料、间接材料、在制品、零配件、成品、残余物料以及其他物品。每种物料都有其特定的用途和管理要求,以确保生产和供应链的顺利进行。

物料分类通常依据形态和包装进行划分。然而,从装卸搬运的角度出发,我们需要关注物料的"特征",并根据其对搬运过程的影响进行区分。物料特征可从物理特征和其他特征两个方面进行阐述,见表 4-2。

表 4-2 物料特征

物理特征	尺寸:长、宽、高
	质量:运输单元质量或单位体积质量
	形状:扁平的、弯曲的、紧密的、可叠套的、不规则的等
	损伤的可能性:易碎、易爆、易污染、有毒、有腐蚀性等
	状态:不稳定的、黏的、热的、湿的、脏的、配对的等
其他特征	数量:较常用的数量或产量(总产量或批量)
	时间性:经常性、紧迫性、季节性
	特殊控制:政府法规、工厂标准、操作规程

(二)布置和移动

在物料鉴别并分类后,根据搬运系统分析的模式,下一步就是分析物料的移动。物料

搬运的全面分析（包括分析物料的移动）不可避免地要涉及布置类型，其根本原因在于：移（或搬动）是把"地点效用"（即地点价值）赋予物料，"地点"则直接联系到每项移动的起点和终点。说得更具体些，布置决定了起点与终点之间的距离，这个移动的距离是选择任何一种搬运方法的主要因素。

1. 布置

（1）布置的类型。布置有三种传统类型：按固定位置布置、按工艺过程布置、按产品布置。这三种布置类型对物料搬运都有明显的影响，以下分别说明。

1）按固定位置布置。产品（或物料）尺寸比较大，数量比较少，工艺过程比较简单。搬运的特点通常是：主要物料及主要部件尺寸庞大或者非常笨重，装配件可灵活搬动，而且相对来讲是不经常搬动的。

2）按工艺过程布置（按功能）。产品（或物料）比较多样化，数量为中等或少量，工艺过程占主导地位或费用昂贵。搬运的特点通常是机动灵活。如果是固定位置的，则要求通用性强，适应性好，而且是间断工作的。

3）按产品布置（流水生产）。产品（或物料）比较标准化，数量较多，工艺过程较简单。搬运的特点通常是固定的、直线的或直接的，而且相对而言是连续的。

（2）从布置中需要了解的内容。我们需要从布置中了解的情况，基本上有以下四个方面。

1）每项移动的起点和终点的具体位置在哪里，即装卸点在哪。

2）有哪些路线及这些路线上有哪些物料搬运方法，是否在规划之前已经确定，或大体上已做出了规定。

3）物料卸下、运进、运出和穿过的每个作业区所涉及的建筑特点是什么样的（包括地面负荷、厂房高度、柱子间距、屋架支撑强度、室内还是室外、有无采暖、有无灰尘等）。

4）物料运进、运出的每个作业区内进行什么工作，作业区内已有的（或大体规划的）安排大概是什么样的布置。

当进行某个区域的搬运分析时，应该先取得或先准备好这个区域的布置图或规划图。如果是分析一个厂区内若干建筑物之间的搬运活动，那就应该取得厂区布置图。如果分析一个加工车间或装配车间内两台机器之间的搬运活动，那就应该取得这两台机器所在区域的布置详图。如果是分析港口内的搬运活动，那就应该取得港口平面布置图。

2. 移动

要全面了解物料的移动情况，包括距离、路线状况，因为在不同的环境和条件下，需要采取相适应的措施和办法。距离是决定搬运方法的重要因素之一。路线状况指道路的直接程度和直线程度（水平、倾斜、垂直、直线、曲线、曲折）；拥挤程度和路面情况（交通拥挤程度、有无临时或长期的障碍、良好的公路路面、需要维修的路面、泥泞的路面）；起讫点的具体情况（取货和卸货地点的数量和分布，起点和终点的具体布置，起点和终点的工作情况）。这样做的目的是便于选择路线系统和设备，提高效率。

路线系统

设计移动路线要考虑下列因素：

（1）工作区域内移动。假若因为提供两部相通的机器不太经济，零件必须离开生产线到另一区域去加工再回到生产线，则动态交错和物料等候的现象势必增加。因此，有相互关系的工作场所必须紧密相靠。

（2）验收与装运等活动地点。这些地点通常为物料流程的开始与结束地点，往返者必须配合外界道路运输体系加以考虑，以便决定验收与装运地点是否必须分开，或者加以连接成验收与装运区域。在这两个地点，内部物料流程与外部物料流程应相接通，并以动态系统呈现出来，整体系统流程将呈现为一封闭回路。

（3）水平方向流程。装配线或主生产流程在厂区如何布局等问题将决定水平方向流程，主要考虑因素为设施实体结构以及进货和出货部门的位置。例如，在窄小狭长建筑物中收货和出货分别在两端时，直线流程将会较合适；U形布局允许进出货部门都在建筑物的同侧；圆形布局允许同一组工作人员来执行进货和出货作业，其弯面的流程允许装配线有较多工作站；其他流程类型则可依特殊需要而发展。

（4）垂直方向流程。在多楼层的设施中，物料必须以垂直方式流过每一楼层，此时，垂直输送扮演了重要角色。垂直方向流程可配置一些升降设备或旋转输送带，这样能有效转换利用空间。

（5）交叉运送。对设施内交叉运送对工作流程所造成的潜在阻碍必须检讨，亦即折回、交叉流程等现象必须尽量避免。

（三）装卸搬运分析方法

物料装卸搬运系统可以从四个方面来分析，即流程、起讫点、物料流量、搬运高度。

1. 流程分析（流程图）

流程分析是把物料从进货到出货的整个过程中的有关资料，或是一项作业进程中的所有相关信息，用"流程图"的形式表示出来。流程分析必须考虑整个过程，一次只能分析一种产品、一类材料或一项作业。用流程图的好处就是直观、易懂，操作简单明了。表 4-3 是流程图表符号的意义。

表 4-3 流程图表符号的意义

符号	活动或作业	意义
○	操作	有意识地改变物体的物理或化学特性，或者把物体装配到另一种上或从另一物体上拆开的作业称为操作。当发出信息、接收信息，做计划或者做计算时所需进行的作业也称为操作
→	移位	物体从一处移到另一处的过程中所需进行的作业称为移位
¢	挪动	为了进行下一项作业（如搬运、检验、储存或分类）而对物体进行安排或准备时所需进行的作业称为挪动
□	检验	在验证物体是否正确合格，核对其一切特性的质量或数量时所需进行的作业称为检验
▽	堆码拆取	要存放货物或要取出货物所进行的作业，称为堆码拆取
⊙	分拣配货	按照货种和数量来分配货物
⊖	停滞	除为改变物体的物理或化学特性而有意识地延续时间外，情况不允许或不要立即进行计划中的下一项作业时稍作停留称为停滞
+	加固	货物在堆放好之后，要对其捆绑加固，避免在运输途中发生意外
	复合作业	如果不是同时进行的多项作业，或者要表示同一工位上的同一操作所进行的多项作业，就要把这些作业的符号组合起来表示

2. 起讫点分析

第一种方式是观察每一次搬运的起点和终点，记录下每个起点和终点的位置，以及搬运的距离和时间等信息。通过这种方式，可以对搬运过程进行全面的分析，了解搬运的效率和效果，以及是否存在改进的空间。

第二种方式是以一个固定点为记录目标，记录下所有经过该固定点的起点和终点，并对这些起点和终点进行分析。这种方式通常是观察并收集流入或流出某一区域的一切物料的有关资料，编制物料进出表。

第一种方式适用于路线不多、物料品种很少的场合。若路线很多、物料品种繁多，最好使用后者来描绘不同货品在某一区域的流入流出情形，这样比较直观。

3. 物料流量分析

物料流量就是指物料在某一区域内流动的多少。物料在部门单位间移动往往呈现极不规则的现象，为追求时效，规划时必须尽量使所有移动工作都以最简洁的方向、最短的距离来完成。而物料流量分析是将整个移动路径概略绘出，来观察物料移动的流通形态，再加以分析总结，规划出更合理的路径。

物料流量分析的主要目的如下。

（1）运用物料流量分析法来计算各配送计划下可能产生的物料流量，再用预测的物料流量的大小作为设计装卸搬运方法、选择搬运设备的参考。

（2）评判被分析场所的布置方式的合理性。

（3）配合物料流通类型的不同来调整设施和设备的布置方式。

（4）根据设备和物流单大小的情况来调整物料搬运路径的宽窄。

（5）便于掌握作业时间，预测各阶段操作的进程。

4. 搬运高度分析

搬运高度分析法是一种研究和改进物品在工序之间的放置状态和搬运方式的方法，目的在于减轻劳动强度，提高搬运效率。这种方法经常采用方便系数分析法，即搬运方便系数分析亦称搬运活性系数分析，是以搬运工序为对象，对各道工序之间搬运方式的分析。

在进行搬运高度分析时，需要记录物品的初始放置高度、最终放置高度，以及每次搬运的高度变化。测量和记录这些数据，可以了解物品在工序之间的放置状态和搬运方式，并找出可能存在的问题和浪费。

通过对这些数据的分析，我们可以得出一些改进措施，如改变物品的放置方式、使用更合适的搬运工具、优化搬运路径等。这些措施可以减少不必要的搬运和浪费，提高搬运效率和劳动生产率。

五、装卸搬运系统设计的步骤

1. 需求分析

在着手设计或改进装卸搬运系统之前，我们首先明确设计对象，是车站（港）、工厂、物流中心还是仓库等，以此明确系统的目标和目的。这些目标可能涉及提高效率、降低成本、增加安全性等多个方面。为了确保装卸搬运系统的有效性，我们需要对这些目标进行深入的理解和明确。

搬运设备

为了更好地满足这些目标，我们需要对当前的装卸搬运流程进行全面的了解。这包括了解流程中的各个环节、各环节之间的衔接方式、使用的设备以及人员配置等。通过深入了解现有的流程，我们可以发现存在的问题和改进的空间，从而有针对性地进行优化和改进。

同时，我们还需要对现有的设备进行评估。了解设备的性能、使用状况、维护情况等，以便更好地预测设备可能存在的问题和潜在的改进方向。此外，通过评估设备，我们还可以确定是否需要购买新设备或更新现有设备，以提高整体装卸搬运效率。

2. 收集和整理资料

这一过程包括了解搬运物品的种类、数量、特性，以及搬运的起点和终点等信息。这些细节的准确把握有助于优化装卸搬运过程，提高物流效率。

首先，不同种类的物品具有不同的装卸搬运要求，例如易碎品需要轻拿轻放，危险品则需要特殊的处理方式。对物品特性的了解有助于我们选择合适的装卸搬运工具和技术，从而减少损坏和事故的发生。其次，搬运物品的数量也是影响装卸搬运系统设计的重要因素。大量物品的搬运需要更高的效率和更可靠的方案，以避免延误和混乱。因此，我们需要根据物品的数量制定相应的装卸搬运策略，确保在规定的时间内完成所有物品的装卸搬运工作。最后，了解搬运的起点和终点信息同样重要。不同的起点和终点可能需要不同的运输方式和装卸设备。对起点和终点的了解有助于我们制订更为合理的装卸搬运计划，从而减少不必要的成本和时间浪费。

3. 方案设计

基于需求分析的结果，根据货运任务、特点、货物特性和车型、船型等实际情况，设计装卸搬运系统的整体方案。这包括确定使用的技术和设备，如叉车、输送带、吊车等，以及确定系统的工作流程，包括物品的装载、运输、卸载等环节。同时，确定作业线上主要进行的额定工作量、生产效率及数量等参数，计算用于装卸搬运的所有设施和设备的投资费、车船停留的时间、装机的总容量、单位装卸成本、装卸搬运机械化程度以及生产效率等指标。

4. 择优选取方案

由于装卸搬运活动的复杂性和多样性，在进行设计时至少需要做两个以上的方案进行比较。需要将所有的设计人员、技术人员、高层领导等召集在一起，由每位工艺设计人员说明每一步方案的优缺点和设计的理念，再请所有参加人员对每种方案进行定性和定量的比较，集思广益，找出最佳方案。考虑如何优化装卸搬运过程，减少不必要的环节，提高效率。同时，也要考虑如何改进系统，使其更具有扩展性和可维护性。

定性比较是对方案技术先进性、理念超前性和安全性作一个比较全面的评判；定量比较是把主要设备的主要技术参数、有关的技术经济指标作全面的比较。方案的评价比较又具体可采用以下几种方法：①费用或财务比较法；②优缺点比较法；③因素加权分析法。

（1）费用或财务比较法。费用是经营管理决策的主要依据，因此，每一装卸搬运方案都必须从费用的观点来评价，即对每一方案都要明确其投资和经营费用。

1）需要的投资。这类投资是指方案中用于购置和安装的全部费用。它包括基本建设费用（物料装卸搬运设备、辅助设备及改造建筑物的费用等）、其他费用（运输费、生产准备费及试车费等）以及流动资金的增加部分（原料储备、产品储存、在制品储存等）。

2）经营费用。经营费用主要包括以下两类费用。

一是固定费用：①资金费用（投资的利息、折旧费）；②其他固定费用（管理费、保险费、场地租用费等)。

二是可变费用：①设备方面的可变费用（电力、维修、配件等费用）；②工资（直接工资、附加工资等）。

通常需要分别计算出各套方案的投资和经营费用，然后进行分析和比较，从中确定一个最优的方案。

（2）优缺点比较法。优缺点比较法是直接把各套方案的优点和缺点列在一张表上，对各方案的优缺点进行分析和比较，从而得到最后方案。

在进行优缺点分析时要考虑的因素除了可计算的费用因素，还应包括以下内容。

1）与生产流程的关系及为其服务的能力。
2）当物料、数量和交货时间每天都不一样时，装卸搬运方法的通用性和适应性。
3）灵活性（已确定的搬运方法是否易于变动或重新安排）。
4）装卸搬运方法是否便于今后发展。
5）布置和建筑物扩充的灵活性是否受搬运方法的限制。
6）面积和空间的利用。
7）安全和建筑物管理。
8）工作人员是否对工作条件感到满意。
9）是否便于管理和控制。
10）可能发生故障的频率及其严重性。
11）是否便于维护并能很快修复。
12）施工期间对生产造成的中断、破坏和混乱程度。
13）对物料有无损伤可能。
14）能否适应用户生产的要求。
15）对用户生产流程的影响。
16）人事问题——能否招聘到熟练工人，能否培训，多余人员的安排，工种的变动，工龄合同或工作习惯。
17）能否得到所需要的设备。
18）与搬运计划、库存管理和报表是否联系密切。
19）自然条件的影响——土地、气候、日照、气温。
20）因用户生产中的同步要求或高峰负荷可能造成的停顿。
21）对辅助部门的要求。
22）仓库设施是否协调。
23）与外部运输是否适应。
24）施工、培训和调试所需的时间。
25）资金或投资是否落实。
26）对社会的价值或促进作用。

（3）因素加权分析法。多套方案比较时，因素加权法是评价各种无形因素的最好方法。其程序主要有以下几个步骤。

1）列出搬运方案需要考虑或包含的因素（或目的）。
2）把最重要的一个因素的加权值定为10，再按相对重要性规定其余各因素的加权值。
3）标出各比较方案的名称，每一方案占一栏。

4）对所有方案的每个因素进行打分。

5）计算各方案加权值，并比较各方案的总分。总之，正确选定搬运方案可以根据费用对比和对无形因素的评价，建议同时考虑这两方面的问题。

5. 实施方案

最后，将设计好的方案付诸实践，根据实际情况进行调整和优化。

案例分析

A企业是一家大型电子产品制造公司，每天有大量的原材料从仓库运送到生产车间，并且生产完成的产品也需要从生产车间运送到仓库。传统的装卸搬运过程需要大量的人力和时间，容易出现错误和延误。因此，该企业决定引入智能装卸搬运系统来提升效率和减少成本。于是该企业与一家技术公司合作，共同开发了智能装卸搬运系统。该系统包括以下主要组成部分：

（1）自动导航小车。在仓库和生产车间之间安装了一组自动导航小车。这些小车配备了激光传感器和摄像头，能够感知周围环境，并根据预设的路径规划自动运行。它们能够避免障碍物并精确停靠在指定的位置。

（2）智能货架系统。每个货架都配备了RFID标签或二维码，用于识别和跟踪物料的信息。通过扫描货架上的标签，系统能够准确识别物料的种类、数量和位置。

（3）自动装卸设备。在生产车间和仓库之间设置的自动装卸设备能够自动将货架从小车上卸下，并将其放置在指定的位置。同样地，当生产完成的产品需要运回仓库时，自动装卸设备也可以将货架从生产线上取下并放置在小车上。

（4）联网系统。整个智能装卸搬运系统通过互联网进行实时数据传输和通信。这样，仓库管理人员和生产员工可以通过手机或电脑随时监控货物的运送情况，及时处理异常情况和调整计划。

该企业通过引入智能装卸搬运系统，成功提高了装卸搬运的效率和准确性，降低了人力成本，并实现了实时监控和管理。这个案例展示了智能装卸搬运系统在企业物流运输过程中的重要应用，该系统为企业带来了显著的改进和优势。未来，随着人工智能技术的不断发展，智能装卸搬运系统还有更大的应用空间和发展前景。例如，可以引入机器学习算法，让系统自动学习和适应变化的运输环境，提高其适应性和反应速度；可以将智能装卸搬运系统与其他智能物流设备相结合，如自动仓储系统、智能物流配送机器人等，构建更为智能化和高效的物流体系。

在以后的企业生产和物流环节中，越来越多的企业会选择引入智能装卸搬运系统以提高生产效率、降低成本和提升企业竞争力。

思考： A企业从哪些方面对传统装卸搬运系统进行了优化？

职业素养

智能装卸搬运系统的蓬勃发展，为物流行业的智能化、自动化和数字化发展提供了强大支持。通过持续创新和改革，智能装卸搬运系统将为实现经济增长和乡村振兴做出突出贡献，并推动中国经济与世界接轨。

模块练习

一、单选题

1. 手动托盘搬运车一般有三个挡位，中间是（　　），在此挡位时车既不会上升也不会下降。
   A．空挡　　　　　B．挂挡　　　　　C．定位挡　　　　　D．倒挡
2. 叉车作为装卸搬运设备的主要特点不包括（　　）。
   A．机械化程度高，节约劳动力　　　　B．体积庞大，操作不便
   C．机动灵活、通用性好　　　　　　　D．能够提高仓库容积利用率
3. 下列仓储设备中，（　　）最适用于有防火、防爆要求的场地。
   A．手动托盘搬运车　　　　　　　　　B．半电动托盘堆高车
   C．内燃叉车　　　　　　　　　　　　D．电动叉车
4. 按照结构和用途，叉车分为很多种，其中应用最为广泛的是（　　）。
   A．平衡重式叉车　　　　　　　　　　B．插腿式叉车
   C．前移式叉车　　　　　　　　　　　D．高货位拣选式叉车
5. 在装卸搬运过程中，为了提高货物的机动性和装卸搬运效率，应当关注以下哪一项原则？（　　）
   A．减少装卸搬运次数　　　　　　　　B．扩大装卸搬运单元
   C．提高装卸搬运的活性　　　　　　　D．降低装卸搬运速度
6. 下列哪项不属于装卸搬运的特点（　　）。
   A．装卸搬运具有附属性和伴生性　　　B．装卸搬运作业对安全性要求低
   C．装卸搬运具有支持性和保障性　　　D．装卸搬运具有衔接性

二、判断题

1. 装卸搬运是物流过程中必不可少的一个环节。（　　）
2. 装卸搬运的主要目标是提高物流效率和降低成本。（　　）
3. 自动化和智能化技术可以提高装卸搬运的效率和准确性。（　　）
4. 在物流过程中，装卸搬运的次数越多，成本越高。（　　）
5. 设计装卸搬运系统时要遵守环境保护原则。（　　）

三、简答题

1. 简述装卸搬运的基本概念。
2. 简述装卸搬运的常见设备及其特点。
3. 装卸搬运系统设计的原则包括哪些？

模块五　仓储设施规划与库存控制

知识目标：掌握仓储的功能，了解仓储的类型，掌握仓库选址应遵循的原则，掌握仓库内部布局的要求和方法，了解自动化立体仓库的功能和基本设施，了解库存管理和控制的意义，掌握 ABC 库存分类管理法，掌握经济订货批量、定量订货法和定期订货法这几种基本库存控制方法，了解物料管理的基本活动，了解供应链环境下的库存控制策略。

能力目标：能描述仓储的概念，能自主确定仓库的选址，能够进行仓库平面设计和布局，能运用合适的方法和策略进行库存管理和控制。

素质目标：培养主动、认真、仔细的学习和工作习惯。

学习重点：仓储概述，仓储设施规划与布局设计，ABC 库存分类管理法，几种基本库存控制方法。

学习难点：仓储设施规划与布局设计，ABC 库存分类管理法，几种基本库存控制方法，供应链环境下的库存控制策略。

模块导入

H 连锁的仓储配送系统

近年来，我国药品零售业得到稳定持续的发展，配送中心在物流供应中的作用日益突出，配送中心俨然成为药店连锁经营的核心"发动机"。

以 H 连锁为例，高效的物流配送体系向来是 H 连锁保持最大销售量及最低成本库存的核心竞争力。H 连锁的供应商会将货品直接送至配送中心，配送中心则负责完成对商品的筛选、包装和分拣工作。H 连锁配送中心大部分的商品配送都实现了全自动化，人力参与很少，这样便大大提高了效率，并且减少了人工费用。

当前我国药品零售行业竞争十分激烈，诸多品牌连锁药店都希望能够扩大自己的销售影响力。对药品零售企业来说，有效的采购、低成本物流和强势终端永远是竞争的三张王牌。但是传统的销售模式着力点在于通过各种手段促使消费者购买，营销的重点也在商品本身，这就导致了药品零售企业对物流管理和配送中心的建设都极大缺乏。H 连锁配送中心的案例能给业内企业带来启示，适当地对自身的物流配送体系做一些改进，减轻企业的物流成本。

思考：从 H 连锁来看，要建立高效的仓储配送系统，需要采取哪些措施？

项目一 仓储概述

一、仓储的概念

"仓"即仓库,为存放、保管、储存物品的建筑物和场地的总称,可以是房屋建筑、洞穴、大型容器或特定的场地等,具有存放和保护物品的功能。

"储"即储存、储备,表示收存以备使用,具有收存、保管、交付使用的意思。

仓储概述

仓储就是利用仓库对商品与物品的储存与保管。

仓储是集中反映工厂物资活动状况的综合场所,是连接生产、供应、销售的中转站,对促进生产、提高效率起着重要的辅助作用。仓储是产品生产、流通过程中因订单前置或市场预测前置而将产品、物品暂时存放。它是集中反映工厂物资活动状况的综合场所,同时,围绕着仓储实体活动,清晰准确的报表、单据账目、会计部门核算的准确信息也同步生成,因此,仓储是物流、信息流、单证流的合一。

二、仓储的作用

仓储的作用主要体现在以下几个方面。

(1)仓储是现代物流不可缺少的重要环节。

(2)仓储能对货物进入下一个环节前的质量起保证作用。

(3)仓储是保证社会再生产过程顺利进行的必要条件。

(4)仓储是加快商品流通、节约流通费用的重要手段。

(5)仓储能够为货物进入市场做好准备。

三、仓储的功能

一般来讲,仓储具有以下功能。

1. 储存和保管的功能

储存和保管是仓储最基本的传统功能。仓储具有一定的空间,用于储存货物,并且根据货物的特性,仓储还应配有相应的设备,以保持储存货物的完好性。例如,储存精密仪器时,需要防潮、防尘、恒温等,应设置空调等控制设备。

2. 配送和加工的功能

现代仓储的功能已由保管型向流通型转变,即由原来的仓储、保管中心向流通、配送中心转变。仓储不仅有储存货物的设备,还增加了分装、配套、捆装、流通加工等设备。这样,既扩大了仓库的经营范围,提高了仓储的综合利用率,又方便销售,提高服务质量。

3. 调节货物运输能力的功能

各种运输工具的运输能力差别较大,船舶的运输能力很大,海运船舶一般都在万吨以上;火车的运输能力较小,每节车厢能装载 30~60t,一列火车的运量多达几千吨;汽车的运输能力相对较小，一般都在 10t 以下。它们之间运输能力的差异也是通过仓储调节和衔接的。

4. 信息传递功能

信息传递功能总是伴随着以上三个功能而发生。在处理有关仓储事务时，需要实时且准确的仓储信息，如仓库利用水平、进出货频率、货物的储存位置、仓储的运输情况、顾客订单需求状况以及仓库人员的配置和出勤等，这对于仓储管理能否取得成功至关重要。

四、仓储的类型

（一）按仓储经营主体分类

1. 自营仓储

自营仓储主要包括生产企业自营仓储和流通企业自营仓储。生产企业自营仓储是指为保障原材料供应、半成品及成品的保管需要而进行的仓储保管。其储存的对象较为单一，以满足生产为原则。流通企业自营仓储则为流通企业经营的商品进行仓储保管，其目的是支持销售。自营仓储不具有经营独立性，仅仅是为企业的商品生产或商品经营活动服务。相对来说，自营仓储规模小、数量多、专业性强、仓储专业化程度低、设施简单。

2. 营业仓储

营业仓储是指仓储经营人以其拥有的仓储设施向社会提供仓储服务。仓储经营人与存货人通过订立仓储合同的方式建立仓储服务关系，并且根据合同约定提供仓储服务并收取仓储费。营业仓储面向社会以经营为手段，追求利益最大化。与自营仓储相比，营业仓储的使用效率较高。

3. 公共仓储

公共仓储是指公共事业的配套服务设施，为车站、码头提供仓储配套服务。其运作的主要目的是保证车站、码头等的货物作业和运输，具有内部服务的性质，处于从属地位。但对于存货人而言，公共仓储使用营业仓储的关系，只是不独立订立仓储合同，而是将仓储关系列在作业合同与运输合同之中。

4. 战略储备仓储

战略储备仓储是指国家根据国防安全与社会稳定的需要，对战略物资进行储备。战略储备仓储特别重视储备品的安全性，且储备时间较长。战略储备的物资主要有粮食、油料、有色金属等。

（二）按仓储对象分类

1. 普通物品仓储

普通物品仓储是指不需要特殊保管条件的物品仓储。一般的生产物资、普通生活用品、普通工具等杂货类物品，不需要针对货物设置特殊的保管条件，采用无特殊装备的通用仓库或货场存放货物，符合仓储法规的一般规定。

2. 特殊物品仓储

特殊物品仓储是指在保管中有特殊要求和需要满足特殊条件的物品仓储，如危险物品仓储、冷库仓储、粮食仓储、化学品仓储等。特殊物品仓储采用专用仓库，即按照物品的物理、化学、生物特性以及法律法规的规定进行专门建设和实施管理的仓库，特殊物品仓储受到较多的监管。

项目二 仓储设施规划与布局设计

一、仓库选址

仓库选址是指在一个具有若干供应点及若干需求点的经济区域内选择一个地址设置仓库的规划过程。合理的仓库选址方案应该使商品通过仓库的汇集、中转、分发，达到需求点全过程的效益最优。因为仓库的建筑物及设备投资较大，所以选址时要慎重。如果选址不当，损失不可弥补。

仓储设施规划与布局设计

（一）仓库选址应遵循的原则

1. 适应性原则

仓库选址要与国家及省、市的经济发展方针、政策相适应，与我国物流资源分布和需求分布相适应，与国民经济和社会发展相适应。

2. 协调性原则

仓库选址应将国家的物流网络作为一个大系统来考虑，使物流中心的设施、设备在地域分布、物流作业生产力、技术水平等方面互相协调。

3. 经济性原则

仓库选址要保证建设费用和物流费用最低，如选定在市区、郊区，或者靠近港口、车站等，因而既要考虑土地费用，又要考虑将来物流活动辅助设施的建设规模及建设费用，以及运费等物流费用。

4. 战略性原则

仓库选址应具有战略远见。一是要考虑全局，二是要考虑长远利益。局部要服从全局，眼前利益要服从长远利益。仓库选址要既能满足当前的实际需要，又能为日后发展创造条件。

5. 可持续发展原则

该原则主要指在环境保护上，充分考虑长远利益，维护生态环境，促进城乡一体化发展。

（二）仓库选址应考虑的因素

1. 自然环境因素

自然环境因素主要包括气象条件、地质条件、水文条件和地形条件等。

2. 基础设施状况

基础设施状况包括交通条件、公共设施状况、通信技术等。

3. 经营环境

经营环境包括物流费用、货物量及货物特性等。

4. 其他因素

其他因素包括土地可利用资源、人力资源因素、投资额的限制、运输与服务的方便程度、环境保护要求等。

（三）仓库选址策略

1. 市场定位策略

市场定位策略是指将仓库位置选在离最终用户最近的地方，常用于食品分销仓库的建设。市场定位策略的影响因素主要包括：运输成本、订货周期、产品敏感性、订货规模、当地运输的可获得性和要达到的客户服务水平。

2. 制造定位策略

制造定位策略是指将仓库位置选在接近产地的地方。制造定位的仓库通常用来集运制造商的产成品。制造定位策略的影响因素主要包括：原材料的保存时间、产成品组合中的品种数、客户订购的产品种类和运输合并率。

3. 中间定位策略

中间定位策略是指将仓库位置选在最终用户和制造商之间的中点位置。中间定位的仓库的客户服务水平通常高于制造定位的仓库，但低于市场定位的仓库。

二、仓库的功能区域

随着物流业务的发展，仓库的功能逐步呈现储配一体化的趋势，一个比较完善的仓库应包括以下功能区域。

1. 接货区

在这个区域里完成接货及入库前的工作，如接货、卸货、清点、检验、分类入库准备等。接货区的主要设施有：进货铁路或公路、临近的卸货站台、暂存验收检查的区域。

2. 储存区

在这个区域里储存或分类储存所进的物资。由于这是一个静态区域，进货要在这个区域放置一段时间，所以和不断进出的接货区比较，这个区域所占的面积较大，往往占据配送中心总面积的一半左右。

3. 理货、备货区

在这个区域里进行货物分拣、理货、配货作业，为送货做准备。这个区域面积随不同的配货中心而有较大的变化。

4. 分放、配装区

在这个区域里，按照用户需求将配好的货物暂存等待外运，或根据每个用户的货物堆放状况决定配车方式和配装方式，然后直接装车或运到发货站台装车。由于暂存时间短、周期快，这个区域所占面积相对较小。

5. 加工区

在许多类型的配送中心还设置配送加工区域，在这个区域进行分装、包装、切裁、下料、混配等各种类型的流通加工作业。

6. 管理指挥区（办公区）

这个区域可以集中设置在配送中心某一位置，有时也可以分散设置于其他区域中，主要包括营业事务处理场所、内部调度管理场所、财务中心、客服中心等。

三、仓库内部布局的要求

为了有效利用仓库的存货能力，提高周转货物的速度，使仓库的作业有条不紊地进行，仓库管理员必须对仓库的使用进行合理规划、分区分类、专业化分工、储存和作业划分，以促进仓库效率的提高。

仓库使用规划就是为了方便作业、提高库场利用率和作业效率、提高货物保管质量，依据专业化、规范化、效率化的原则对仓库的使用进行分工和分区，从而确定货位安排和作业路线布局。

仓库使用规划体现了实际的仓库设施特征和储存产品活动。在规划过程中需要考虑两个因素，即设施、储藏利用空间以及作业流程。

仓库布局是指对一个仓库的各个组成部分，如库房、货棚、货场、辅助建筑物、铁路专用线、库内道路、附属固定设备等，在规定范围内，进行平面和立体的全面合理的安排，绘制仓库总平面图。仓库总体平面布局如图 5-1 所示。

图 5-1　仓库总体平面布局

（一）要适应仓储企业生产流程，有利于仓储企业生产的正常进行

（1）单一的物流方向。仓库内商品的卸车与验收，存放地点之间的安排，必须适应仓储生产流程，按一个方向流动。

（2）最短的运距。应尽量减少迂回运输，专用线应设置在库区中部，并根据作业方式、仓储商品品种、地理条件等，合理安排库房，专用线与主干道相对应。

（3）最少的装卸环节。减少在库商品的装卸搬运次数和环节，商品的卸车、验收、堆码作业最好一次性完成。

（4）最大的利用空间。仓库总体平面布置是立体设计，应有利于商品的合理存储和充分利用库容。

（二）有利于提高仓储经济效益

（1）要因地制宜。充分考虑地形、地质条件，满足商品运输和存放上的要求，并能保证仓库被充分利用。

（2）应与竖向布置相适应。竖向布置是指确定建设场地平面布局中的每个因素，如库房、货场、转运线、道路、排水、供电、站台等，在地面标高线上的相互位置。

（3）总平面布置应能充分、合理地使用机械化设备。我国目前普遍利用门式、桥式起重机一类的固定设备，要合理配置这类设备的数量和位置，并注意与其他设备的配套性，便于开展机械化作业。

（三）有利于保证安全生产和文明生产

库内各区域间、各建筑间应根据《建筑防火通用规范》的有关规定，保持一定的防火间距，并配有防火、防盗等安全设施。总平面布置应符合卫生和环境要求，既满足库房的通风、日照等条件，又要考虑环境绿化、文明生产，切实保障员工身体健康。

四、仓库内部布局的方法

（一）分析仓库业务流程

在进行仓库布置之前，首先要进行仓库业务流程的分析，这是区域规划的基础。以最常见的流程为例，其所涉及的区域包括进货月台区、入库验收区、入库暂存区、存储区、办公区、拣货区、流通加工区、出货复核区、出货暂存区、出货月台区和返品处理区等，仓库功能区域表见表5-1。

表5-1 仓库功能区域表

作业主流程	作业子流程	主要涉及区域
进货入库	预收货	进货月台区
	卸货	进货月台区
	验收	入库验收区
	入库上架	入库暂存区

(续)

作业主流程	作业子流程	主要涉及区域
货品保管	盘点	存储区
	库存安全	存储区
订单处理	接单	办公区
	库存分配	办公区
补货和拣货	补货	拣货区 存储区
	拣选	拣货区
流通加工	包装	流通加工区
	标示	流通加工区
出货作业	复核	出货复核区
	合流	出货暂存区
	点货上车	出货月台区
返品作业	返品处理	返品处理区

需要注意的是,可以根据仓库运营的实际情况对各功能区域进行合并或增加。例如,如果货品的进货验收只需要清点数量,则可以将入库验收区和入库暂存区合并;如果返品处理量不大,也可将返品处理区删减,直接并入入库暂存区。还可以根据实际情况增设一些区域,如转运作业区、叉车充电区、设备存放区、员工休息区和培训会议区等。某仓库的平面规划如图5-2所示。该仓库只布置了货架存储区、进货月台区、进货暂存区、出货月台区、转运月台区、出货暂存区和办公区七个区域,而流通加工、出货复核、叉车充电等功能并入了出货暂存区。

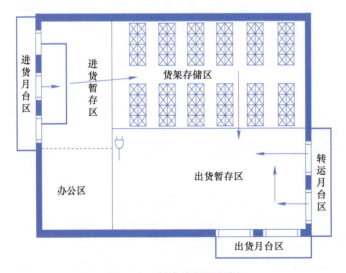

图5-2 某仓库平面规划

新建仓库时可沿用当前的业务流程,但是如果发现当前的业务流程存在效率低下问题,或者有计划导入新的仓储管理信息系统时,仓库管理员就需要将当前的业务流程重新诊断和优化，以达到事半功倍之效。

（二）确定仓库内布局模式

确定仓库需要哪些区域之后，就要确定这些区域分布的相对位置。由于各区域功能已定，通过库内的动线规划就可以确定各区域的位置。

动线是指由人或物在仓库内移动形成的一系列的点连接而成的线。如拣货动线是指拣货员由拣货设备存放区至某个拣货储位再到其他储位，最后至复核区，这一系列的点构成的线。

动线优化遵循的基本原则是"不迂回、不交叉"。"不迂回"的目的是防止无效搬运，"不交叉"的目的是避免动线冲突，为搬运过程带来隐患。为了使动线设计达到最优化，需要根据行走距离最小原则进行精细计算，但计算通常受限于缺乏真实数据来源。因此，实际操作中往往根据整体进出货的特性来选择合适的动线类型。常见的动线类型有U形动线、L形动线和I形动线三种。

1. U形动线

进货区和出货区在仓库的同一侧，如图5-3所示。货物由"进-存-出"形成了一个类似倒"U"字形的移动路线。在传统仓储中，经常会将入库月台区和出库月台区合并为进出库月台区，作为货物进出作业共用，这也属于U形动线的类型。

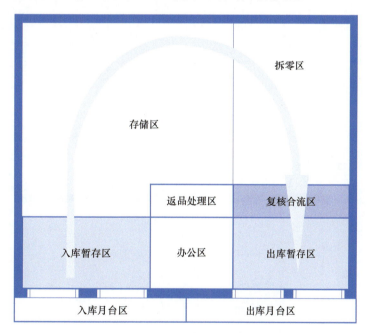

图5-3 U形动线布局

2. L形动线

L形动线布局模式是指货物的进货区和出货区设置在仓库相邻的两侧，如图5-4所示。货物由"进-存-出"形成了类似"L"字形的移动路线。

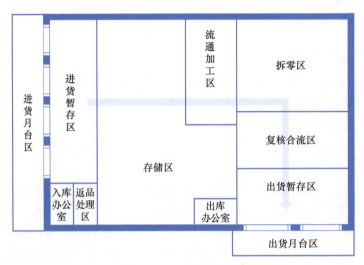

图 5-4 L 形动线布局

3. I 形动线

I 形动线布局模式是指出货区和进货区设置在仓库相对的两侧，如图 5-5 所示。货物"进－存－出"形成了类似"I"字形的移动路线。

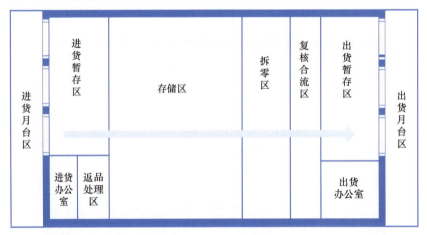

图 5-5 I 形动线布局

项目三 自动化立体仓库

一、自动化立体仓库的概念

自动化立体仓库是指通过计算机、人工智能、传感器、相应的自动控制设备和仓库管理系统对仓库作业和仓储管理进行自动控制和管理的现代化仓库。

自动化立体仓库

二、自动化立体仓库的功能

自动化立体仓库的功能一般包括：收货、存货、取货、发货和信息处理等。

1. 收货

收货时运输车辆将货物卸到站台或场地，通过人工或者智能设备检查货物的品质和数量，识别货物，将信息输入计算机，生成管理信息，将货物导入自动化输送系统。自动化输送系统一般采用输送带或者自动搬运车等。

2. 存货

自动化输送系统将货物存放到规定的位置，一般是放在高层货架上。智能系统确定存货的位置，一般采取分区固定存放的原则，即按货物的种类、大小和包装形式来实行分区存放。随着智能化的提高、移动货架和自动识别技术的发展，可以采用方便货位存放的方式，这既能提高仓库的利用率，又可以节约存取时间。

3. 取货

自动化输送系统根据指令从库房货架上取出所需货物。取货可以有不同的原则，通常采用的是先进先出的原则，即在出库时，先存入的货物先被取出。

4. 发货

自动化输送系统将取出的货物按照指令要求做好发货单，在发货区集货，装入配送箱或者进行托盘打码，粘贴标识。发货时需要多种货物配货的，要对货物进行匹配，然后输送到装货区等待发往用户。

5. 信息处理

在自动化立体仓库中可以随时查询库存信息、作业信息以及其他相关的信息，这种查询可以在仓库范围内进行，有的也可以在线实时查询。信息系统还具有各种数据汇总分析、进行经济核算、提供经营决策等功能。

三、自动化立体仓库的基本设施

自动化立体仓库（如图 5-6 所示）的主体由仓库建筑与高层货架、巷道堆垛起重机、周边搬运系统和控制系统组成。

图 5-6　自动化立体仓库

1. 仓库建筑与高层货架

自动化立体仓库的主体和货架为钢结构或钢筋混凝土结构，在货架内是标准尺寸的货位空间，巷道堆垛起重机穿行于货架之间的巷道中完成存货和取货的工作。自动化立体仓库按照结构特点分为整体式结构和分立式结构两类。

整体式结构的自动化立体仓库的高层货架不仅作为货架储存商品，而且还作为仓库的支柱和屋架结构，即货架与仓库建筑结构成为一个建筑整体。分立式结构的自动化立体仓库的仓库建筑与高层货架分别建造，结构整体性较差，精度比较低，但设计与施工比较容易，建设周期短，投资费用较低。分立式结构是自动化主体仓库的发展趋势。

常用的自动化立体仓库高度在 7～25m，最高的自动化立体仓库可达 40 多米。库内高层货架每两排合成一组，每两组货架中间设有一条巷道，供巷道堆垛起重机或者叉车行驶作业，每排货架分为若干纵列和横排，构成货格或存货位，用于存放托盘或货箱。巷道堆垛起重机自动对准货位存取货物，配合出入库搬运系统完成自动存取作业。

自动化立体仓库一般采用贯穿式货架，通过移动式存取货设备作业；还可以根据需要设计成旋转式货架和移动货架，通过固定式存取货设备存取货物。

2. 巷道堆垛起重机

巷道堆垛起重机沿仓库轨道水平方向移动，载货平台沿堆垛机支架上下移动，起重机货叉可借助伸缩机构向平台的左右方向移动存取货物。它由机架、运行机构、升降机构、货叉伸缩机构、电气控制设备组成。

（1）机架。机架由上下横梁及立柱构成，高度可达 30m，起重量在 1～2t。上横梁装有导轨并与架空导轨相接触，下横梁装有起重机的行走轮并与地面轨道相接触。

（2）运行机构。运行机构包括电动机、减速器和制动器。电动机包括主电动机和微速电动机两台，供起重机高速运行和低速对准料位使用。

（3）升降机构。升降机构包括货台和卷扬机，货台沿立柱上下滑行，由卷扬机牵引升降。

（4）货叉伸缩机构。货叉伸缩机构安装在货台上，由双速电动机、链条、链轮和货叉等组成，用于在货架上存取托盘。

（5）电气控制设备。电气控制设备包括逻辑装置、认址器等，以保证起重机对准货位。

3. 周边搬运系统

周边搬运系统包括搬运机、自动导向车、叉车、台车、智能搬运车（AGV）等，其作用是配合巷道堆垛机完成货物输送、搬运、分拣等作业，还可以临时取代其他主要搬运系统，使自动存取系统维持工作，完成货物出入库作业。

4. 控制系统

自动化立体仓库的控制形式有手动控制、随机自动控制、远距离自动控制、计算机自动控制、人工智能控制等。

存取系统的计算机中心或中央控制室接收到出库信息或入库信息后，通过对输入信息的处理，由计算机发出出库指令或入库指令，巷道机、盲动分拣机及其他周边搬运设备按指令启动，协调完成自动存取作业，管理人员在控制室对整个过程进行监控和管理。

项目四 库存管理与控制

一、库存管理与控制的意义

做好库存管理与控制对企业具有重要的意义，库存管理不仅关系到资金的合理运用，还直接影响到企业的运营效率、客户服务水平和竞争力。做好库存管理与控制有以下重要意义。

1. 提高资金利用效率

有效的库存管理可以减少过多的资金被固定在库存中，降低企业的资金占用成本，提高资金利用效率。

2. 降低库存成本

过多的库存会导致存储成本的增加，包括仓储费用、保险费用以及因过期或损坏而产生的报废费用等。通过优化库存水平和减少库存周转时间，企业可以有效地降低库存成本。

3. 提高客户服务水平

良好的库存管理确保了及时交付，减少了产品缺货的风险。这有助于提高客户满意度，增强客户对企业的信任，从而提升市场竞争力。

4. 提高供应链协同效率

优化库存管理有助于改善与供应商和分销商之间的协同效率。及时、准确的库存信息有助于供应链各环节更好地协同工作，减少因信息不对称而引起的问题。

5. 有助于生产计划和采购决策

准确的库存信息对于制订生产计划和采购决策至关重要。合理的库存控制可以避免由于原材料或产品缺货而导致的生产中断，提高生产计划的灵活性。

6. 应对市场需求波动

良好的库存管理使企业更能适应市场的需求波动。它可以帮助企业更迅速地调整库存水平，以适应市场的变化，减少缺货或积压的风险。

7. 降低风险

通过库存管理与控制，企业能够更好地应对市场风险、供应链中断、原材料涨价等问题，提高企业的抵抗力和适应性。

二、ABC 库存分类管理法

ABC 库存分类管理法指的是将库存物品按品种和占用资金的多少，分为特别重要的库存（A 类）、一般重要的库存（B 类）和不重要的库存（C 类）三个等级，然后针对不同等级分别进行管理与控制。

（一）步骤

ABC 库存分类管理法的具体步骤如下：

（1）把各种库存物资的耗用量分别乘以它的单价，计算出各种物资耗费的金额总量以及总金额。

（2）按照各品种物资耗费的金额的大小顺序重新排序，并分别计算出各种物资所耗费金额占总金额的比重，即百分比。

（3）按一定标准把百分比适当分段，分段累计耗费金额占总金额的百分比，以此来将库存划分为 ABC 三类。

库存分类标准见表 5-2。

ABC 库存分类管理法

表 5-2 库存分类标准

库存类别	占库存品种数的百分比（%）	占库存总金额数的百分比（%）
A	5～10	70～80
B	20～30	15～20
C	70～80	5～10

（二）控制方法

（1）对 A 类存货的控制，要加强日常控制，计算每个项目的经济订货量和订货点，尽可能适当增加订购次数，以减少存货积压，也就是减少其昂贵的存储费用和大量的资金占用。

（2）对 B 类存货的控制，也要事先为每个项目计算经济订货量和订货点，但要求不必像 A 类那样严格，只要定期进行概括性的检查，以节省存储和管理成本。

（3）对于 C 类存货的控制，由于它们数量较多，而且单价又很低，存货成本也较低，可以适当增加每次订货数量，减少全年的订货次数，对这类物资日常的控制方法，一般可以采用一些较为简化的方法进行管理。常用的是"双箱法"。所谓"双箱法"，就是将某项库存物资分装两个货箱，第一箱的库存量是达到订货点的耗用量，当第一箱用完时，就意味着必须马上提出订货申请，以补充生产中已经领用和即将领用的部分。

三、经济订货批量

经济订货批量（Economic Order Quantity，EOQ）是指在保证生产需要和总库存成本最低的条件下一次订购物资的数量，常用来帮助确定物资经常储备定额和控制物资库存。当某种物资的年需要量一定时，其年总库存成本的高低取决于全年的保管费用和订购费用。而年保管费用和订购费用又与订购批量的大小有关。

订购批量大，则订购次数减少，可以节约订购费用，但保管费用增加；订购批量小，则订购次数增加，订购费用也相应增加，但可节约保管费用。最经济的订购批量，也就是使年保管费用和订购费用之和最小的订购批量。EOQ 的控制原理就在于控制订货批量，使年总库存成本最小。

$$年总库存成本 = 年采购成本 + 库存保管费 + 订货费 \tag{5.1}$$

1. 经济订货批量模型

假设：商品需求量均衡、稳定，年需求量为固定常数，价格固定，年度采购成本（指所采购货物的价值，等于年需求量×价格）为固定常数，且与订购批量无关，则年度总库存成本与批量的关系如图 5-7 所示。

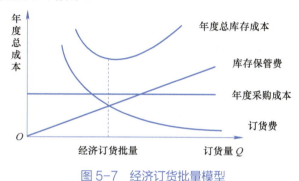

图 5-7　经济订货批量模型

可见，库存保管费随订货量增大而增大，订货费用随订购量增大而减少。

2. 理想的经济订货批量

$$TC = DP + \frac{DC}{Q} + \frac{QK}{2}$$

式中，TC 表示年度库存总费用；D 表示年需要量，件/年；P 表示单位采购成本，元/件；Q 表示每次订货批量，件；C 表示单位订货费，元/次；K 表示每次货物平均年度库存保管费用，元/（件·年）。

理想的经济订货批量指不考虑缺货，也不考虑数量折扣以及其他问题的经济订货批量。在不允许缺货，也没有数量折扣等因素的情况下：

年度总库存成本＝年度采购成本＋库存保管费＋订货费　　　　（5.2）

要使 TC 最小，将式（5.2）对 Q 求导数，并令一阶导数为 0，得到经济订购批量 EOQ 的计算公式为：

$$EOQ = \sqrt{\frac{2CD}{K}} = \sqrt{\frac{2CD}{PF}}$$

式中，EOQ 表示经济订货批量；F 表示单件货物保管费用与单件货物单位采购成本之比，即年保管费率。

3. 允许缺货的经济订货批量

在实际生产活动中，订货到达时间或每日耗用量不可能稳定不变，因此有时难免会出现缺货情况。在允许缺货的情况下，经济批量是指订货费、保管费和缺货费之和最小时的订货量，计算公式为：

$$EOQ = \sqrt{\frac{2CD}{K}} \cdot \sqrt{\frac{K + C_0}{C_0}}$$

式中，C 表示每次订货费，元/次；C_0 表示单位缺货费，元/（件·年）；K 表示单件货物平均年度库存保管费，元/（件·年）；D 表示年需求量。

【例 5.1】某企业每年需要购买 8 000 套儿童服装，每套服装的价格是 100 元，其年储存成本是 3 元/件，每次订货费为 30 元。问：最优订货数量、年订购次数和预期每次订货时间间隔各为多少？年度最小成本是多少？（每年按 360 天计算）

解：D=8 000 件，C=30 元/次，K=3 元/（件·年），采用经济订货批量公式，得

$$\mathrm{EOQ}=\sqrt{\frac{2CD}{K}}=\sqrt{\frac{2\times 30\times 8\,000}{3}}=400\,（件）$$

$$年订购次数=\frac{D}{\mathrm{EOQ}}=\frac{8\,000}{400}=20\,（次）$$

$$间隔=\frac{360}{20}=18\,（天）$$

$$年度库存成本=8\,000\times 100+\frac{8\,000\times 30}{400}+\frac{400\times 3}{2}=801\,200\,（元）$$

即每次订购批量为 400 件时年度库存总成本最小，年度最小成本为 801 200 元。

四、定量订货法

（一）定量订货法原理

定量订货法是指当库存量下降到预定的最低库存量（订货点 R）时，按规定数量（一般以经济批量 EOQ 为标准）进行订货的一种库存控制方法。它主要靠控制订货点和订货批量两个参数来控制订货，达到既最大限度地满足库存需求，又能使总费用最低的目的。库存量的变化如图 5-8 所示。

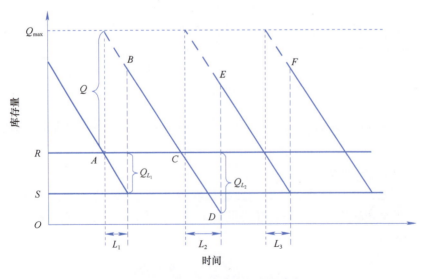

图 5-8　定量订货法库存变化示意

L—提前期　R—订货点　Q—订货批量　S—安全库存　$Q_{\max}$—库存总量

实施定量订货法需要确定两个控制参数：一个是订货点，即订货点库存量；另一个是订货批量，即经济批量EOQ。订货批量的确定，可以按上个小节的方法确定。以下介绍订货点的确定。影响订货点的因素有三个：订货提前期、平均需求量和安全库存。根据这三个因素我们可以简单地确定订货点，计算公式为：

$$订货点 = 平均每天的需要量 \times 提前期 + 安全库存$$

$$安全库存 = （预计每天最大耗用量 - 每天正常耗用量）\times 提前期$$

（二）定量订货法的优缺点

1. 优点

（1）控制参数一经确定，实际操作就变得非常简单。实际中经常采用"双箱法"来处理。所谓双箱法，就是将某商品库存分为两箱，一箱为经常库存，另一箱为订货点库存，平时用经常库存，当消耗完就开始订货，不断重复操作。这样可减少经常盘点库存的次数，方便可靠。

（2）充分发挥了经济批量的作用，可降低库存成本，节约费用，提高经济效益。

2. 缺点

（1）要随时掌握库存动态，严格控制安全库存和订货点库存，占用了一定的人力和物力。
（2）订货模式过于机械，不够灵活。
（3）订货时间不能预先确定，对人员、资金、工作业务的计划安排不利。

3. 适用范围

这种方法适合以下类别货物的订购：单价便宜，且不便于少量订购的物品；需求预测比较困难的维修物料；品种数量繁多、库存管理事务量大的物品；计算清点复杂的物品；需求总量比较平稳的物品。

【例5.2】某企业甲种物资的经济订购批量为1 000t，订货提前期为10天，平均每日正常需用量为30t，预计日最大耗用量为40t，求订购点。

解：

$$订购点 = 30 \times 10 + （40-30）\times 10 = 400（t）$$

五、定期订货法

（一）定期订货法原理

定期订货法是按预先确定的订货时间间隔进行订货补充的库存管理方法。它是基于时间的订货控制方法，通过设定订货周期和最高库存量，以达到控制库存量的目的。只要订货间隔期和最高库存量控制合理，就可能实现既保障需求、合理存货，又节省库存费用的目标。

定期订货法的原理：预先确定一个订货周期和最高库存量，周期性地检查库存，根据最高库存量、实际库存、在途订货量和待出库商品数量，计算出每次订货批量，发出订货指令，组织订货。其库存变化如图5-9所示。

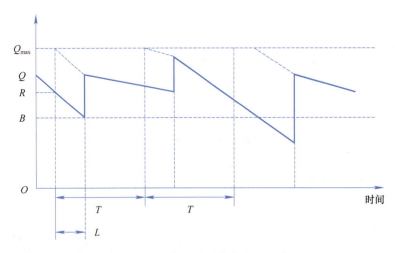

图 5-9 定期订货法库存变化示意

L—提前期　R—订货点　Q—订货批量　B—安全库存量　Q_{max}—最高库存量　T—订货周期

（二）订货周期和订货量的确定

1. 订货周期的确定

订货周期实际上就是定期订货的订货点，其间隔时间总是相等的。订货间隔期的长短直接决定最高库存量的大小，即库存水平的高低，进而也决定了库存成本的多少。所以，订货周期不能太长，否则会使库存成本上升；也不能太短，太短会增加订货次数，使得订货费用增加，进而增加库存总成本。

在实际操作中，经常结合供应商的生产周期来确定一个合理可行的订货周期。也可以结合人们习惯的时间单位，如周、旬、月、季、年等来确定经济订货周期，从而与企业的生产计划、工作计划相吻合。

2. 订货量的确定

定期订货法的订货数量是不固定的，订货批量的多少都是由当时的实际库存量的大小决定的，考虑到订货点的在途到货量和已发出出货指令尚未出货的待出货数量（称为订货余额），每次订货量的计算公式为：

订货量 = 平均每天的需要量 ×（提前期 + 订购间隔）+ 安全库存 − 实际库存量 − 订货余额

安全库存 =（预计每天最大耗用量 − 每天正常耗用量）× 提前期

（三）定期订货法的优缺点

1. 优点

（1）避免了定量订货法每天盘存的做法，减少了工作量，提高了工作效率。
（2）库存管理的计划性强，有利于工作计划的安排，实行计划管理。

2. 缺点

（1）需要较大的安全库存量来保证库存需求。

（2）每次订货的批量不固定，无法制定出经济订货批量，因而运营成本较高，经济性较差。

（3）手续麻烦，每次订货都得检查储备量和订货合同，且要计算出订货量。

3. 适用范围

一般适用企业需要严格管理的重要货物。

【例 5.3】某企业乙种物资的经济订购批量为 1 000t，订购间隔期为 30 天，订货提前期为 10 天，平均每日正常需用量为 30t，预计日最大耗用量为 40t，订购日的实际库存量为 600t，订货余额为 0，求订购数量。

解：

$$订购量 = 30 \times (10+30) + (40-30) \times 10 - 600 - 0 = 700（t）$$

订货策略为：在订货日应订购 700t。

项目五　物　料　管　理

物料管理是对企业生产经营活动所需各种物料的采购、验收、供应、保管、发放、合理使用、节约和综合利用等一系列计划、组织、控制等管理活动的总称。从企业整体角度控制物料"流"，做到供应好、周转快、消耗低、费用省、取得好的经济效益，以保证企业生产顺利进行，物料管理主要包括以下四项基本活动：

（1）预测物料用量，编制物料供应计划。
（2）组织货源，采购或调剂物料。
（3）物料的验收、储存、领用和配送。
（4）物料的统计、核算和盘点。

一、预测物料用量的方法

（一）定性预测方法

定性预测法是通过企业管理者所掌握的经验和信息来分析市场的动态变化，从而推断市场供求的变化趋势。特点是注重利用直观材料和主观经验来判断未来的发展。具体的方法主要有以下几种：

1. 经验估计法

该方法是由企业管理者或物料控制人员等有经验的人员根据自己多年的实际经验，通过分析和研究，来判断未来的物料变化趋势。优点是简单易行，能在短时间内集合相关人员的意见，有利于将物料预测与预测计划的完成结合起来；缺点是主观随意性较大，容易出现偏差或失误。该方法适用于物料品种相对单一、统计数据不足、受不可控因素影响较大的物料预测。该预测方法可以细分为：

（1）管理者意见法，即企业中主管物料的经理和相关部门负责人共同做出判断和预测。

（2）物料人员意见法，即物料管理员、采购员等相关人员共同判断和预测。

（3）综合判断法，即综合经理、物料管理人员和其他人员共同判断的预测。这种方法可以从更多的层面听取相关人员的意见，起到取长补短的作用，预测准确率会更高。

2. 专家意见法

该方法以专家作为咨询信息的对象，根据专家的经验和判断进行预测。基本做法是：

（1）组成专家组，将调查预测的项目需求列成提纲，通知专家，提供相关背景材料。

（2）专家根据通知要求，对预测的事物提出个人判断和分析，并说明依据和理由。

（3）主持预测的单位将专家的意见进行集中，将不同的预测结果及其依据和理由分发给专家进行第二轮咨询，要求专家对各自的预测进行补充和修改，并进行说明或评论；然后，专家提出补充或修改预测意见，并说明其依据和理由。经过四五轮匿名反复询问，意见逐渐趋同，最终可以得出一个比较实际的答案。

3. 类比预测法

该方法是基于一定的历史数据和市场趋势，在相同条件下，预测未来物料的各种趋势和需求。使用类比预测法对物料用量进行预测，可以按照以下步骤进行：

（1）收集历史数据。首先，需要收集物料在过去一段时间内的用量数据，包括每天、每周、每月的用量数据，以及与生产计划、销售数据等相关的信息。

（2）确定类比对象。选择与当前物料用量相似的历史数据作为类比对象，可以是同一产品在不同时间段的用量，或者是不同产品在同一时间段的用量。

（3）绘制趋势图。将类比对象的用量数据绘制成趋势图，以便更直观地观察其变化规律。

（4）分析趋势。观察趋势图，分析类比对象的用量变化趋势，有助于了解物料用量的季节性、周期性等特点。

（5）预测未来用量。根据趋势图和历史数据，预测未来一段时间内的物料用量。可以使用线性回归、指数平滑等方法进行预测。

（6）调整预测。在实际生产过程中，可能会受到各种因素的影响，导致实际用量与预测值存在偏差。因此，需要定期对预测值进行调整，以使其更接近实际用量。

需要注意的是，类比预测法只是一种基于历史数据和市场趋势的预测方法，其预测结果可能存在一定的误差。因此，在使用类比预测法时，需要结合实际情况进行综合考虑和分析，同时结合其他预测方法进行综合评估。

（二）定量预测方法

定量预测法是根据以往比较完整的历史统计资料，运用各种数学模型对市场未来发展趋势做出定量的计算，求得预测结果。常用的方法有以下几种：

1. 百分比增长率法

这种方法主要是根据企业过去的物料使用情况来推断预测期的物料需求。其计算公式为：

明年的物料需求量 = 本年物料需求量 ×（本年物料需求量 ÷ 去年物料需求量）

使用百分比增长率法应具备以下两个前提条件：
（1）物料的需求是逐年同比例增长的。
（2）影响物料的各种因素不变或变化不大。

2. 简单平均法

简单平均法是采用计算一定观察期的数据平均数，以平均数为基础确定预测值的方法。这种预测方法简单，当预测对象变化较小且无明显趋势时，可采用此法进行短期预测。

3. 移动平均法

这种方法是将过去几个期间的材料用量相加，求其算术平均值，并随时间后移，根据最新的物料用量不断修改平均值，作为预测期间的物料需求。

4. 加权平均法

加权平均法即在平均之前，逐渐增加最近实际物料用量在平均值中的权重。因为按照时间顺序排列的一组历史数据中，每个数据对预测值的重要性是不同的，离预测期较近的历史数据显然比离预测期较远的历史数据重要得多，这就要求在计算平均数时把每个历史数据的重要性也考虑进去，给予近期数据以较大的权数，给予远期数据较小的权数。增加近期物料消耗的权重可以反映接近预测期的市场走势，但也要注意防止偶然因素的影响。

二、物料采购

采购活动作为仓储企业生产、经营活动的准备工作和辅助服务在物料管理中起到积极作用，物料采购部门应保证物料供应适时、适质、适量、适价、适地。

1. 适时

适时即要求供应商在规定的时间准时交货，防止交货延迟和提前交货。供应商交货延迟有可能会造成生产停滞，因此应该防止有可能的交货延迟，同时也应该控制无理由的提前交货，提前交货同样会增加成本，交货提前造成库存加大，库存维持费用提高，占用大量流动资金，导致公司资金运用效率恶化等。

2. 适质

适质即供应商送来的物料和仓库发到生产现场的物料，质量应是适当的，符合技术要求的。

3. 适量

采购物料的数量应是适当的，即对买方来说是经济的订货数量，对卖方而言为经济的受订数量。确定适当的订货数量应考虑以下因素：
（1）价格随订货数量大小而变化的幅度，一般来说，订货数量越大，价格越低。
（2）订货次数和采购费用。
（3）库存维持费用和库存投资的利息。

4. 适价

采购价格的高低直接关系到最终产品或服务价格的高低，在确保满足其他条件的情况下力争最低的采购价格是采购人员最重要的工作。采购部门的职能包括标准化组件，发展供应商，发展替代用品，评估和分析供应商的行为。

5. 适地

物料原产地的地点应适当，与使用地的距离越近越好。距离太远，运输成本大，无疑会影响价格，同时沟通协调、处理问题很不方便，容易造成交货延迟。

三、物料的验收、储存、领用和配送

（一）验收

物料的验收就是对需要入库的物料数量、质量和包装进行验收，这是保证入库物料不出差错的关键环节。

物料的验收、储备、领用和配送

验收的内容包括外观质量查验和内在质量检验，又分为数量检验和质量检验。数量检验包括毛重、净重的确定，件数的确定，体积的丈量等；质量检验则是对物料外表、内容的质量进行的检验，包括物理结构、化学成分、使用功能等。在一般情况下或合同没有约定检验事项时，仅对物料的品种、规格、数量、外包装状况，以及无须开箱、拆捆就可见可辨的质量情况进行检验。物料检验的方法主要有以下几种：

（1）视觉检验。观察货物的状态、颜色、结构等表面状态，检查有无变形、破损、脱落、变色、结块等损害情况，以判断质量。

（2）听觉检验。通过摇动、搬运操作、轻度敲击，听取声音，以判断质量。

（3）触觉检验。利用手感鉴定货物的细度、光滑度、黏度、柔软程度等，以判断质量。

（4）味觉、嗅觉检验。对货物所特有的气味等进行测定以判断质量，或者感觉串味损害。

（5）测试仪器检验。利用各种专用测试仪器进行货物性质测定，如含水量、密度、黏度、成分、光谱等测试。

（6）运行检验。对货物（如电器、车辆等）运行进行操作，检查操作功能是否正常。

（二）储存

在物料的储存过程中需要对其进行妥善保护和管理，防止其因损毁而降低或失去使用价值。物料的储存是一个需要仔细考虑和规划的过程，以确保物料的安全、有效和高效管理。做好物料储存的措施如下：

（1）分类分区储存。根据物料的性质、用途和数量，将它们分类分区储存。这样可以方便管理和取用，同时也有助于减少混淆和误用。

（2）标识清晰。为每个储存物料的区域和仓位设置清晰的标识。这有助于快速查找、取用和管理物料，避免混淆，同时也有助于提高工作效率。

（3）保持适宜的环境。做好仓库的温湿度控制，以避免受潮、发霉等问题。如果仓库内有湿度控制设备，应确保其正常运行，并及时调整湿度。

（4）防火防盗。仓库内应设置相应的防火设施，如灭火器、烟雾报警器等。同时，应加强防盗措施，确保物料的安全。

（5）定期检查。定期对仓库内的物料进行检查，包括数量、质量、有效期等方面。如果发现异常情况，应及时采取措施进行处理。

（6）记录管理。建立完整的物料储存记录，包括入库、出库、移库等信息。这样可以方便追踪物料的流动情况，确保物料的安全和完整。

（三）领用

领料流程的规范化和标准化对于企业提高工作效率、降低成本和减少资源浪费具有重要意义。物料的领用可参考以下流程：

（1）领料申请。领料申请通常包括物品名称、型号、数量和用途等信息。

（2）审批。领料部门或仓库管理员收到领料申请后，需要对申请进行审批，核对领料申请中的信息，必要时与申请人进行沟通以确保物品的准确性和合理性。

（3）出库操作。领料申请得到批准后，仓库管理员就可以开始进行出库操作。

（4）出库确认。领料人员在领料时需要在领料单上签字确认，以便后续进行核对和追踪。仓库管理员在交付物品给领料人员后，也需要在出库记录中进行确认。

（5）库存管理。完成出库操作后，仓库管理员要及时更新库存数量和状态等信息，这有助于企业及时了解库存状况，并进行合理的物料采购计划。

（6）记录归档。完成领料流程后，相关的单据和记录需要进行归档。归档文件包括领料申请单、出库记录、领料单等，方便后续追踪、核对和审计。

（四）配送

物料的配送是指将物料从仓库或其他地方调配并按时送达指定地点的活动。物料配送是确保生产和其他活动顺利进行的重要环节，需要合理规划和实施。在物料配送过程中，需要考虑以下因素：

（1）配送的及时性。物料配送需要及时进行，以确保生产和其他活动的顺利进行。

（2）配送的准确性。物料配送需要准确无误，确保所配送的物料与所需物料相匹配。

（3）配送的经济性。物料配送要考虑成本效益，选择合适的运输方式和路线，以降低配送成本。

在物料配送过程中，还需要注意以下几点：

（1）确定配送计划。根据生产计划和物料需求，制订合理的配送计划，包括配送时间、路线、数量等。

（2）选择合适的运输方式。根据物料的性质、数量和运输距离等因素，选择合适的运输方式，如陆运、海运、空运等。

（3）确保物料安全。在物料配送过程中，需要确保物料的安全，防止损坏和丢失。

（4）记录和跟踪。对物料配送过程进行记录和跟踪，以便及时发现问题并采取相应措施。

四、物料的盘点

(一) 盘点的方法

盘点作业可以有多种方法,表 5-3 是几种常见的盘点方法。

表 5-3 常见的盘点方法

序号	方法名称	操作规程	优点
1	动态盘点法（永续盘点法）	入库时随之盘点,及时与保管卡记录核对	可随时知道仓库准确存量,盘点工作量小
2	循环盘点法	按入库先后,每间隔一小段时间盘点一定数量的存货,如此循环往复	节省人力,能及时了解库存情况
3	重点盘点法	对进出频率高或易损耗或价值高的存货重点盘库	可有效控制重点存货动态,有效防止发生差错
4	定期盘点法（全面盘点法）	定期全面清点所有存货	便于及时处理超期或呆滞的存货

(二) 盘点的时间

为了保证账物相符,盘点次数越多越好,但盘点需要投入的人力、物力、财力很大,有时全面盘点还可能引起生产的暂时停顿。因此,在实际运行中可以根据货物的不同特性、价值大小、流动速度、重要程度来分别确定不同的盘点时间。盘点时间间隔可以每天、每周、每月、每年盘点一次不等。例如,对于 A、B、C 等级的商品,A 类商品就需每天或每周盘点一次,B 类商品每 2 周或 3 周盘点一次,C 类一般每月盘点一次。另外,必须注意的是,每次盘点持续的时间应尽可能短,全面盘点以 2～6 天完成为佳,盘点的日期选择如下:

(1) 财务决算前夕。通过盘点决算损益,以查清财务状况。

(2) 淡季进行。因淡季储货较少,业务不太频繁,盘点较容易,投入资源较少,且人力调动也较方便。

(三) 盘点的步骤

(1) 准备工作。明确盘点程序和方法,准备好盘点表所用的表单,准备好盘点所需的工具、场所等。

(2) 确定盘点日期。根据不同的盘点方法,确定盘点的日期,盘点日期内货物尽量不进出。

(3) 盘点实施。清点物料数量,根据盘点表对每个物料的数量进行清点,确保数量准确无误;检查物料质量,对每个物料的外观、性能等进行检查,确保物料质量符合要求。

(4) 记录盘点结果。将盘点结果记录在盘点表上,包括物料的名称、规格、数量、存放位置、质量等信息。

(5) 盘点结果处理。分析和总结,找出在管理流程、管理方式、作业程序、人员素质等方面需要改进的地方,进而改善货物管理的现状,降低货物损耗,提高经营管理水平。

(6) 调整账务。根据盘点结果,对库存账目进行调整,确保账实相符。

项目六 供应链环境下的库存控制策略

一、供应商拥有的库存

供应商拥有的库存（Vendor Owned Inventory，VOI），是企业实现供应零库存的一种常见模式。其基本实现形式为：供应商按照一定的计划组织备货，并把物料补充到企业可直接取用的仓库中。此时，对应物料的所有权仍然属于原供应商，还不算是企业的资产。但企业可根据自己的需求随时领用，并在领用出库时实现物权转移。最后，企业按约定的结算期限与供应商按实际领用量进行结算。

供应链环境下的库存控制策略

在 VOI 管理模式下，物料的所有权虽然还属于供应商，但使用控制权在于用户，而且这部分库存也要参与用户企业的物料计划运算。这种管理模式对供应商而言，相当于是销售渠道管理中的寄售；对企业而言，这些库存是供应商委托的库存，是 VOI。在供应链中，企业可同时与上游供应商做 VOI 协同，并与下游客户做寄售管理。

对用户企业而言，VOI 管理模式实现了物料的零财务库存和零提前期供应，粗看之下，供应商是处于完全不利的地位。但是，通过企业和供应商的计划信息的有效协同，供应商可更有序地组织自己的生产和供货，从而控制生产和物流成本。在一定的模式下，还可进一步降低自己的仓储管理费用。

二、供应商管理库存

（一）供应商管理库存概述

供应商管理库存（Vendor Managed Inventory，VMI）是一种以用户和供应商双方都获得最低成本为目的，在一个共同的协议下由供应商管理库存，并不断监督协议执行情况和修正协议内容，使库存管理得到持续改进的合作性策略。这种库存管理策略打破了传统的各自为政的库存管理模式，体现了供应链的集成化管理思想，适应市场变化的要求，是一种新的、有代表性的库存管理策略。

VMI 是 VOI 的演化，它侧重强调补货模式的变革，一般以契约的形式规定企业间的信息共享与计划协同；VOI 则着重强调财务结算的变化，着重在使用后物权的转移与结算，企业间信息的共享与协同更像是"副产品"。

VMI 管理模式是从 QR（快速响应，Quick Response）和 ECR（有效客户响应，Efficient Customer Response）基础上发展而来的，其核心思想是供应商通过共享用户企业的当前库存和实际耗用数据，按照实际的消耗模型、消耗趋势和补货策略进行有实际根据的补货。由此，交易双方都变革了传统的独立预测模式，尽最大可能地减少由于独立预测的不确定性导致的商流、物流和信息流的浪费，降低了供应链的总成本。

（二）VMI 的运行条件

企业在实施 VMI 前，应该对自己所处的环境和自身的条件加以分析与比较，主要考虑的因素如下：

1. 供应链中的地位

地位即企业是否为"核心企业"或者是否为供应链中至关重要的企业。它要求实施企业必须具备较高管理水平的人才和专门的用户管理职能部门，用以处理供应商与用户之间的订货业务、供应商对用户的库存控制等其他业务；实施企业必须有强大的实力推动 VMI，使供应链中的企业都按照它的要求来实行补货、配送、共享信息。

2. 供应链中的位置

VMI 一般适合于零售业与制造业，最典型的例子就是沃尔玛和戴尔集团。它们有一个共同的特点，就是在供应链中所处的位置都很接近最终消费者，即处在供应链的末端。其中一个主要原因就是，VMI 可以消除"牛鞭效应"的影响。"牛鞭效应"，指供应链上的信息流从最终客户向原始供应商端传递时，由于无法有效地实现信息的共享，使得信息扭曲逐渐放大，导致需求信息出现越来越大的波动。

3. 合作伙伴

VMI 在实施过程中要求零售商（在制造业为生产商）提供销售数据，而供应商要按时准确地将货物送到客户指定的地方，这一点生产商的要求尤其高。

三、联合库存管理

（一）联合库存管理概述

长期以来，供应链中的库存是各自为政的。供应链中的每个环节都有自己的库存控制策略，都是各自管理自己的库存。由于各自的库存控制策略不同，因此不可避免地产生需求的扭曲现象，即所谓的需求放大现象，形成了供应链中的"牛鞭效应"，加重了供应商的供应和库存风险。联合库存管理（Jointly Managed Inventory，JMI）策略打破了传统的各自为政的库存管理模式，有效控制了供应链中的库存风险，体现了供应链的集成化管理思想，适应市场变化的要求，是一种新的有代表性的库存管理思想。

联合库存管理是供应商与客户同时参与、共同制订库存计划，实现利益共享与风险分担的供应链库存管理策略。目的是解决供应链系统中由于各企业相互独立运作库存模式所导致的需求放大现象，提高供应链的效率。

（二）JMI 的模式

联合库存管理主要有两种模式：

1. 集中库存模式

各个供应商的零部件都直接存入核心企业的原材料库中，就是变各个供应商的分散库存为核心企业的集中库存。集中库存要求供应商的运作方式是：按核心企业的订单或订货看板组织生产，产品完成时，立即实行小批量多频次的配送方式直接送到核心企业的仓库中补充库存。在这种模式下，库存管理的重点在于核心企业根据生产的需要，保持合理的库存量，既要满足需要，又要使库存总成本最小。

2. 无库存模式

供应商和核心企业都不设立库存，核心企业实行无库存的生产方式。此时供应商直接向核心企业的生产线上小批量多频次地补充货物,并与之实行同步生产、同步供货,从而实现"在需要的时候把所需品种和数量的原材料送到需要的地点"的操作模式。这种准时化供货模式,由于完全取消了库存,所以效率最高、成本最低。但是对供应商和核心企业的运作标准化、配合程度、协作精神要求也高,操作过程要求也严格,而且二者的空间距离不能太远。

(三) JMI 的局限性

(1) JMI 中供应商和零售商协作水平有限。

(2) JMI 对于企业间的信任要求较高。

(3) JMI 中的框架协议虽然是双方协定,但供应商处于主导地位,决策过程中缺乏足够的协商,难免造成失误。

(4) JMI 的实施减少了库存总费用,但在 JMI 系统中,库存费用、运输费用和意外损失(如物品毁坏)不是由用户承担,而是由供应商承担。由此可见,JMI 实际上是对传统库存控制策略进行"责任倒置"后的一种库存管理方法,这无疑加大了供应商的风险。

> **职业素养**
>
> 中国式现代化和民族复兴伟业,离不开粮食安全这一"国之大者",习近平总书记多次强调:"确保中国人的饭碗牢牢端在自己手中。"在习近平新时代中国特色社会主义思想的指引下,粮食流通领域实现突破性进展,取得历史性成就,粮食安全保障更有底气、更加可靠。仓储管理作为粮食流通的基础性工作,在守住管好"天下粮仓",特别是"好积粮"方面做出了积极贡献。

模块练习

一、单选题

1. ( ) 是仓储最基本的传统功能。
   A. 配送和加工 B. 信息传递
   C. 储存和保管 D. 调节货物运输能力

2. ( ) 是指仓储经营人以其拥有的仓储设施向社会提供仓储服务。
   A. 公共仓储 B. 营业仓储
   C. 自营仓储 D. 战略储备仓储

3. ( ) 是指在保管中有特殊要求和需要满足特殊条件的物品仓储。
   A. 特殊物品仓储 B. 普通物品仓储
   C. 战略储备仓储 D. 营业仓储

4. ( ) 是指将仓库位置选在最终用户和制造商之间的中点位置。
   A. 制造定位策略 B. 市场定位策略
   C. 供需定位策略 D. 中间定位策略

5．常用的自动化立体仓库高度在（　　）。
   A．7～25m　　　　B．25～30m　　　　C．30～35m　　　　D．35～40m

6．按入库的先后顺序，每间隔一小段时间盘点一定数量的存货，如此循环往复的盘点方法是（　　）。
   A．动态盘点法　　　　　　　　　　B．循环盘点法
   C．重点盘点法　　　　　　　　　　D．定期盘点法

7．哪类存货适合使用"双箱法"进行库存控制？（　　）
   A．A类库存　　　　B．B类库存　　　　C．C类库存　　　　D．D类库存

8．在定量订货法中，主要靠控制（　　）这两个参数来控制订货。
   A．安全库存与订货量　　　　　　　B．交货周期与安全库存
   C．订货点与安全库存　　　　　　　D．订货点与订货批量

二、判断题

1．无形资产可以作为仓储物。（　　）
2．仓库的高度、梁柱的位置不会影响仓库设备的选择。（　　）
3．凡进入仓库储存，必须经过检查验收，只有验收后的货物，方可入库保管。（　　）
4．在货物出库备料时应本着"先进后出，易霉易坏先出"的原则，根据领料数量下堆备料或整堆发料。（　　）
5．订货点就是订货的时刻，是一个时间。（　　）
6．定期订货法是按预先确定的订货间隔期进行订货，以实现总库存成本最低的最佳订货方式。（　　）
7．经济订货批量（EOQ），通过费用分析求得在库存总费用最小时的订购批量，用以解决独立需求物品的库存控制问题。（　　）
8．盘点前的准备工作很重要，对后续的工作开展非常有必要。（　　）

三、计算题

1．A公司以单价10元每年购入某种产品8 000件。每次订货费用为30元，资金年利息率为12%，单位维持库存费按所库存货物价值的18%计算，平均每天正常需用量是10件，预计日最大耗用量是12件。若每次订货的提前期为14天，试求经济生产批量、最低年总成本、年订购次数和订货点。

2．某仓库A商品订货周期18天，平均订货提前期3天，平均库存需求量为每天120箱，安全库存量360箱，另某次订货时在途到货量600箱，实际库存量1 500箱，待出库货物数量500箱，试计算该仓库A商品最高库存量和该次订货时的订货批量。

四、简答题

1．仓储的作用有哪些？
2．仓储的功能区域有哪些？
3．仓库内部布局要求有哪些？
4．定量订货法和定期订货法分别适用于哪类库存？
5．VMI和JMI有什么区别？

模块六　物流配送

知识目标：了解配送的概念和特点，掌握配送的构成要素和业务流程，掌握配送的类别和合理化相关知识，了解自动分拣系统的组成和分类，了解配送中心的概念，清楚配送中心的功能和作用，熟悉配送中心的类型。

能力目标：能够结合配送相关的业务知识制订配送中心的布局和选址方案。

素质目标：理解共同配送所体现的团队精神，理解自动分拣技术所体现的创新精神；培养协作共赢、锐意创新、吃苦耐劳的精神。

学习重点：配送的类型和配送合理化，配送中心的功能和作用，以及配送中心的布局和选址。

学习难点：配送中心的布局和选址。

模块导入

华润万家是华润集团旗下的优秀零售连锁企业，超市业务连续多年位居全国前列。

一家成功的零售连锁超市背后一定有一个高效的物流配送系统。华润万家超市物流配送系统每年能为华润万家超市业务节约极大的费用。因此，超市经营成功与否在很大程度上取决于配送系统运营绩效的高低。

华润万家超市物流配送系统的演进大体经历了三个阶段。起初阶段由多家批发商分别向各个超市送货；中间阶段改由一家批发商在一定区域范围内统一管理该区域内的同类供应商，然后向华润万家超市统一配货（集约化配送）；最后阶段，公司在总结批发商配送的经验后，自己建立了高效的物流配送体系。

近年来，华润万家聚焦智慧物流、绿色物流，以将凤岗配送中心建设成为国内实体零售行业自动化程度最高的配送中心为目标，依托先进物流技术和大数据管理，通过智慧物流园的低碳化、数字化、智能化探索，助力企业高质量发展、赋能智慧城市升级。作为华润万家的现代化物流平台，凤岗配送中心主要负责广东、广西、湖南、四川及重庆等八省一市的配送业务，同时兼顾全国统配仓功能，可满足200家大卖场及1 000家小业态的配送需求，实现日配送能力超30万箱，存储能力250万箱，年吞吐量可达14 000万箱以上，实现年吞吐额260亿元。配送业务在华润万家超市的发展道路上正在扮演越来越重要的角色。

思考：华润万家是如何实现为零售连锁门店提供高效、高质量配送服务的？

项目一 现代物流配送

一、配送的概念及特点

（一）配送的概念

配送（distribution）起源于"送物上门"。《物流术语》（GB/T 18354—2021）中对配送的定义是：根据客户要求，对物品进行分类、拣选、集货、包装、组配等作业，并按时送达指定地点的物流活动。

配送不同于一般的送货和运输，而是"配"和"送"的有机结合，"配"是对货物进行集中、分拣和组配等，"送"是以各种方式将货物送达指定地点或用户手中。配送中所包含的那一部分运输活动在整体输送过程中处于"二次运输""支线运输""末端运输"的位置，其起止点是物流据点至客户。运输、配送、送货的区别见表6-1。

表6-1 运输、配送、送货的区别

项目	主要业务	一般特点
运输	集货、送货、运输方式和运载工具选择、运输路线和行程确定、车辆调度	干线、中长距离、少品种、大批量、少批次、长周期的货物移动
配送	进货、储存、分货、配货、送货、运输方式和运载工具选择、运输路线规划、行程确定、车辆调度	支线、接近客户的那一段流通领域、短距离、多品种、小批量、多批次、短周期的货物移动
送货	一般意义上的货物递送，通常由供应商承担	简单的货物递送活动、技术装备简单、是被动的

（二）配送的特点

1. 满足客户对物流服务的需求是配送的前提

在买方市场条件下，客户的需求是灵活多变的，消费特点是多品种、小批量的，因此从这个意义上说，配送活动绝不是简单的送货活动，而应该是建立在市场营销策划基础上的企业经营活动。配送是从客户利益出发，按客户要求进行的一种活动，体现了配送服务性的特点。配送的时间、数量、品种规格都必须按客户要求进行，以客户满意为最高目标。

2. 配送是一种末端物流活动

配送的对象是零售商或客户（包括单位客户、消费者），故配送处于供应链的末端，是一种末端物流活动。

3. 配送是"配"与"送"的有机结合

所谓"合理地配"，是指在送货活动之前必须依据客户需求对其进行合理的组织与计划。只有"有组织有计划"地"配"，才能实现现代物流管理中所谓的"低成本、快速度"地"送"，进而有效地满足客户的需求。

4. 配送是在合理区域范围内的送货

配送不宜在大范围内实施，通常仅局限在一个城市或地区范围内进行。

5. 配送是物流活动和商流活动的结合

良好的配送活动有利于物流运动实现合理化；完善运输和整个物流系统；提高末端物流的效益；通过集中库存使企业实现低库存或零库存；简化事务，方便客户；提高供应保证程度；为电子商务的发展提供基础和支持。

二、配送的构成要素与业务流程

（一）配送的构成要素

配送活动主要由备货、储存、订单处理、分拣及配货、配装、配送加工、配送运输、送达服务几个基本构成要素组成，其具体工作内容如下。

1. 备货

备货是配送的准备工作或基础性工作。不管配送活动是在配送中心进行，还是在仓库、商店、工厂等物流据点进行，配送的前置第一道作业环节就是备货，它完成的是配送的集货功能。如果没有备货，就不能筹措配送所需货品，配送就成了无源之水。特别在配送中心，备货环节是必不可少的作业环节。在生产企业的销售配送中，备货工作一般由企业的供销部门或企业的配销中心负责，供应配送一般由采购部门完成。在专业的社会物流配送企业则由配送中心完成备货职能。由于配送组织主体与运行方式不同，配送备货工作内容就不一样。一般备货工作包括客户需求测定、筹集货源、订货或购货、集货、进货及有关的质量检查、结算、交接等。配送的优势之一，就是可以集中客户的需求进行一定规模的备货。备货是配送的基础环节，同时，它也是决定配送效益高低的关键环节。如果备货不及时或不合理，成本较高，那么就会大大降低配送的整体效益。

2. 储存

配送储存是按一定时期的配送经营要求形成的对配送的资源保证。储存有储备及暂存两种形态。储备是按照一定时期配送活动要求，根据货源的到货情况有计划地确定的，它是使配送持续运作的货源保证。它的特点是储备数量较大，储备结构比较完善，视货源及到货情况，灵活地确定储备结构及储备数量。配送的储备保证有时在配送中心附近单独设库解决。暂存是指在具体执行配送时，按分拣、配货要求，在理货场地所做的少量存储准备。由于总体储存效益取决于储存总量，所以，这部分暂存数量只会对工作方便与否造成影响，而不会影响存储的总效益，因而在数量上控制并不严格。这种形式的储存是为了适应"日配""即时配送"需要而设置的。还有一种形式的暂存，即分拣、配货之后，形成的发送货载的暂存，这个暂存主要是调节配货与送货的节奏，暂存时间不长。

3. 订单处理

订单处理是指配送企业从接受客户订货或配送要求开始到货物发运交客户为止，整个配送作业过程中，有关订单信息的工作处理。订单处理具体包括接受客户订货或配送要求，审查订货单证，核对库存情况，下达货物分拣、配组、输送指令，填制发货单证，登记账簿，回应或通知客户，办理结算，退货处理等一系列与订单密切相关的工作活动。

4. 分拣及配货

分拣及配货是配送不同于其他物流形式及特点的功能要素，是关系到配送是否成功的重要工作。由于每个客户对商品的品种、规格、型号、数量、质量、送达时间和地点等的要求不同，配送中心就必须按客户的要求对商品进行分拣及配货，因而配送中心必须具备现代化的物流技术装备和高水平的理货、备货能力。分拣及配货是送货向配送发展的必然要求，是不同配送企业进行竞争和提高自身经济效益的必然延伸。所以说，分拣及配货是决定整个配送系统水平的关键要素。

5. 配装

当单个客户配送数量不能达到运输车辆的有效载运负荷时，就存在如何集中不同客户的不同配送货物，进行搭配装载以及充分利用运能、运力的问题，这时就需要配装。通过这项工作，可以大大提高送货水平，降低送货成本，所以，配装也是配送系统中有现代特点的功能之一，是现代配送不同于以往送货的重要区别之处。

6. 配送加工

配送加工是流通加工的一种，为了满足客户对物资不同形态的要求，充分利用资源，提高配送中心的经济效益，根据客户要求，在配送中心对物资进行必要的分等、分割、包装等加工。在配送中，这一功能不具有普遍性，但往往具有重要的作用。它可以提高配送的服务质量，降低配送成本，提高配送加工的经济效益。配送加工是流通加工的一种，但配送加工有其不同于一般流通加工的特点，即配送加工一般只取决于客户要求，其加工的目的较为单一。

7. 配送运输

配送运输属于运输中的末端运输、支线运输。它和一般运输的主要区别在于：运输距离较短、规模较小、频度较高，一般使用汽车作为交通工具。此外，其与干线运输的另一个区别是配送运输的路线选择问题也是一般干线运输所没有的。干线运输的干线是唯一的运输线，而配送运输由于配送客户多，地点分散，一般城市交通路线又较复杂，如何组合成最佳路线，如何使配装和路线有效搭配，是配送运输的特点，也是难度较大的工作。配送运输管理的重点是合理做好配送车辆的调度。对于较为复杂的配送运输需要用数学模型规划整合以便取得较好的运输效果。

8. 送达服务

配好的货运到客户还不算配送工作的终结，这是因为货物送达后，与客户交接货物往往还会出现不协调，使配送前功尽弃，如客户认为所送的货物与要求的货物存在差异等。因此，要圆满地实现货物的移交，并有效、方便地处理相关手续并完成结算，必须提高配送管理水平，严格执行订单有关要求。同时，还应讲究卸货地点、卸货方式等送达服务工作。送达服务也是配送独具的特色。

（二）配送的业务流程

配送由备货（集货）、理货和送货三个基本环节组成。备货是配送业务的基础环节，涉及准备和筹集货物等操作性活动。理货是按照客户需要，对货物进行分拣、配货、包装等一系列操作性活动。送货是配送业务的核心，

配送构成要素和业务流程

也是备货和理货工序的延伸。

配送业务的组织一般是按照构成要素展开的，其基本流程如图6-1所示。

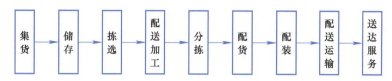

图6-1 配送业务基本流程

具体到不同类型、不同功能的配送中心或节点的配送活动，其流程可能有些不同。不同的商品，由于其特性不同，其配送流程也会有所区别。例如，食品类商品由于种类繁多，形状、特性不同，保质、保鲜要求也不一样，所以通常有不同的配送流程（如图6-2所示）。

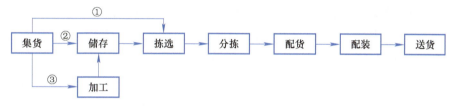

图6-2 食品类商品的三种配送流程

第一类商品由于保质期短，保鲜要求高，如海鲜、鱼、肉类制品等，集货后不经过储存立即分拣配货、配装后送达客户。

第二类商品保质期较长，如矿泉水、方便食品等，可以在集货后经过储存保管，再按客户订单要求组织配送。

第三类商品在集货后，需要按客户的要求按商品特性经过配送加工后再组织配送，如速冻食品、大包装进货食品等。

三、配送的类别

在不同的市场环境下，为适应不同的生产需要和消费需要，配送是以不同的形式进行的，从而表现出不同的形态。

（一）按物流节点差异进行分类

1. 配送中心配送

这类配送的主体是专门从事配送业务的配送中心，配送中心专业性强，和客户有较稳定的配送关系，一般实行计划配送，很少超越自己的经营范围，需配送的商品通常有一定的库存量。配送中心的设施及工艺流程是根据配送需要专门设计的，所以配送能力强、配送品种多、配送数量大，可以承担企业主要物资的配送及实行补充性配送等。在实施配送较为普遍的国家，配送中心配送是配送的主要形式，不但在数量上占主要部分，而且是某些小配送单位的总据点，因而发展较快。

配送中心配送是一种大规模的配送形式，覆盖面宽，必须有配套的实施大规模配送的设施，如配送中心建筑、车辆、路线等，一旦建成就很难改变，灵活机动性较差、投资较高，因此，这种配送形式有一定的局限性。

2. 仓库配送

这类配送的主体是仓库，即以仓库为节点进行的配送，是传统仓库职能的扩大化。一般情况下，仓库配送是利用仓库原有的设备、设施（如装卸、搬运工具，库房，场地等）开展业务活动。由于传统仓库的设施和设备不是按照配送活动的要求专门设计和配置的，所以在利用原有设施和设备时，必须对它进行技术改造。仓库配送形式有利于挖掘传统仓库的潜力，所花费的投资不大，因而是发展配送起步阶段可选择的形式。

3. 商店配送

这类配送的主体是商业或物资的经营网点（商店），这些商店承担零售业务，规模一般不大，但经营品种比较齐全。除日常经营的零售业务外，他们还可以根据客户的要求将商店经营的品种配齐，或代客户外订、外购部分本商店平时不经营的商品，与商店经营的品种一起配齐送给客户。由于商业零售网点的数量较多，配送距离较短，所以比较机动灵活，可承担生产企业非主要生产物资的配送以及对客户个人的配送。

4. 生产企业配送

这类配送的主体是生产企业，是以生产企业成品库为据点开展的配送活动。这些企业可以直接从本企业开始进行配送，而不需要将产品发运到配送中心进行配送。由于具有直接、避免中转的特点，节省了物流费用，故有一定的优势。但这种配送形式适用范围有限：需要量比较大的产品，而且品种、规格和质量等要求相对稳定的条件下可运用此类配送。此外，一些地方性较强的生产企业应用较多，比如就地生产就地消费的食品、饮料、百货等；在生产资料方面，某些不适于中转的化工产品及地方建材也常常采用这种配送方式。

（二）按配送对象的种类和数量分类

1. 少品种、大批量配送

一般来讲，客户需要量较大的商品，单独一个品种或几个品种就可以达到较大运输量，实行整车运输。这种情况下往往不再需要与其他商品搭配，可由专业性很强的配送组织进行大批量配送。这样的配送活动即为少品种、大批量配送，比如"工业配煤"就属于此类配送。

2. 多品种、小批量配送

在现代社会，生产消费和市场需求纷繁复杂，不同的消费者其需求状况差别很大。有些生产企业的产品所消耗的物资除了需要少数几种主要物资外，绝大多数属于次要物资，品种数量多，单品种需要量不大，若采取直接配送客户或大批量配送方式，必然造成客户库存负担增大等问题。此外，零售商店补充一般生活消费品的配送中，也要求多品种、少批量的配送。因此，相应的配送体系要按照客户的要求，将所需要的各种物资选好、配齐，少量而多次地运达客户指定的地点。这种配送作业难度较大，技术要求高，使用的设备复杂，因而操作时要求有严格的管理制度和周密的计划进行协调。

配送的特殊作用主要反映在多品种、小批量的配送中，因此，这种配送方式在所有配送方式中是一种高水平、高技术的方式。同时，这种配送方式符合现代社会中的"消费多样化""需求多样化"等新观念，是许多发达国家推崇的配送方式。

3. 配套、成套配送

这种配送方式是指按照企业的生产需要，尤其是装配型企业的生产需要，依照企业的生产计划，将各种零配件、部件、成套设备定时送达企业，生产企业随即可将这些成套的零部件送入生产线以装配出产品。在这种配送方式中，配送组织承担了生产企业大部分的生产供应工作，使生产企业专注于生产，与多品种、小批量配送效果相似。

（三）按时间和数量差别分类

按照配送时间及数量的不同，可以把配送分为以下五种形式：

1. 定时配送

这种配送方式是根据与客户签订的配送协议，按规定的时间间隔进行配送。在物流实践中，定时配送的时间间隔长短不等，短的数小时配送一次，长的可达数天一次。每次配送的品种及数量可按计划进行，也可在配送之前用已商定的联络方式进行通知。这种配送方式时间固定，对配送组织而言，便于安排工作计划，便于计划使用设备；对客户而言，易于安排接运人员和接运作业。但是，由于允许客户临时调整配送的品种及数量，在品种、数量变化较大的情况下，也会给配送作业带来一定的困难，如配货、装货难度大，运力安排出现困难。目前，在一些国家，定时配送有两种表现形式，一种是日配，一种是看板配送。

（1）日配。这是定时配送中广泛实行的一种方式，尤其是对城市内的配送，日配居多。日配的时间要求大体是：上午的配送订货下午送达，下午的配送订货第二天早上送达，即实现送达时间在订货的24h之内；或者是客户下午的需要保证次日上午送达，上午的需要保证前一天下午送达，即实现在实际投入使用前24h之内送达。对企业来说，日配方式广泛而稳定地开展，就可以使客户基本无须保持库存，以日配方式代替传统库存方式，满足生产或销售经营的需要。

日配送方式较适合于以下几种情况：新鲜食品配送，如蔬菜、水果、肉类、蛋类、点心等；小型商店（超市）配送，快进快售，实现快速周转；由于条件所限，不能保持较长时期库存的客户的配送，如采用"零库存"方式的生产企业、位于黄金地段的商店以及缺乏储存设施的客户。

（2）看板配送。这是使物资供应与产品生产同步运转的一种方式。看板配送要求配送企业根据生产节奏和生产程序准时将货物运送到生产场地。这种配送方式比日配方式和其他定时配送方式更为精细、准确，每天至少配送一次，以保证企业生产的不间断。采用这种配送方式配送的货物无须入库，直接运往生产场地，供货时间恰好是客户生产所用之时。与日配方式比较，看板配送连货物"暂存"也可取消，可以绝对地实现"零库存"。

看板配送作业要求有较高的物流系统和各种先进的物流设备来支撑，要求反应迅速，因而对多个客户进行周密的共同配送计划是不大可能的，即使时间要求不那么精确，也难以集中多个客户的需求进行共同配送。重复大量生产的装配型企业所需配送的物资是重复、大量而且稳定的，因而往往是一对一的配送，比较适合这种配送方式。

2. 定量配送

这种配送方式按规定的批量在一个指定的时间范围内进行配送。这种配送方式计划性强，每次配送的品种及数量固定，因此备货工作较简单，可以按托盘、集装箱及车辆的装载能力规定配送的定量，配送效率较高，成本较低。由于时间限定不严格，可以将不同客户所需商品凑足整车后配送，提高车辆利用率。对客户来讲，每次接货都处理同等数量的货物，有利于人力、物力的准备。

3. 定时定量配送

这种配送方式按规定的配送时间和配送数量进行配送。这种方式兼有定时、定量两种方式的特点，但特殊性强、计划难度大，对配送组织的要求比较严格，需要配送组织有较强的计划性和准确度。所以适合采用的对象不多，相对来说，该配送方式比较适用于生产和销售稳定、产品批量较大的生产制造型企业和大型连锁商场的部分商品的配送以及配送中心采用。

4. 定时定路线配送

这种配送方式是指通过对客户的分布状况进行分析，设计出合理的运输路线，再根据运输路线安排到达站的时刻表，按照时刻表沿着规定的运输路线进行配送。这种配送方式有利于配送组织计划、安排运力，适用在配送客户较多的地区。

5. 即时配送

即时配送是根据客户提出的时间要求和供货数量、品种及时进行配送的形式，是一种灵活性很高的应急配送方式。这种配送方式对配送组织的要求比较高，通常只有配送系统完善、具有较高的组织能力和应变能力的专业化的配送中心才能开展这一业务。和看板配送一样，即时配送可以实现保险储备的"零库存"，即从理论上讲，可以用即时配送代替保险储备，但在实践中，要注意因经常采用即时配送所带来的额外成本上升问题。

（四）按配送组织形式不同分类

1. 集中配送

集中配送就是由专门从事配送业务的配送中心对多个客户开展配送业务。集中配送的品种多、数量大，一次可同时对同一线路的几家客户进行配送，其配送的经济效益明显提升，是配送的主要形式。

2. 共同配送

共同配送是指几个配送中心联合起来，共同制订计划，共同对某一地区客户进行配送，具体执行时共同使用配送车辆。

3. 分散配送

分散配送是由商业零售网点对小量、零星商品或临时需要的商品进行的配送业务。这种配送方式适用于近距离、多品种、少批量的商品的配送。

4. 加工配送

加工配送是指在仓库或配送中心对货物进行必要的加工。这种方式将流通加工和配送一体化，使加工更有计划性，配送服务更趋完善。图6-3为某公司的啤酒装瓶加工配送示意图。

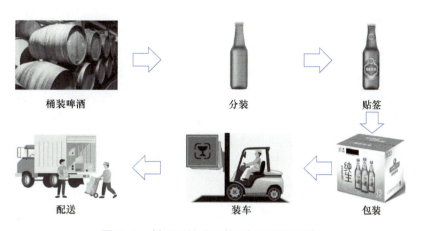

图 6-3　某公司的啤酒装瓶加工配送示意

(五) 按经营形式不同分类

1. 销售配送

这种配送方式是指配送组织是销售型企业，或者是指销售型企业作为营销战略所进行的促销型配送。用配送方式进行销售是扩大销售量、扩大市场占有率，从而获取更多利润的重要方式，由于是在送货服务前提下进行的活动，所以也容易受到客户的欢迎。各种类型的商店配送多属于销售配送。

2. 供应配送

这种配送方式是指企业为了自己的供应需要所采取的配送，是由企业或企业集团组建配送据点，集中组织大批量进货，以便取得批量优惠，然后向本企业配送或本企业集团下属若干企业配送。用这种配送方式进行供应，可以保证供应水平，提高供应能力，降低供应成本。尤其是大型企业或企业集团或联合公司，由于一次配送量大，可以取得更多的优惠，因此更宜采用这种配送方式，例如，商业模式中广泛采用的连锁商店就常常采用这种配送方式。

3. 销售—供应一体化配送

这种配送方式是指对于基本固定的客户和基本确定的配送产品，企业可以在自己销售的同时，承担客户有计划的供应活动，既是销售者同时又成为客户的供应代理人。这样，某些客户就可以减少自己的供应机构，而委托销售者代理。采用这种配送方式，对销售者来说，可以获得稳定的客户和销售渠道，扩大销售量，有利于自身的持续稳定发展；对客户来讲，能够获得稳定的供应，而且可以大大节约本身为组织供应所耗用的人力、物力以及财力。

4. 代存代供配送

这种配送方式是指客户将属于自己的货物委托给配送组织代存、代供，有时还委托代订，然后组织配送。这种配送在实施时不发生商品所有权的转移，配送组织只是客户的委托代理人，商品所有权在配送前后都属客户所有，所发生的仅仅是商品物理位置的转移。配送组织依靠提供代存、代供服务而获取收益，但不能获得商品销售的经营性收益。在这种配送方式下，商物是分流的。

（六）按加工程度不同分类

1. 加工配送

加工配送是指与流通加工相结合的配送，在配送据点设置流通加工环节，或者是流通加工中心与配送中心建在一起。当社会上现成的产品不能满足客户的需要，或者是客户根据本身的工艺要求，需要使用经过初步加工的产品时，可以在加工后通过分拣、配货再送货到户。通过加工配送，流通加工与配送相结合，减少了流通加工的盲目性。如此，配送组织不仅可以通过销售经营、送货服务赚取收益，还可以通过加工增值取得收益。

2. 集疏配送

集疏配送是指不需要经过流通加工，而与干线运输相配合的一种配送方式。如大批量进货后的小批量、多批次发货，零星集货后以一定批量送货等。

四、配送合理化

（一）配送合理化的判断标志

配送合理化与否是配送决策系统的重要内容。配送合理化具体的判断指标主要有7个。

1. 库存标志

库存是判断配送合理与否的重要标志。具体指标有以下两个方面：

（1）库存总量。库存总量在一个配送系统中，从分散于各个客户转移给配送中心，配送中心库存数量加上各客户在实行配送后库存量之和应低于实行配送前各客户库存量之和。

此外，从各个客户角度判断，各客户在实行配送前后的库存量比较，也是判断合理与否的标准，某个客户上升而总量下降，也属于一种不合理。

（2）库存周转。由于配送企业的调剂作用，以低库存保持高的供应能力，库存周转一般总是快于原来各企业的库存周转。此外，从各个客户角度进行判断，各客户在实行配送前后的库存周转比较，也是判断配送合理与否的标志。

为取得共同的比较基准，以上库存标志，都以库存储备资金计算，而不以实际物资数量计算。

2. 资金标志

总的来讲，实行配送应有利于资金占用降低及资金运用的科学化。具体判断标志如下：

（1）资金总量。用于资源筹措所占用流动资金总量，随储备总量的下降及供应方式的改变必然有一个较大的降低。

（2）资金周转。从资金运用来讲，由于整个节奏加快，资金充分发挥作用，同样数量的资金过去需要较长时期才能满足一定供应要求，配送之后，在较短时期内就能达此目的。所以，资金周转是否加快，是衡量配送合理与否的标志。

（3）资金投向的改变。资金分散投入还是集中投入，是资金调控能力强弱的重要反映。实行配送后，资金必然应当从分散投入改为集中投入，以增加调控作用。

3. 成本和效益标志

总效益、宏观效益、微观效益、资源筹措成本都是判断配送合理化的重要标志。对于不同的配送方式，可以有不同的判断侧重点。例如，配送企业、客户都是各自独立的以利润为中心的企业，不但要看配送的总效益，同时还要看对社会的宏观效益和两个企业各自的微观效益，不顾及任何一方，都是不合理的。如果配送是由客户集团自己组织的，配送主要强调保证能力和服务性，效益主要从总效益、宏观效益和集团企业的微观效益来判断，而不必过多估计配送企业的微观效益。

4. 供应保证标志

实行配送，各客户可能要承担的风险是供应保证程度降低。提高而不是降低对客户的供应保证能力，才算做到了合理。而供应保证能力可以从缺货次数、配送企业集中库存量和即时配送的能力及速度三个方面进行判断。

但是特别需要强调一点，配送企业的供应保障能力，是一个科学的、合理的概念，而不是无限的概念。具体来讲，如果供应保障能力过高，超过了实际的需要，属于不合理。所以追求供应保障能力的合理化也是有限度的。

5. 社会运力节约标志

末端运输是目前运能、运力使用不合理、浪费较大的领域，因而人们寄希望于配送来解决这个问题，这也成了配送合理化的重要标志。

运力使用的合理化是依靠送货运力的规划和整个配送系统的合理流程及与社会运输系统合理衔接实现的。送货运力的合理化规划是任何配送中心都需要花力气解决的问题。

6. 客户企业仓库、供应、进货人力物力节约标志

配送的重要观念是以配送代劳客户，因此，实行配送后，各客户的库存量、仓库面积、仓库管理人员减少为合理，用于订货、接货、供应的人员减少为合理。真正解除了客户的后顾之忧，配送的合理化程度才可以说是达到了一个高水平。

7. 物流合理化标志

物流合理化的问题是配送需要解决的大问题，也是衡量配送本身的重要标志，配送必须要有利于物流合理，一般可以从以下几方面判断：是否降低了物流费用、是否减少了物流损失、是否加快了物流速度、是否发挥了各种物流方式的最优效果、是否有效衔接了干线运输和末端运输、是否增加实际的物流中转次数、是否采用了先进的技术手段等。

（二）不合理配送的表现形式

不合理配送是指在现有条件下可以达到的配送水平而未达到，从而造成资源浪费、成本上升、服务水平降低的现象。不合理配送的表现形式主要有6种。

1. 资源筹措的不合理

配送是利用较大批量筹措资源，通过筹措资源的规模效益来降低资源筹措成本，使配送资源筹措成本低于客户自己筹措资源的成本，从而取得优势。如果不是集中多个客户的需要进行批量筹措资源，而仅仅是为某一两个客户代购代筹，对客户来讲，不但不能降低资源筹措费用，相反却要多支付一笔配送企业的代筹代办费，因而是不合理的。

资源筹措不合理还有其他表现形式，如配送量计划不准、资源筹措过多或过少、在资源筹措时不考虑建立与资源供应者之间长期稳定的供需关系等。

2. 库存决策不合理

配送应使集中后库存总量低于各客户分散库存总量,从而大大节约社会财富,同时降低客户实际平均库存负担。因此,配送企业必须依靠科学管理来实现一个低总量的库存,否则就会出现单是库存转移,而未解决库存降低的不合理现象。

配送企业库存决策不合理还表现在储存量不足,不能保证随机需求,失去了应有的市场。

3. 价格不合理

总的来讲,配送的价格应低于不实行配送时客户自己进货价格加上自己提货、运输、进货的成本总和,这样才会使客户有利可图。有时候,由于配送有较高服务水平,价格稍高,客户也是可以接受的,但这不能是普遍的原则。如果配送价格普遍高于客户自己的进货价格,损伤了客户利益,就是一种不合理表现。价格制定过低,使配送企业处于无利或亏损状态,会损伤销售者利益,也是不合理的。

4. 配送与直达的决策不合理

一般的配送总是增加的环节,但是这个环节的增加,可降低客户平均库存水平,不但抵消了增加环节的支出,而且还能取得剩余效益。但是如果客户使用批量大,可以直接通过社会物流系统均衡批量进货,相较于通过配送中转送货,可能更节约费用,所以,在这种情况下,不直接进货而通过配送,就属于不合理范畴。

5. 送货中不合理运输

配送与客户自提比较,尤其对于多个小客户来讲,可以集中配装,一车送几家,这比一家一户自提,可大大节省运力和运费。如果不能利用这一优势,仍然是一户一送,车辆达不到满载(即时配送过多过频时会出现这种情况),则属于不合理。

此外,不合理运输若干表现形式,在配送中都可能出现,会使配送变得不合理。

6. 经营观念的不合理

在配送实施中,有许多经营观念不合理,使配送优势无从发挥,反而损坏了配送的形象。这是在开展配送时尤其需要注意克服的不合理现象。例如,配送企业利用配送手段,向客户转嫁资金、库存困难。在库存过大时,强迫客户接货,以缓解自己的库存压力;在资金紧张时,长期占用客户资金;在资源紧张时,将客户委托资源挪作他用获利等。

(三)配送合理化的方法

1. 推行一定综合程度的专业化配送

采用专业设备、设施及操作程序,取得较好的配送效果。需要注意的是,我们并不是要配送过分综合化,而是要在降低综合配送的复杂程度及难度的基础上,追求配送合理化。

2. 推行加工配送

通过加工和配送结合,充分利用本来应有的中转而不增加新的中转,求得配送合理化;同时,加工借助于配送,加工目的更明确,和客户联系更紧密,避免了盲目性。

这两者有机结合,可在投入不增加太多时追求两个优势、两个效益,是配送合理化的重要经验。

3. 推行共同配送

通过共同配送，可以以最近的路程、最低的配送成本完成配送，从而追求合理化。

4. 实行送取结合

配送企业与客户建立稳定、密切的协作关系。配送企业不仅成了客户的供应代理人，而且承担客户储存据点的任务，甚至成为产品代销人。在配送时，将客户所需的物料送到，再将该客户生产的产品用同一车运回，这种产品也成了配送中心的配送产品之一，或者作为代存代储，免去了生产企业库存包袱。送取结合使运力得以充分利用，也使配送企业功能有更大的发挥。

5. 推行准时配送系统

准时配送是配送合理化的重要内容。配送做到了准时，客户对资源才有把握，可以放心地实施低库存或零库存，可以有效地安排接货的人力、物力，以追求更高的工作效率。另外，保证供应能力，也取决于准时供应。准时配送系统是现在许多配送企业追求配送合理化的重要手段。

6. 推行即时配送

即时配送是最终解决客户企业担心断供之忧及大幅度提高供应保证能力的重要手段。即时配送是配送企业快速反应能力的具体化，是配送企业能力的体现。

即时配送成本较高，但它是整个配送合理化的重要保证手段。此外，即时配送也是客户实行零库存的重要保证手段。

7. 优化配送路线

采用科学的、合理的方法来确定配送路线，是配送活动中非常重要的一项工作。

（1）确定配送线路规划的目标。配送线路规划的目标可以有多种选择，如以成本最低为目标，以路程最短为目标，以吨公里数最小为目标，以准确性最高为目标，以运力利用最合理为目标，以劳动消耗最低为目标等。

（2）配送线路选择的制约条件。配送线路的选择一般要结合数学及计算机求解来制订合理的配送方案。确定配送线路的方法较多，有综合评价法、线性规划法、网络图法和节约里程法等。但不管采用何种方法都必须满足以下制约条件：①满足所有收货人对商品品种、规格、数量的要求；②满足收货人对商品送达时间范围的要求；③在配送中心现有运力允许的范围内；④各配送路线的商品量不得超过车辆容积和载重量的限制；⑤在允许通行的时间段内进行配送。

8. 推行配送中心的现代化管理

在配送的商品种类多、客户数量多、分布面广的情况下，只有推行现代化管理才能做到配送合理化。首先，信息管理计算机化。运用计算机、软件和网络，使信息处理快捷、准确。其次，商品分拣自动化。通常配送中心内部工作量最大的一项工作就是商品分拣作业。为了提高商品分拣的效率，配送中心参照邮局分拣信件自动化的经验，大都配置自动化分拣系统。自动分拣系统一般包括输入系统、分拣信号设定装置、分拣传输装置。最后，储存立体化。鉴于配送中心的商品种类多、面积有限，为了增加单位面积的利用率，通常建议使用高层货架储存，以巷道堆垛起重机（简称巷道机）存取货物，并通过周围的装卸运输设备，自动进行出入库作业。

五、现代物流配送的发展趋势

配送由一般送货形态发展而来，通过现代物流技术的应用来实现商品的集货、储存、分拣和输送。因此，配送过程集成了多种现代物流技术。建立现代化的高效率配送系统，必须以信息技术和自动化技术等先进技术为手段，以良好的交通设施为基础，不断优化配送方式，而配送现代化又必然推动物流新技术的应用和开发，促进科学技术的不断进步。

1. 现代配送的共同化、集约化发展趋势

共同配送的实质就是在同一个地区，许多企业在物流运作中相互配合、联合运作，共同进行理货、送货等活动的一种组织形式。配送的集约化、共同化突破了单个企业的个别化配送模式，出现了整个产业、整个行业的组团式配送活动或配送企业。这对于克服不同企业间的重复配送或交错配送，提高车辆使用效率，减少城市交通拥挤和环境污染，都带来了良好的社会效益和经济效益。共同配送的主要方式有：成批集货方式、对百货店和批发商采取的共同交货方式、中小运输企业的共同配送等。

2. 现代配送的区域化趋势

配送的区域突破了一个城市的范围，发展为区间、省间甚至是跨国、跨洲的更大区域范围的配送，即配送范围向周边地区、全国乃至全世界辐射。配送区域化将进一步带动国际物流，使配送业务向国际化方向发展。

3. 现代配送的产地直送化趋势

配送产地直送化将有效地缩短流通渠道，优化物流过程，大幅度降低物流成本。特别是对于批量大、需求量稳定的货物，产地直送的优势将更加明显。

4. 现代配送的信息化趋势

配送信息化就是直接利用计算机网络技术重新构筑配送系统。例如，建立电子数据交换（EDI）系统，快速、准确、高效地传递、加工和处理大量的配送信息；利用计算机技术，建立计算机辅助进货系统、辅助配货系统、辅助分拣系统、辅助调度系统、辅助选址系统等。信息化是其他先进物流技术在配送领域应用的基础。

5. 现代配送的自动化、机械化趋势

配送作业的自动化与机械化突破了体力劳动和手工劳动的传统模式，出现了大量自动化程度相当高的无人立体仓库，采用了如自动装卸机、自动分拣机、无人取货系统和搬运系统等自动化物流设施，为高效、快速、优质的配送服务提供了技术基础。

项目二 自动分拣系统

自动分拣系统

分拣是指将一批相同或不相同的货物，按照不同的分类要求（如运送到

不同的零售店铺、不同的配送线路等）进行分类拣开、集中堆放、等待配装送货的作业过程。《物流术语》（GB/T 18354—2021）中对分拣的定义是："将物品按一定目的进行分类、拣选的相关作业。"邮政部门把信件、包裹按送达目的地（邮政编码）分开，集中在一起后再运送，是比较典型的分拣作业。

分拣按手段不同可以分为人工分拣、机械分拣和自动分拣。

人工分拣方式在传统的仓库中最为常见，分拣作业劳动强度大，分拣效率低。

机械分拣是以机械为主要输送工具，由人工进行分拣作业的方法。分拣作业人员只在附近几个货位进行分拣作业，传送带不停地运转，或分拣作业人员按指令将货物取出放在传送带上，或者放入传送带上的容器内。传送带运转到末端时把货物卸下来，放在货位上待装车发货。常见的分拣设备有链式输送机、辊式输送机、传送带等。这种作业方式投资不太大，但可以降低分拣作业人员的劳动强度，有效提高分拣效率。

自动分拣是货物从进入自动分拣系统开始到指定的分配位置为止，都是按照人们的指令靠自动分拣装置来完成的分拣。自动分拣的分拣效率最高，可以很大程度降低分拣作业人员的劳动强度，提高分拣的准确性。但是自动化分拣系统需要一次性投入较大资金，并且分拣系统对商品外包装要求也高。

一、自动分拣系统概述

自动分拣系统一般由控制装置、分类装置、输送装置及分拣道口组成。

控制装置的作用是识别、接收和处理分拣信号，根据分拣信号的要求指示分类装置，按商品品种、商品送达地点或货主的类别对商品进行自动分类。这些分拣需求可以通过不同方式，如条码扫描、色码扫描、键盘输入、重量检测、语音识别、高度检测及形状识别等，输入分拣控制系统。根据对这些分拣信号的判断，来决定某一种商品该进入哪一个分拣道口。

分类装置的作用是根据控制装置发出的分拣指示，当具有相同分拣信号的商品经过该装置时，该装置动作，改变其在输送装置上的运行方向，使其进入其他输送机或进入分拣道口。分类装置的种类很多，一般有推出式、浮出式、倾斜式和分支式几种，不同的装置对分拣货物的包装材料、包装重量、包装物底面的平滑程度等有不完全相同的要求。

输送装置的主要组成部分是传送带或输送机，其主要作用是使待分拣商品通过控制装置、分类装置，并且输送装置的两侧一般要连接若干分拣道口，使分好类的商品滑下主输送机（或主传送带），以便进行后续作业。

分拣道口是已分拣商品脱离主输送机（或主传送带）进入集货区域的通道，一般由钢带、皮带、滚筒等组成滑道，使商品从主输送装置滑向集货站台，在那里由工作人员将该道口的所有商品集中或是入库储存，或是组配装车并进行配送作业。

以上四部分装置通过计算机网络联结在一起，配合人工控制及相应的人工处理环节，构成一个完整的自动分拣系统。

二、自动分拣系统的特点及分类

（一）自动分拣系统的特点

在自动分拣系统中，分拣信号的输入方法大致有以下六种：键盘输入、声音和图像识别输入、条码和激光扫描器输入、光学文字读取装置（OCR）输入、主计算机输入、无线射频识别（RFID）输入。这样的输入方式能给分拣系统带来一些优点。同时因其要求使用者必须具备一定的技术和经济条件，在引进和建设自动分拣系统时也要综合考虑各方面的条件因素。自动分拣系统具有以下特点：

1. 能连续、大批量地分拣货物

由于采用大生产中使用的流水线自动作业方式，自动分拣系统不受气候、时间、人的体力等限制，可以连续运行，同时自动分拣系统单位时间分拣件数多。自动分拣系统的分拣能力是人工分拣系统分拣能力的数十倍以上，它可以连续运行 100h 以上，每小时可分拣 7 000 件包装商品。如用人工则每小时只能分拣 150 件左右，同时分拣人员也不能在这种劳动强度下连续工作 8h。

2. 分拣误差率极低

自动分拣系统的分拣误差率大小主要取决于所输入分拣信息的准确性大小，这又取决于分拣信息的输入机制，如果采用人工键盘或语音识别方式输入，则误差率在 3% 以上。如采用条码扫描输入，除非条码的印刷本身有差错，否则不会出错。因此，目前自动分拣系统主要采用条码技术来识别货物。

3. 分拣作业基本是无人化

建立自动分拣系统的目的之一就是减少人员的使用，减轻工人的劳动强度，提高人员的效率，因此自动分拣系统能最大限度地减少人员的使用，基本做到无人化。分拣作业本身并不需要使用人员，人员的使用仅局限于以下工作：①送货车辆抵达自动分拣线的进货端时，由人工接货；②由人工控制分拣系统的运行；③分拣线末端由人工将分拣出来的货物进行集载、装车；④自动分拣系统的经营、管理与维护。例如，美国一公司配送中心面积为 10 万 m^2 左右，每天可分拣近 40 万件商品，仅使用约 400 名员工，这其中部分人员都在从事上述①、③、④项工作，自动分拣线做到了无人化作业。

4. 一次性投资大

自动分拣系统本身需要建设短则 40～50m，长则 150～200m 的机械传输线，还有配套的机电一体化控制系统、计算机网络及通信系统等。这一系统不仅占地面积大（动辄 2 万 m^2 以上），而且一般自动分拣系统都建在自动主体仓库中。这就要建 3～4 层楼高的立体仓库，库内需要配备各种自动化的搬运设施，这丝毫不亚于建立一个现代化工厂所需要的硬件投资，这种巨额的先期投入要花 10～20 年才能收回，该系统大都由大型生产企业或大型专业物流公司投资，小企业通常无力进行此项投资。

5. 对商品外包装要求高

自动分拣机只适于分拣底部平坦且具有刚性的包装规则的商品。袋装商品、包装底部柔软且凹凸不平、包装容易变形、易破损、超长、超薄、超重、超高、不能倾覆的商品不能使用普通的自动分拣机进行分拣。为了使大部分商品都能用机械进行自动分拣，可以采取两条措施：一是推行标准化包装，使大部分商品的包装符合国家标准；二是根据所分拣大部分商品的统一包装特性定制特定的分拣机。但要让所有商品的供应商都执行国家的包装标准是很困难的，定制特定的分拣机又会使硬件成本上升，并且越是特别的其通用性就越差。因此，公司要根据经营商品的包装情况来确定是否建或建什么样的自动分拣系统。

(二)自动分拣系统的分类

1. 堆块式分拣系统

堆块式分拣机（如图6-4所示）由链板式输送机和具有独特形状的滑块在链板间左右滑动进行商品分拣的推块等组成。堆块式分拣系统由堆块式分拣机、供件机、分流机、信息采集系统、控制系统、网络系统等组成，可适应不同大小、重量、形状的各种不同商品；分拣时轻柔、准确；可向左右两侧分拣，占地空间小；分拣时所需商品间隙小，分拣能力高达18 000个/h；机身长，最长达110m，出口多。

图6-4 堆块式分拣系统

2. 交叉带式分拣系统

由主驱动带式输送机和载有小型带式输送机的台车（简称"小车"）连接在一起，当"小车"移动到规定的分拣位置时，转动皮带，完成把商品分拣送出的任务。因为主驱动带式输送机与"小车"上的带式输送机呈交叉状，故称交叉带式分拣机（如图6-5所示）。交叉带式分拣系统适宜于分拣各类小件商品，如食品、化妆品、衣物等；分拣出口多，可左右两侧分拣；分拣能力一般达6 000～7 700个/h。大型交叉带式分拣系统一般应用于机场行李分拣和安检系统。根据作业现场的具体情况可分为水平循环式和直行循环式。

图6-5 交叉带式分拣系统

3. 斜导轮式分拣机

当转动着的斜导轮在平行排列的主窄幅皮带间隙中浮上、下降时，就达到了商品的分拣目的。斜导轮式分拣机（如图6-6所示）对商品冲击力小，分拣轻柔；分拣快速准确；适应各类商品，如硬纸箱、塑料箱等平底面商品；分拣出口数量多。

图6-6 斜导轮式分拣机

4. 轨道台车式分拣机

被分拣的物品放置在沿轨道运行的小车托盘上，当到达分拣口时，台车托盘倾斜30度，物品被分拣到指定的目的地。轨道台车式分拣机（如图6-7所示）可三维立体布局，适应作业工程需要；可靠耐用，易维修保养；适用于大批量产品的分拣，如报纸捆、米袋等。

图6-7 轨道台车式分拣机

5. 摇臂式分拣机

被分拣的物品放置在钢带式或链板式输送机上，当到达分拣口时，摇臂转动，物品沿摇臂杆斜面滑到指定的目的地。摇臂式分拣机（如图6-8所示）结构简单，价格较低。

6. 垂直式拣选系统

垂直式拣选系统又称折板式垂直连续升降输送系统（如图6-9所示），是不同楼层间平面输送系统的连接装置。根据用途和结构的不同，可分为从某楼层分拣输送至某楼层；从某楼层分拣输送至不同的各楼层；从某楼层分拣输送至某楼层的不同出口方向。

图6-8 摇臂式分拣机

图6-9 垂直式分拣系统

项目三 配送中心

一、配送中心的概念

配送中心（Distribution Center，DC）是位于物流节点上，专门从事货物配送活动的经营组织或经营实体。《物流术语》（GB/T 18354—2021）中对配送中心的定义是："具有完善的配送基础设施和信息网络，可便捷地连接对外交通运输网络，并向末端客户提供短距离、小批量、多批次配送服务的专业化配送场所。"配送中心的核心任务就是将货物送到指定用户或客户手中。为了实现这一核心任务，配送中心还需要开展收集信息、订货、储存等一系列活动，基本集中了所有物流功能，因此，配送中心还有"小物流"之称。

配送中心是开展货物配送及其相关业务的场所,一个完整的配送中心其结构除了基本的硬件设施(包括货物场地、仓库和运输车辆)外,还必须具备保障配送中心各项业务活动有效开展的各种设备,以及现代化经营和管理所需的计算机硬件和软件。

作为物流运动枢纽的配送中心,要发挥其集中供货的作用,首先,必须采取各种方式(如零星集货、批量进货)去组织货源。其次,必须按照客户的要求及时分拣(分装)和配备各种货物。为了更好地满足客户的需要,提高配送水平,配送中心还必须有比较强的加工能力,以开展各种形式的流通加工。从这个意义上讲,配送中心实际上是集集货中心、分货中心和流通加工中心于一体的现代化物流基地,也是能够发挥多种功能作用的物流组织。

二、配送中心的功能和作用

(一)配送中心的功能

随着社会经济的不断发展,商品流通规模日益扩大,配送中心的数量也在不断地增加。从配送中心的形成和发展历程来看,配送中心基本上都是在仓储、批发等企业的基础上建设发展起来的,所以,配送中心具有存储、集散等传统的功能,并且在物流现代化的进程中,配送中心也在不断地强化拣货、加工、配送、信息处理等功能。因此,配送中心是一种多功能、集约化的物流节点。它把集货验货、储存保管、装卸搬运、分拣、流通加工、信息处理等有机结合起来,形成多功能集约化和全方位服务的供货枢纽。通过发挥配送中心的各项功能,配送中心大大压缩了企业的库存费用,降低了整个系统的物流成本,提高了企业的服务水平。作为一个多功能、集约化的配送中心,通常应具备以下功能。

1. 采购集货功能

配送中心从制造商或供应商那里采购大量的、品种齐全的货物,既包括生产资料的采购,又包括生活资料的采购;既包括服务于生产企业的采购,又包括服务于流通企业的采购。

采购不是单纯的购买行为,而是从市场预测开始,经过商品交易,直到采购的商品到达需求方的全部过程,其中包括了解需要,市场调查,市场预测,制订计划,确定采购方式,选择供应商,确定质量、价格、交货期、交货方式、包装运输方式,协商洽谈,签订协议,催交订货,质量检验,成本控制,结清货款,加强协作,广集货源等一系列工作环节。

无论是组织还是个人,要生存就要从其外部获取所需要的有形物品或无形服务,这就是采购。企业采购是指企业根据生产经营活动的需要,通过信息搜集、整理和评价,寻找、选择合适的供应商,并就价格和服务等相关条款进行谈判,达成协议,以确保需求得到满足的活动过程。

2. 储存功能

配送中心必须保持一定水平的货物储存量。一方面,如果低于合理的储存量水平,可能带来负面效应。另一方面,储存量水平与一般仓库储存量有诸多不同,如品种、花色、数量、要求等内容。因此,配送中心必须掌握或考虑其流动性很大这一特点,严格控制储存量水平。

为了满足市场需求的及时性和不确定性,配送中心需要具备储存功能。储存功能主要是保存商品的使用价值,减少商品的自然损耗,更重要的是还要保证生产企业连续不间断的生产和满足消费者的需求。利用配送中心的储存功能可以有效地组织货源,调节商品的生产与消费、进货与生产（消费）之间的时差。同时，为了顺利有序地完成向客户配送商品（或货物）的任务，更好地发挥保障生产和消费需要的作用，配送中心通常都建有现代化的仓储设施，如仓库、堆场等，储存一定量的商品，形成对配送的资源保证。

3. 分拣功能

由于配送中心面对广泛的客户且客户之间存在差异，因此，必须对所需货物进行规模性分离、拣选，从而筛选出所需货物。

在品种繁多的库存中，根据客户的订单，将不同品种、规格的商品，按照客户要求挑选出来并集中在一起，这就是分拣。作为物流节点的配送中心，其客户是为数众多的企业或零售商，这些客户彼此之间存在着很大的差别，它们不仅经营性质、产业性质不同，而且经营规模和管理水平也大不一样。面对这样一个复杂的客户群，为满足不同客户的不同需求，有效地组织配送活动，配送中心必须采取适当的方式对组织的货物进行分拣，然后按照配送计划组织配货和分装。分拣能力是配送中心实现按客户要求组织送货的基础，也是配送中心发挥其分拣中心作用的保证，因此，分拣功能是配送中心的重要功能。

4. 集散功能

在一个大的物流系统中，配送中心凭借其特殊的地位和拥有的各种先进设备、完善的物流管理信息系统，能够将分散于各个生产企业的产品集中在一起，通过分拣、配货、配装等环节向多家客户进行发送。同时，配送中心也可以把各个客户所需要的多种货物有效地组合在一起，形成经济、合理的批量，来实现高效率、低成本的商品流通。另外，配送中心在建设选址时也充分考虑了其集散功能，一般选择商品流通发达、交通较为便利的中心城市或地区，以便充分发挥配送中心作为货物或商品集散地的功能。配送中心集散功能如图 6-10 所示。

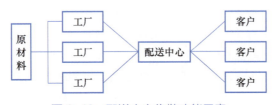

图 6-10 配送中心集散功能示意

5. 配送功能

配送中心根据客户的需要，将货物按时送到客户手中。配送的核心是"配"，既包含配货又包含配载。配送中心可以为同一客户配送多品种、少批量、多规格的货物，也可以一台车次为不同客户配送一种或多种货物。配送中心可以为商业经销、最终客户配送生活资料，也可以为生产厂商配送原材料、零部件。配送功能完善了运输、送货及整个物流系统，大大提高了物流的作用和经济效益。通过配送中心的集中库存，客户实现了低库存或零库存。

6. 配送加工功能

配送中心的加工可以扩大经营范围和提高配送服务水平，同时，还可以提高货物价值。

流通加工是物品从生产领域向消费领域流动过程中，为提高商品质量、促进其销售而对物品进行的简单加工和包装，商品从生产地到消费地往往要经过很多流通加工作业，在消费地附近需要将大批量运抵的商品进行细分、分割、计量、组装、小件包装、标签贴附和条码贴附等简单操作,这些都需要在配送中心内完成,这便构成了配送中心的一个新的功能——配送加工。通过配送加工,可以大大提高客户的满意程度。配送中心都很重视提升自己的配送加工能力,按照客户的要求开展一定加工可以使配送的效率和客户的满意程度提高。配送加工有别于一般的流通加工,它主要取决于客户的消费需求,销售型配送中心有时也根据市场需求来进行简单的配送加工。

7. 信息处理

在配送中心营运中,信息系统起着中枢神经的作用,对外与生产商、批发商及其他客户联网,对内向各子系统传递信息,把收货、储存、拣选、加工、配装及配送等活动联合起来协调一致。

配送中心的整个业务活动必须严格按照订货计划或通知、各客户订单、库存准备计划等内容进行有效操作,而这一过程本身就是信息处理过程,如果没有信息,配送中心就会死水一潭。信息处理具体表现在以下几个方面:

(1) 接受订货。接受客户订货要求,经综合处理后,确定相应供货计划。

(2) 指示发货。接受订货后,根据客户分布状况确定发货网点,通过计算机网络或其他方式向发货网点下达发货指令。

(3) 确定配送计划。确定配送路线和车辆,选定最优配送计划并发出配送命令。

(4) 控制系统。配送中心即时或定时了解采购情况、库存情况、加工情况、配送情况,以便准确、迅速、有效地处理业务。

(5) 与制造商和客户的衔接。掌握制造商的情况,就能及时向制造商发出采购通知以便于进货,同时了解各客户对货物的要求,也便于及时储存货物和运输货物,满足客户需求。

8. 延伸服务功能

配送中心的延伸服务功能主要包括市场调查与预测、采购与订单处理、物流咨询、物流方案的选择与规划、库存控制决策建议、货物回收与结算、物流专业技术教育与培训等。

9. 连接功能

配送中心的连接功能主要表现在以下两个方面:

(1) 连接生产领域和消费领域的空间距离。许多供应商制造的货物通过配送中心送达各个不同的客户。

(2) 连接生产领域和消费领域的时间距离。由于货物的制造与货物的消费不可能保持时间一致,因此客观上存在供需矛盾,而配送中心就是通过其功能的发挥,有效地解决这一矛盾的。

(二)配送中心的作用

由于配送中心实现了统一进货、统一定价、统一配送、统一调拨的作业管理,因而其对企业经营业务的发展和经济效益的提高,起到了良好的作用,具体表现在以下三个方面:

1. 配送中心的活动有力地支持了市场营销体系

配送中心的设置解决了商品生产与消费、进货与销售之间的矛盾。就配送中心来说,它的活动作为物流的一个重要内容是生产营销系统的延伸，如在向各连锁店供货时，可进行小批量的商品包装、装卸和发运，使得配送中心如同生产过程的延伸，并且配送中心的活动都以满足用户的需求为目标，体现了市场营销活动的内涵。

配送中心不是以储存为目的的，但它可以保持一定的库存，起到蓄水池作用。特别是在销售高峰期间，配送中心的库存对确保销售起到了有力的支撑，配送中心以集中库存形式取代以往一家一户的库存结构方式，这种集中库存比起传统的"前店后库"，大大降低了库存总量，增加了供销的调控能力。

2. 配送中心实现了物流系统化和规模经济的有机结合

物流系统化是指把物流各个环节视为一个大系统进行整体设计和管理，以最佳的结构、最好的配合，充分发挥其系统功能的效率，实现整体的物流合理化。其作用主要有：

（1）合理经济地组织商品的运输。配送中心通过集中配送运输的方式，实现多品种、小批量、高周转的商品运送，从而降低物流的整体成本，提高流通的社会化水平，实现规模经济。

（2）合理经济地组织商品的配送。配送中心通过集中配送的方式，有利于获取规模效应。例如，连锁超市公司通过电子订货系统，把几百家门店的零星要货汇总，由供应商集中送货到配送中心，并在那里采取"集零为整"和"化整为零"的策略，从而大大降低了商品的库存成本和进行装卸搬运作业的劳动量。

（3）密切了与供货方的关系，实现了双赢。配送中心集中订货的批量大，使供货方赢得了大量的利润，供货方集中送货节省了运输费用，同时配送中心集中大批量的订货也可以享受到优惠的价格折扣。

（4）配送中心在供应链上起到了重要的调节作用。配送中心是供应链上一个重要的功能节点，它在供应链上起到了一个水库的调节作用。在原材料的供应上，配送中心通过统一的采购和零星的配发，协调原材料和生产制造的一致性，通过对生产制造的协调，加强了制造和销售的紧密关系，在信息共享条件下达到了对市场变化的迅速响应。

3. 配送中心完善了连锁经营体系

由于配送中心为各连锁店的销售活动创造了种种优势，从而使整个连锁经营体系的成本大大下降，实现了规模经济效益。配送中心对整个连锁经营体系的作用表现在：

（1）统一进货，有利于严把质量关。

（2）加速商品周转，减少商品损耗，降低交易费用、库存费用、流通费用。

（3）扩大配送中心的拆零、分拣能力，改善了门店的存货水平，有利于实现零星商品无库存、少库存经营。

（4）保证各个连锁店管理逐步向"只管销售"方向发展。分店专心于店铺销售额和利润的增长，不断开发外部市场，拓展业务。

此外，配送中心的设置可以提高物流系统的效率。因为在现代物流活动中，商品的物理、化学性质是非常复杂的；采取的交通运输方式是不同的；地理和气候环境是多样性的。这些都对商品的包装、保管、加工、运输等提出了更高的要求，传统的以产品或部门为单位的配送体系明显存在着效率低下的缺点，只有建立配送中心，才有可能降低物流系统成本，提高效率，提供更加专业化、更加优质的服务。

三、配送中心的类型

（一）按照配送中心的运营主体分类

按照配送中心的运营主体，可将其划分为以下四种类型。

1. 以制造商为主体的配送中心

这种配送中心处理的商品是制造商自己生产的。这样可以降低流通费用，提高售后服务质量，及时将预先配齐的成组元器件运送到指定的加工和装配工位。从产品制造到条码印制以及包装组合等都比较容易控制，所以按照现代化、自动化的配送中心设计比较容易，但不具备社会化的要求。

2. 以批发商为主体的配送中心

商品从制造商到消费者手中，传统的流通过程中有一个环节叫批发。批发一般是按部门或商品种类的不同，把每个制造商的商品集中起来，然后以单一品种或搭配形式向消费地的零售商进行配送。这种配送中心的商品来自各个制造商，它所进行的一项重要活动便是对商品进行汇总和再分拨，而它的全部进货和出货都是社会配送的，社会化程度高。

3. 以零售商为主体的配送中心

零售商发展到一定规模后，就可以考虑建立自己的配送中心，为专业商品零售店、超级市场、百货商店、建材商场、粮油食品商店、宾馆饭店等服务，其社会化程度介于前两者之间。

4. 专业物流配送中心

专业物流配送中心是以第三方物流企业为主体的配送中心。这种配送中心最强的是运输配送能力，而且地理位置优越（如港口、铁路和公路枢纽），可迅速将到达的货物配送给客户。它提供仓储货位给制造商或供应商，而配送中心的货物仍归制造商或供应商所有，配送中心只是提供仓储管理和运输配送服务。这种配送中心的现代化程度往往较高。

（二）按照配送中心的辐射范围分类

按照配送中心的辐射范围，可将其划分为城市配送中心和区域配送中心两种类型。

1. 城市配送中心

城市配送中心的配送范围以城市为中心，其配送运输距离通常在汽车运输的经济里程之内，可以采用汽车作为运输工具，将商品直接配送到最终客户手中，运输距离较短，反应能力强，其服务对象多为连锁零售商业的门店或最终消费者。城市配送中心适于多品种、小批量、多用户的配送。我国一些城市（如上海、北京等）所建立的配送中心绝大多数属于城市配送中心。

2. 区域配送中心

区域配送中心的库存商品储备量大，辐射能力强，因而其配送范围广，可以跨省市，甚至跨国开展配送业务，经营规模较大，配送批量也较大，其服务对象往往是下一级城市的配送中心、零售商或生产企业客户。虽然也从事零星的配送，但不是主体形式。这种类型的配送中心十分普遍。例如：美国沃尔玛公司的配送中心，每天可为分布在六个州的 100 家连锁店配送商品；荷兰的"国际配送中心"业务活动范围更广，该中心在接到订（货）单之后，24h 之内即可将货物装好，仅用三四天的时间就可以把货物送到客户手中。

（三）按照配送中心的经济功能分类

按照配送中心的经济功能，可将其划分为供应型、销售型、储存型和流通加工型四种类型。

1. 供应型配送中心

供应型配送中心是专门向某个或某些客户供应货物，充当供应商角色的配送中心。供应型配送中心对客户起后勤保障作用。服务对象主要是生产企业和大型商业组织（超市或联营商店），所配送的货物有原料、元器件、半成品和其他商品。例如，为大型连锁超市供货的配送中心，代替零件加工厂对零件装配厂送货的零件配送中心。又如，上海六家造船厂共同组建的钢板配送中心，也属于供应型配送中心。

2. 销售型配送中心

销售型配送中心是以销售商品为主要目的，以开展配送为手段而组建的配送中心。销售型配送中心完全是围绕着市场营销（销售商品）来开展配送业务的。商品生产者和商品经营者通过采取降低流通成本和完善其服务的办法和措施，来提高商品的市场占有率。销售型配送中心在国内外普遍存在，如我国近年来由商业和物资部门改组重建的生产资料和生活资料配送中心均为这种类型的配送中心。总体而言，无论是国内还是国外，销售型配送中心都是未来的发展方向。

3. 储存型配送中心

储存型配送中心是充分强化商品的储备和储存功能，在充分发挥储存作用的基础上开展配送活动的配送中心。实践证明，储存一定数量的物资是生产和流通得以正常进行的基本保障。例如，美国福来明公司的食品配送中心是典型的储存型配送中心。该配送中心有 7 万多平方米的储备仓库，经营商品达 8 万多种，具有较大规模的仓库和储存场地。在我国，储存型配送中心多起源于传统的仓储企业，如中国物资储运总公司天津物资储运公司唐家港仓库即是国内储存型配送中心的雏形。这种配送中心在物资紧缺条件下，能形成丰富的货源优势。

4. 流通加工型配送中心

该类配送中心的主要功能是对商品进行清洗、下料、分解、集装等加工活动，以流通加工为核心开展配送活动。在对生产资料和生活资料进行配送的配送中心中，有许多属于流通加工型配送中心。例如，深圳市菜篮子配送中心，就是以肉类加工为核心开展配送业务的流通加工型配送中心。再如，以水泥等建筑材料以及煤炭等商品的加工配送为主的配送中心也属于这类配送中心。

（四）按照配送货物的属性分类

根据配送货物的属性，可以分为食品配送中心、日用品配送中心、医药品配送中心、化妆品配送中心、家电配送中心、电子（3C）产品配送中心、书籍产品配送中心、服饰产品配送中心、汽车零件配送中心以及生鲜处理中心等。

四、配送中心的布局和选址

（一）配送中心的布局

1. 配送中心内部布局

配送中心的内部结构和一般仓库有明显不同，它的内部设计必须体现职能要求，具有与商品流动相适应的装卸、搬运、储存、保管等多种作业功能，同时还应满足易于管理、灵活应付作业量调整、提高经济效益等要求。不同的配送中心，其构成要素和布局是不同的。图 6-11 是某配送中心内部布局示意图。表 6-2 是配送中心构成要素及功能说明。

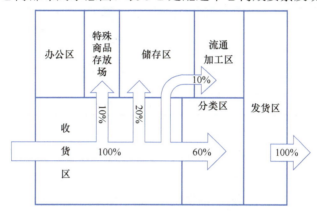

图 6-11 某配送中心内部布局示意

表 6-2 配送中心构成要素及功能说明

构成要素		说明
功能区域	管理区	配送中心内部行政事务管理、信息处理、业务洽谈、订单处理及指令发布的场所，一般位于配送中心的出入口
	进货区	收货、验货、卸货、搬运及货物暂停的场所
	理货区	对进货进行简单处理的场所 货物被区分为直接分拣配送、待加工、入库储存和不合格需要清退的货物，不同货物分别送往不同的功能区。在实行条码管理的中心，还要为货物贴条码
	储存区	对暂时不必配送或作为安全储备的货物进行保管和养护的场所 通常配有多层货架用于集装单元化的托盘
	加工区	进行必要的生产性和流通性加工（如分割、剪裁、改包装等）的场所
	分拣配货区	进行发货前的分拣、拣选和按订单配货
	发货区	对物品进行检验、发货、待运的场所
	退货处理区	存放进货时残损、不合格或需要重新确认等待处理货物的场所
	废弃物处理区	对废弃包装物（塑料袋、纸袋、纸箱等）、破碎货物、变质货物、加工残屑等废料进行清理或回收复用的场所
	设备存放及维护区	存放叉车、托盘等设备及其维护（充电、充气、紧固等）工具的场所
物流设备	仓储设备	储存货架、重力式货架、回转式货架、托盘、立体仓库等
	搬运设备	叉车、搬运车、连续输送机、垂直升降机等
	拣货设备	拣货车辆、拣货输送带、自动分拣机等
管理和信息系统	事务性管理	配送中心正常运转所必备的基本条件，如配送中心的各项规章制度、操作标准及作业流程等
	信息管理系统	包括订货系统、出入库管理系统、分拣系统、订单处理系统、信息反馈系统等
	辅助设施	包括库外道路、停车场、站台和铁路专用线等

2. 配送中心网点布局

配送中心网点布局是用系统的理论和系统工程方法，综合考虑物资的供需状况、运输条件、自然环境等因素，对配送中心网点的数量、位置、规模、供货范围、直达供货和中转供货的比例等进行研究和设计，建立一个有效率的配送网络系统，达到费用低、服务好、效益高的目的。其具体内容见表6-3。

表6-3 配送中心网点布局内容

内容	说明
区域内网点数目的设计	网点的数目要多少个
区域内网点位置的设计	在哪里设置较合适
区域内网点规模的设计	每个网点满足多大承载量
区域内各网点供货范围的设计	给哪几个客户供货
区域内各网点进货渠道和供货方式的设计	供货与进货方式

（1）配送中心网点布局的常用方法。

1）解析法。解析法是通过数学模型进行网点布局的方法。采用这种方法，应首先根据问题的特征、外部条件和内在联系建立起数学模型或图解模型，然后对模型求解，获得最佳布局方案。解析方法的特点是能获得精确的最优解，但问题是对某些复杂问题难以建立恰当的模型，或者由于模型太复杂，使求解困难，或要付出相当高的代价。因而这种方法在实际应用中受到一定的限制。

2）模拟法。网点布局的模拟法将实际问题用数学方程和逻辑关系的模型表示出来，然后通过模拟计算机逻辑推理确定最佳布局方案。这种方法较用数学模型解析简单。采用这种方法进行网点布局时，分析者必须提供预定的各种网点组合方案以供分析评价，从中找出最佳组合。因此，决策的效果依赖于分析者预定的组合方案是否接近最佳方案，这也是该方法的不足之处。

3）启发式方法。启发式方法是针对模型的求解方法而言的，是一种逐次逼近最优解的方法。这种方法对所求得的解进行反复判断、实践修正直到满意为止。启发式方法的特点是模型简单，需要进行方案组合的个数少，因此便于寻求最终答案。具体步骤如下：

①定义一个计算总费用的方法。

②拟定判别准则。

③规定方案改选的途径。

④建立相应的模型。

⑤迭代求解。

（2）配送中心典型的网点布局形式。

1）辐射型分布。配送中心位于许多客户的中央位置，货物从该中心向四面八方的客户进行配送，形成辐射状，如图6-12所示。

2）吸收型分布。配送中心位于许多货主的某一居中位置，货物从各个产地向此配送中心运送，形成吸收状，如图6-13所示。

图 6-12 辐射型分布　　　　　图 6-13 吸收型分布

3）聚集型分布。聚集型分布形式类似吸收型分布，但处于中心位置的不是配送中心，而是一个生产密集的经济区域，四周分散的是配送中心而不是货主或客户，如图 6-14 所示。

4）扇形分布。货物从配送中心向一个方向运送的单向辐射称为扇形分布，如图 6-15 所示。

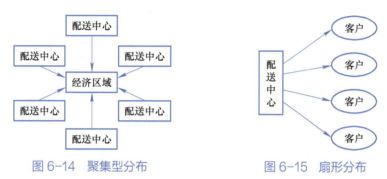

图 6-14 聚集型分布　　　　　图 6-15 扇形分布

（二）配送中心的选址

1. 配送中心选址的原则

配送中心的选址过程应同时遵守适应性原则、协调性原则、经济性原则和战略性原则。

配送中心选址

（1）适应性原则。配送中心的选址须与国家及省市的经济发展方针、政策相适应，与我国物流资源分布和需求分布相适应，与国民经济和社会发展相适应。

（2）协调性原则。配送中心的选址应将国家的物流网络作为一个大系统来考虑，使配送中心的设施设备，在地域分布、物流作业生产力、技术水平等方面互相协调。

（3）经济性原则。配送中心发展过程中，有关选址的费用主要包括建设费用及物流费用（经营费用）两部分。配送中心的选址定在市区、近郊区或远郊区，其未来物流活动辅助设施的建设规模及建设费用，以及运费等物流费用是不同的，选址时应以总费用最低作为配送中心选址的经济性原则。

（4）战略性原则。配送中心的选址应具有战略眼光。一是要考虑全局，二是要考虑长远。局部要服从全局，目前利益要服从长远利益，既要考虑目前的实际需要，又要考虑日后发展的可能。

2. 配送中心选址的一般步骤

配送中心选址的一般步骤如图 6-16 所示。

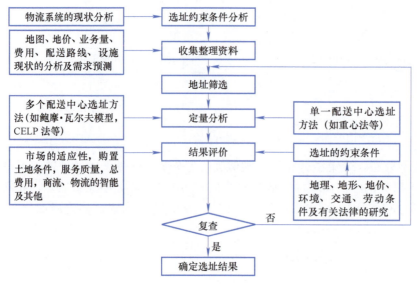

图 6-16 配送中心选址的一般步骤

第一步，选址约束条件分析。具体约束条件见表 6-4。

表 6-4 配送中心选址约束条件

约束条件	分析内容
需求条件	客户现在的分布状况和未来的分布预测；业务增长率；配送区域范围
运输条件	是否靠近铁路货运站、港口和公共卡车终点站等运输据点；是否靠近运输业者的办公地点
配送服务的条件	通知客户货物到达时间；配送频率；订、发货周期；配送距离及范围
用地条件	能否利用现有的土地；若重新征地，地价及政府用地的分布状况如何
法规制度	在指定用地区域内是否允许建设仓库和配送中心等设施。若能建，有没有相关的额外要求
流通职能条件	商流、物流职能是否分离；配送中心是否有流通加工的职能；是否限定配送中心的选址范围
管理与情报职能条件	配送中心与营业、管理和计算机等部门的距离是否妨碍物流工作的开展
特殊条件	不同货物类型的要求不同，如冷冻、保暖设施，防止公害设施或危险品处理设施

第二步，收集整理资料。这一步主要是将业务量、费用、客户及供应商位置在地图上的缩略图、配送路线等资料进行收集整理，为建立数学模型、求解费用最小方案做准备。

第三步，地址筛选。根据前面步骤可以进行定性分析，再结合各种影响因素综合考虑，就可以初步确定地址范围。

第四步，定量分析。针对单中心选址问题和多中心选址问题采用不同的模型进行求解。常用的方法见表 6-5。

表 6-5 配送中心选址常用定量分析方法

类型	常用方法
单中心选址问题	物流位图法、重心法、评分法等
多中心选址问题	奎汉·哈姆勃兹模型、鲍摩·瓦尔夫模型、CELP 法等

其中，解决单中心选址问题的重心法原理是将配送系统的多个供应商位置和多个客户位置看作分布在某一个平面范围内的物体系统，各供应商和客户对配送中心的物流量看作物

体的重量，则物体系统的重心位置即是配送中心的最佳位置。

重心法的数学模型表述如下。

假设在某计划区域内有 n 个供应商或客户 p_j（$j=1$，2，…，n），各点的资源量或需求量为 q_j（$j=1$，2，…，n），它们各自的坐标是 $p_j(x_j, y_j)$（$j=1$，2，…，n）。该坐标网络如图 6-17 所示。现计划在该地区内设置一个配送中心 p_0，该配送中心 p_0 的坐标是（x_0，y_0），配送中心至供应商或客户的运费率是 c_j。

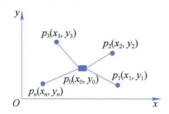

图 6-17　配送中心与供应商、客户点坐标网络

可以得到以下公式：

$$\begin{cases} x_0 = \sum_{j=1}^{n} c_j q_j x_j / \sum_{j=1}^{n} c_j q_j \\ y_0 = \sum_{j=1}^{n} c_j q_j y_j / \sum_{j=1}^{n} c_j q_j \end{cases} \quad (6.1)$$

将相关数值代入式（6.1），求得的结果就是配送中心 p_0 的坐标（x_0，y_0）。

第五步，结果评价。从选址的主要约束条件和主要影响因素进行评价，看结果是否具有现实意义，是否可行。

第六步，复查。这一步主要采用加权法，给其他影响因素赋予一定的权重对结果进行复查，若符合要求，确定结果；若不符合，返回第三步再求解，直到复查通过。

第七步，确定选址结果。获得最终的满意解。

影响配送中心选址的因素有很多，主要因素见表 6-6。

表 6-6　影响配送中心选址的主要因素

主要因素	子因素	主要考虑问题
自然环境因素	气候条件	温度、风力、降水量、无霜期
	地质条件	淤泥层、松土层、流沙层，以及考虑货物重量对地面压力
	水文条件	洪灾区、内涝区、地下水位情况等。容易遭水灾的地址不能选
	地形条件	地势较高、地形平坦是首选，尽量选规则区域
经营环境因素	经营环境	物流产业政策、劳动力数量和素质
	商品特性	根据产品类型特点选址
	物流费用	尽量接近物流服务需求地区
	服务水平	迅速响应客户的各种服务要求
基础设施因素	交通条件	最好靠近交通枢纽
	公共设施状况	道路、通信、水、电、热、燃气及废物、污水处理等
其他因素	国土资源利用	符合政府规划要求、节约用地
	环境保护要求	降低对城市干扰，保护生态环境
	周边状况	尽量远离居民住宅和易散发火种的工业设施

职业素养

2023年2月13日，2023年中央一号文件《中共中央 国务院关于做好2023年全面推进乡村振兴重点工作的意见》发布，这是21世纪以来第20个指导"三农"工作的中央一号文件。文件明确提出加快粮食烘干、农产品产地冷藏、冷链物流设施建设。在做大做强农产品加工流通业方面，文件提出要支持建设产地冷链集配中心。统筹疫情防控和农产品市场供应，确保农产品物流畅通。在加快发展现代乡村服务业方面，文件提出要加快完善县乡村电子商务和快递物流配送体系，建设县域集采集配中心，推动农村客货邮融合发展，大力发展共同配送、即时零售等新模式，推动冷链物流服务网络向乡村下沉。

模块练习

一、单选题

1. 配送是一种（　　）物流活动。
   A．中端　　　　　B．末端　　　　　C．前端　　　　　D．连锁

2. （　　）是物流配送企业之间为了提高配送效率以及实现配送合理化所建立的一种功能互补的配送联合体。
   A．分别配送　　　B．零星配送　　　C．共同配送　　　D．集中配送

3. （　　）是指按规定时间、规定的货物品种、数量进行配送。
   A．定时定量配送　B．定时配送　　　C．定量配送　　　D．即时配送

4. 连锁超市的配送一般属于（　　）。
   A．销售配送　　　　　　　　　　　B．供应配送
   C．代存代供配送　　　　　　　　　D．销售-供应一体化配送

5. 配送中心是指从事配送业务的（　　）。
   A．配送单位　　　　　　　　　　　B．物流场所或组织
   C．工具　　　　　　　　　　　　　D．公司法人

6. 下面不是配送中心网点布局的常用方法的是（　　）。
   A．模拟法　　　　B．解析法　　　　C．启发式方法　　D．现场操作法

7. 配送中心的选址原则不包括（　　）。
   A．经济性原则　　B．战略性原则　　C．协调性原则　　D．便利性原则

8. 我国家电连锁企业国美电器公司所建立的配送中心属于（　　）。
   A．制造商型配送中心　　　　　　　B．批发商型配送中心
   C．零售商型配送中心　　　　　　　D．专业物流配送中心

9. 将物品按一定目的进行分类、拣选的相关作业是指（　　）。
   A．分拣作业　　　B．集货作业　　　C．配装作业　　　D．流通加工

二、判断题

1．不同类型、不同功能的配送中心或物流节点，其配送流程完全一致。（   ）

2．邮政部门把信件、包裹按送达目的地（邮政编码）分开集中在一起后再运送，是比较典型的分拣作业。（   ）

3．备货工作包括寻找货源、订购、集货、进货及相关的商品质量检查、财务结算、货物交接等工作。（   ）

4．几个配送中心联合起来，共同制订计划，共同对某一地区客户进行配送。这种配送方式称为集中配送。（   ）

5．定量配送的不足之处在于，每次配送的数量保持不变，因此不够机动灵活，有时会增加客户的库存，造成库存过高或销售积压。（   ）

6．配送中心的储存有储备及暂存两种形态。（   ）

三、简答题

1．什么是配送？配送有什么特点？

2．配送的一般业务流程是什么？

3．自动分拣系统由什么组成？常见的自动分拣系统有哪些？

4．什么是配送中心？它有什么功能？

5．配送中心的选址原则是什么？

6．配送中心有哪些分类？

模块七　物流包装与流通加工

知识目标：掌握包装的概念和功能；了解包装的分类及包装材料；掌握物流包装技术和各类包装标识；理解流通加工的概念；掌握流通加工的方式和合理化途径。

能力目标：能够根据产品特点正确选择包装容器和包装技术，能够结合产品特点和客户需求正确选择流通加工方式。

素质目标：将物流行业及物流管理与国家社会、生态、经济发展联系起来，理解绿色包装和流通加工的重要性，树立环保意识，提倡绿色包装、适度包装，节约资源，绿色环保，造福社会，促进人类与自然的和谐共生。

学习重点：物流包装技术和各类包装标识；流通加工的方式和合理化途径。

学习难点：包装的分类及包装材料；流通加工的方式和合理化途径。

模块导入

思考：图 7-1 说明了怎样的包装问题？你在现实生活中遇到过哪些这样的案例？试举例说明。

图 7-1　过度包装

项目一 认识包装

电商已成为一种常态化的消费方式，人们收到的包裹数量之多难以想象。物流包装在我们每个人的生活中扮演着重要角色，在工业生产、日常购物、电商快递等领域，它一直为物品保护和运输便利发挥着重要作用。

一、包装的概念及功能

（一）包装的概念

中华人民共和国国家标准《物流术语》（GB/T 18354—2021）关于包装的定义是：在流通过程中保护产品、方便储运、促进销售，按一定技术方法而采用的容器、材料及辅助物等的总体名称，也指为了达到上述目的而采用容器、材料和辅助物的过程中施加一定技术方法等的操作活动。

（二）包装的功能

包装的功能主要体现在以下几个方面。

（1）保护产品。保护产品是包装的首要功能。只有实施有效的保护，才能使商品的品质在流通过程中不受损害，顺利完成产品从生产厂家到最终用户或消费者的空间转移。包装对产品的保护作用主要表现在以下几个方面。

第一，包装可防止物品发生物理变化。为了防止物品破损、变形，商品包装必须能够承受在装卸、运输、保管等过程中的各种冲击、振动、颠簸、挤压、摩擦等外力的作用。例如，在出库前，对方便面、饼干等易碎商品进行缓冲包装，可防止商品在运输及装卸搬运过程中被压碎，导致商品价值的降低。

第二，包装可以防止物品发生化学变化。为了防止物品受潮、发霉、变质、生锈等，物品包装必须能在一定程度上起到阻隔水分、潮气、光线及空气中各种有害气体的作用，避免外界不良因素的影响。

第三，包装可以防止有害生物对物品侵害。鼠、虫及其他有害生物对物品存在很大的破坏性，包装封闭不严，会给细菌、虫类造成侵入之机，导致物品变质腐败，特别是对食品危害性更大，鼠、白蚁等会直接吞蚀纸张、木材等物品。

第四，包装可防止异物流入，减少污染，避免物品丢失、散失。

（2）方便流通。包装具有将商品集合，方便物流的功能。包装的这方面作用主要表现在以下几个方面。

第一，提高效率。在物流的全过程中，包装会大大提高物流作业的效率和效果。货物包装适度，能降低物流成本，提升仓储效率。

第二，便利运输。包装的规格、形状、重量与物品运输关系密切。包装尺寸与运输车辆、轮船、飞机等运输工具箱、仓容积是否吻合，将直接影响运输效率。

第三，便于装卸搬运。物品经过适当的包装，便于各种装卸、搬运机械的使用，有利于提高装卸、搬运机械的工作效率。包装的规格尺寸标准化后为集合包装提供了条件，从而极大地提高了装载效率。

第四，便利储运。从搬运装卸角度看，物品出、入库时，如果包装规格尺寸、重量、形态上适合仓库内的作业，可以为仓库提供搬运、装卸的方便；从物品保管角度看，物品的包装为保管工作提供了方便条件，便于维护物品的原有使用价值。包装物的各种标识，使仓库的管理者易于识别、存取和盘点，有特殊要求的物品易于引起注意；从物品的验收角度看，易于开包、便于重新打包的包装方式为验收提供了方便性。包装的集合方法、定量性，为节约验收时间，加快验收速度也起到十分重要的作用。

（3）利于营销。销售包装是指与商品一起销售给消费者的包装，其主要目的在于美化商品、宣传商品，以扩大销售。商品的包装具有一定的利于营销的功能，可以称为"无声的促销员"，恰当的包装能够唤起人们的购买欲望。20世纪50年代中期，美国杜邦公司通过市场调查，提出"杜邦定理"：63%的消费者首先是根据商品的包装做出购买决策的。所以，商品能否引起消费者的购买欲望，进而产生购买行为，在一定程度上取决于包装的层次。很多产品正是由于包装的层次与产品的档次不匹配而失去销售机会。

（4）便于使用。包装应该具有便于开启和再封闭的功能，便于消费者对内装物的使用。消费者只有真正消费了商品，才最终实现了商品的价值。以前的马口铁装的罐头，就没做到这一点，真是"方便食品不方便"。例如火腿肠"易撕口"的专利设计，成为火腿肠生产企业市场竞争的有力武器。

不易被仿冒的包装有保护知识产权的功能，例如，防伪标签。生产企业可以根据正常使用时的用量进行适当的包装，以起到便于使用和指导消费的作用。例如，改变酒瓶的大小，可以便于计量；不同规格的味素，可供餐厅和家庭选择；不同剂量的药品，可供患者按药量需要进行选择等。包装的大小以及包装上的用法、用量、功能、要素组成等说明都极大地方便了消费者。

二、包装的类型

（一）按功能分类

（1）工业包装。工业包装又称运输包装或外包装，工业包装是指主要以保护商品，方便物流为目的的包装。工业包装主要是保证商品在运输、保管、装卸搬运过程中不散包、不破损、不受潮、不污染、不变质、不变味、不变形、不腐蚀、不生锈、不生虫，即保持商品的数量和质量不变。

（2）商业包装。商业包装又称销售包装或内包装，是指以促进销售、方便使用为目的的包装。它既讲究包装外形的美观，其装潢又要有商业吸引力。

（二）按性质分类

（1）单个包装。单个包装也称为小包装，是物品送到使用者手中的最小单位。用袋或其他容器，对物品的一部分或全部包裹起来的状态，并且印有作为商品的标记或说明等信息资料。这种包装一般属于商业包装，若注意美观，能起到促进销售的作用。

（2）内包装。内包装是将物品或单个包装，或一个至数个归整包装，或置入中间容器中，目的是对物品及单个包装起保护作用，中间容器内有时采用一定措施。

（3）外包装。外包装是指为保护商品数量、品质和便于运输、储存而进行的外层包装。外包装要起到保护作用并且考虑输送搬运作业方便，一般置入箱、袋之中，根据需要对容器有缓冲、防震、固定、防水的技术措施要求。一般外包装有密封、增强功能，并且有相应的标识说明。

（三）按使用次数分类

（1）一次性包装。一次性包装只能使用一次，不再回收复用。
（2）复用包装。复用包装指的是回收后经过适当加工整理后仍可使用的包装。
（3）周转性包装。周转性包装是专门设计和制造的能够反复使用的包装容器。

（四）按适用范围分类

（1）专用包装。专用包装指的是专门针对某种产品进行设计和制造的包装，只能用于包装某种特定的产品。
（2）通用包装。通用包装指的是根据标准系列尺寸制造的包装，可用于包装各种标准尺寸的产品。

三、包装合理化

包装合理化是指包装能够有效地实现其各项基本功能，并符合经济合理性和可持续发展的原则。要做到包装合理化，需要满足以下几方面原则。

（1）安全原则。对物品进行包装，要根据其性质、尺寸、重量和运输特性选用包装材料，防止货物储运过程中发生破损、变质和污染。
（2）匹配原则。包装材料要与内装物相匹配，内装物之间、内装物与外封装、内壁之间不应有摩擦和碰撞，内装物在封装内不能出现晃动。同时要考虑包装与其他物流环节的配合。
（3）适度原则。选用轻便、结实、适度的包装材料，尽力避免过度包装，为客户节约材料、节约包装费用，提高装卸搬运和运输的效率。
（4）简洁原则。为了提高包装作业的效率，包装材料及规格，包装形状和种类应力求简洁，规格单一。
（5）集装单元化和标准化原则。集装单元化和标准化是包装过程中必须考虑的问题。包装实现了集装单元化和标准化，能批量化作业，提高装卸搬运、保管和运输效率，节约费用，实现物流机械化和自动化。包装单元化和标准化是现代化物流的重要标志，也是单元化物流的基础。
（6）绿色化原则。绿色包装是指以天然植物和有关矿物质为原料，研制成对生态环境和人类健康无害，有利于回收利用，易于降解、可持续发展的环保型包装，也就是说，其包装产品整个生命周期应符合生态环境保护的要求，应从绿色包装材料、包装设计和大力发展绿色包装产业三方面入手实现绿色包装。

四、常见的包装材料

包装材料的选择应该符合产品的特点，能够充分保护产品的品质，同时具有经济合理性。常见的包装材料主要有金属、玻璃、木材、纸、塑料等。

（1）纸制包装材料。纸质包装材料应用最为普遍，用量最多，品种最杂，既广泛运用于运输包装，也广泛运用于销售包装。这是由于纸制包装材料耐摩擦、耐冲击、质地细腻、容易黏合、无味、无毒，价格相对较低。运输用大型纸袋可用 3～6 层牛皮纸叠合而成，也可用牛皮纸和塑料薄膜做成复合多层构造（如图 7-2 所示）。

纸箱的原料是各种规格的白纸板和瓦楞纸板，瓦楞纸箱（如图 7-3 所示）之所以被广泛利用，有取代木箱的趋势，是因为它重量轻、耐冲击、容易进行机械加工和回收，价格也较便宜。但要求其强度和耐压能力必须达到一定指标，在选材和尺寸设计时也应加以注意。

图 7-2　牛皮纸袋

图 7-3　瓦楞纸箱

（2）木质包装材料。木质包装材料，一般用于外包装，因为木材具有抗压、抗震、抗挤、抗冲撞能力。木制容器包括木箱（如图 7-4 所示）、胶合板箱及木桶等。为了节省木材，常使用框架箱、栅栏箱或木条胶合板箱，为了增加强度也有加铁箍的。对于重物包装，常在底部加木制垫货板。

（3）金属包装材料。常见的金属包装材料主要是钢材和铝材，既有刚性的薄板，包括铝板、合金铝板等，主要用于运输包装及销售包装的金属罐（如图 7-5 所示）；也有软性的金属箔，如铝箔、合金铝箔等，主要用于销售包装。金属包装材料的优点：坚固、耐腐蚀，容易进行加工，而且防水、防潮、防摔，应用十分广泛。其缺点是：成本较高，有些材料如钢材容易生锈。饮料、煤气、天然气等液体和气体一般用金属片和金属板做包装材料，其中，镀锡薄钢片和金属箔两大品种用量较大。金属箔，即金属压成的薄片，适合奶油、乳制品、糖果和肉类食品的包装。金属容器有罐、箱和桶等。罐用于包装食品、化学品等，而桶主要用于包装以石油为主的非腐蚀性的半流体及粉体、固体。

图 7-4　木箱包装

图 7-5　铝罐包装

（4）塑料包装材料。塑料包装材料使用非常广泛，其优点是防潮，气密性好，稳定性好，耐酸、耐碱、耐腐蚀，透明度高等。缺点是难以分解和处理，容易对环境造成污染，焚烧后会产生有害气体。

塑料包装材料种类非常多。其中，高压聚乙烯制成的薄膜因透气性好、透明结实，适用于蔬菜、水果的保鲜包装；聚丙烯的优点是无毒，可制成薄膜、瓶子、盖子，用于食品和药品的包装；聚苯乙烯可用来制作罐、盒、盘等包装容器和热缩性薄膜；发泡聚苯乙烯塑料大都用来制作包装衬垫和内装防震材料；聚氯乙烯可以用来制作周转塑料箱和硬质泡沫塑料，但在高温下可能分解出氯化氢气体，有腐蚀性；钙塑材料可用来制造钙塑瓦楞纸板、钙塑包装桶和包装盒等。塑料包装制品的应用日益广泛，塑料袋及塑料编织袋已成为牛皮纸袋的代用品。塑料制品还用于酒、食油等液体运输容器的革新，开发了纸袋结合包装，其方法是将折叠塑料袋容器放入瓦楞纸箱中，以代替传统的玻璃瓶、金属罐、木桶等。塑料包装如图 7-6 所示。

（5）玻璃、陶瓷包装材料。玻璃和陶瓷的优点是有很好的耐腐蚀性，不变形，耐热性好，可回收利用；其缺点就是易碎，且包装物自身的重量较大。

用玻璃或陶瓷材料制成瓶、罐、坛子，用来盛装食品、饮料、酒类、药品等十分适宜。用作运输包装时，主要存装化工产品；用作销售包装时，主要存装酒饮、药品、化妆品等，玻璃包装如图 7-7 所示。

图 7-6　塑料包装

图 7-7　玻璃包装

（6）复合材料。将两种或两种以上的包装材料结合在一起使用，可以充分发挥不同包装材料各自的优势，取得相得益彰的效果。常见的复合材料有几十种，广泛利用的有塑料与塑料复合、塑料与玻璃复合、金属箔与塑料复合、纸张与塑料复合以及金属箔、塑料、玻璃复合等。

（7）包装用辅助材料。包装用的辅助材料主要有以下几种。

1）黏合剂。黏合剂用于材料的制造、制袋、制箱及封口作业。黏合剂有水型、溶液型、热融型和压敏型。近年来，由于普遍采用高速制箱及封口的自动包装机，所以大量使用短时间内能够黏结的热熔结合剂。

2）黏合带。黏合带有橡胶带、热敏带和黏结带三种。橡胶带遇水可直接溶解，结合力强，黏结后完全固化，封口很结实；热敏带一经加热活化便产生黏结力，一旦结合，不好揭开但不易老化；黏结带是在带子的一面涂上压敏性结合剂，如纸带、布带、玻璃纸带、乙烯树脂带等，也有两面涂胶的双面胶带，这种带子用手压便可结合，十分方便。

3）捆扎材料。捆扎的作用是打捆、压缩、缠绕、保持形状、提高强度、封口防盗、便于处置和防止破损等。现在已很少用天然捆扎材料，而多用聚乙烯绳、聚丙烯绳、纸带、聚丙烯钢带、尼龙带等。

4）填充物。填充物是用于包装填充的一种防压、防潮、防震的化工产品。气泡膜具有减震性、抗冲击性、热合性、无毒、无味、防潮、耐腐蚀、透明度好等优点。气泡柱也是一种常用的包装填充材料，在电商物流中被广泛使用，以保护物流中的商品不被挤压变形或破损。

缓冲气囊也是一种缓冲填充材料，具有良好的缓冲、空隙填充作用。此外，还有EPS板（聚苯乙烯泡沫板），其一般用来填充封装的空隙；防水缠绕膜主要用于内件防水封装，同时可以有效减少物品的遗失、破损。

项目二　包装操作技法和包装标志

一、包装操作技法

（一）商品包装的一般技法

商品包装操作既包括技术处理，又包括包装充填、封口、捆扎、裹合、加标等技术活动。商品包装技法是指在包装作业时所采用的技术和方法。任何一个产品包装在制作和操作过程中都存在技术、方法问题。通过对产品包装做合理的技术处理，才能使产品包装形成一个高质量的有机整体。研究产品包装技法的目的是以最低的材料消耗和资金消耗，保证产品完美地送到用户手中，做到保护产品、节省材料、缩小体积、减少重量等。

商品包装操作技法主要如下。

（1）对内装物的合理置放、固定和加固。在方形的容器中装入形状各异的产品时，必须要注意产品的合理置放、固定和加固，以达到缩小体积、节省材料、减少损失的目的。例如，对于外形规则的产品要注意套装，对于薄弱的部件要注意加固，包装内重量要注意均衡，产品与产品之间要注意隔离和固定等。

（2）对松泡产品进行体积压缩。对于羽绒服、枕芯、絮被、毛线等松泡产品，包装时占用容器的容积太大，会导致运输储存费用增大，所以对于松泡产品需要压缩体积。其有效方法是真空包装技法，可以大大缩小松泡产品的体积。

（3）合理选择外包装形状和尺寸。有的商品进行包装后，需要装入集装箱运输，这就存在商品运输包装与集装箱之间的尺寸配合问题。如果彼此配合得好，就能在装箱时不出现空隙，有效利用箱容，并有效地保护商品。外包装形状和尺寸的选择，要避免过高、过扁、过大、过重等。过高的包装会重心不稳，不易堆码；过扁则会给标志刷字和标志的辨认带来困难；过大则包装量太多，不易销售，而且体积大也给流通带来困难；过重时纸箱容易破损。

（4）合理选择内包装（盒）形状和尺寸。内包装（盒）一般属于销售包装。在选择其形状和尺寸时，要与外包装（形状和尺寸）相配合。内包装（盒）的底面尺寸必须与包装模数协调，而且高度也应与外包装高度相匹配。当然，内包装的形状和尺寸还应考虑产品的置放和固定，但它作为销售包装，更重要的是看其是否有助于销售，包括有利于展示、装潢、购买和携带等。例如，展销包装多属于扁平式，较少使用立方形，就是应销售需要而形成的。

一盒送礼的巧克力，做成扁形就比较醒目、大方，如果做成立方体，产生的效果就有所不同。

（二）物流包装操作技法

物流包装是在商品包装的基础上进行的包装，是保证物流过程中物品安全可靠的必要手段。物流包装要和商品包装综合考虑使其经济合理、安全可靠。目前常用的技法有以下几种。

物流包装操作技法

1. 物流包装捆扎技法

包装外捆扎对运输包装起着重要作用，有时还是关键性的作用。捆扎的直接目的是将单个物件或数个物件捆紧，以便于运输、储存和装卸。捆扎既能防止失盗又能保护内装物品，既能压缩容器减少保管费和运费又能加固容器。

捆扎有多种方法，一般根据包装形态、运输方式、容器强度、内装物重量等不同情况分别采用工字、十字、双十字等不同方法。

工字形包装主要用于小型封装箱。十字形包装主要用于中大型封装箱，如图 7-8 所示。双十字形包装主要用于大型或内件过重的封装箱，如图 7-9 所示。

图 7-8 十字形捆扎

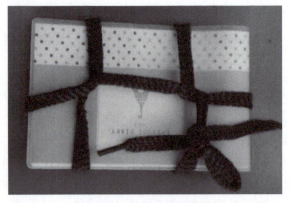

图 7-9 双十字形捆扎

对于体积不大的普通运输包装，捆扎一般在打包机上进行。而对于托盘这种集合包装，用普通方法捆扎费工费力，所以发展形成了新的捆扎方法：收缩薄膜包装技术和拉伸薄膜包装技术。收缩薄膜包装技术是用收缩薄膜裹包集装的物件，然后对裹包好的物件进行适当的热处理，使薄膜收缩而紧紧贴于物件上，使集装的物件固定为一体；拉伸薄膜包装技术是一种新的包装技术，它依靠机械装置，在常温下将弹性薄膜围绕包装件拉伸、裹紧，最后在其末端进行封口而成，薄膜的弹性也使集装的物件紧紧固定为一体。

2. 缓冲包装技法

缓冲包装技法又称防震包装，是为减缓内装物受到冲击和震动，使其免受损坏而采取一定防护措施的包装方法技术。缓冲包装技术方法主要有妥善衬垫、现场发泡、浮吊包装、机械固定，如图 7-10 所示。

3. 防潮包装技法

防潮包装技法就是采用防潮材料对产品进行包装，以隔绝外部空气相对湿度变化对产品的影响，使得包装内的相对湿度符合产品的要求，从而保护产品质量。防潮包装技法的目标是保持产品质量，采取的基本措施是以包装来避免外部空气湿度变化的影响。实施防潮包装是用低透湿度或透湿度为零的材料，将被包装物与外界潮湿大气相隔绝，如图7-11所示。

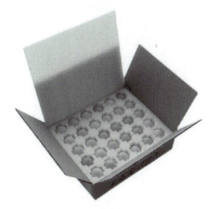

图7-10　缓冲包装

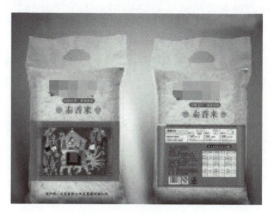

图7-11　防潮包装

主要防潮包装技法有刚性容器密封包装、加干燥剂密封包装、不加干燥剂密封包装、多层密封包装、复合薄膜真空包装、复合薄膜充气包装和热收缩薄膜包装等。

4. 防锈包装技法

防锈包装技法是运输金属制品与零部件时，为了防止其生锈所采用的包装技术和方法。其目的是消除和减少致锈的各种因素，采取适当的防锈处理，在运输和储存中防止防锈材料的功能受到损伤，也防止一般性的外部物理性破坏。

防锈包装技法是按清洗、干燥、防锈处理和包装等步骤逐步进行的。一般采用金属表面涂覆防锈材料、放置气相缓蚀剂、塑料封存等方法。

5. 防霉包装技法

防霉包装是在流通与储存过程中，为防止内装物质量受霉菌影响而采取一定防护措施的包装。例如，对内装物进行防潮包装，降低包装容器的相对湿度，对内装物和包装材料进行防霉处理等，防霉包装能使包装及其内装物处于霉菌被抑制的特定条件下，保证内装物质量完好和延长保存期限。防毒技术可以根据产品和包装的性能和要求的不同，而采用不同的防霉途径和措施。

6. 防冲包装技法

商品在流通过程中要在仓库储存，而储存中主要危害物之一是仓虫。仓虫不仅蛀蚀商品和包装材料，而且其排泄物会污染商品。防虫包装就是为了保护内装物免受虫类侵害而采取一定防护措施的包装。例如，在包装材料中掺入杀虫剂，有时在包装容器中使用驱虫剂、杀虫剂或脱氧剂，以增强防虫效果。

7. 危险品包装技法

危险品种类繁多，按其危险性质，交通运输及公安消防部门规定了十大类，即爆炸性物品、氧化剂、压缩空气和液化气体、自燃物品、遇水燃烧物品、易燃液体、易燃固体、毒害品、腐蚀性物品、放射性物品等，有些物品同时具有两种以上危险性。危险品应根据其不同的危险性质采取相应的包装技法。例如，防爆可以采用塑料桶包装，然后将塑料桶装入铁桶或木箱中，铁桶或木箱应有自动放气装置；对有腐蚀性的商品采用涂有防腐材料的金属类容器；对有毒商品主要采取严密不漏气并与外界隔绝的包装等。

8. 集合包装技法

集合包装法是将一定数量的包装件或包装产品装入具有一定规格、一定强度和长期周转使用的更大包装容器内，形成一个合适的搬运单元，包括集装箱、集装托盘、集装袋、滑片集装、框架集装和无托盘集装等。

集合包装在现代运输包装系统中越来越显示其优越性，主要表现有：便于实现产品装卸、运输的机械化和自动化；简化了产品流通环节，加速了产品流通；节省包装费用，降低运输成本；促进了包装规格的标准化。

二、包装标志

包装标志是一种包装辅助物，是指为了便于运输、储存、装卸、销售或使用，在商品包装容器上用醒目的文字和图形所做的特定记号和简要说明。包装标志按其用途可分为运输标志、指示性标志、警告性标志、原产地标志、重量和尺码标志等。

1. 运输标志

运输标志又称为唛头，通常由一个简单的几何图形和一些字母、数字及简单的文字组成，其作用在于使货物在装卸、运输、保管过程中容易被有关人员识别。运输标志的主要内容有四项：一是收货人代号，二是发货人代号，三是目的地，四是件数代号。

2. 指示性标志

指示性标志通常又称为注意标志，指的是在包装物上以简单、醒目的图形和文字提示工作人员在运输、装卸搬运、仓储过程中应注意的一些事项，如小心轻放、防潮、向上、由此吊起、重心点等。

3. 警告性标志

警告性标志又称为危险品标志，对于易燃、易爆、有毒、腐蚀性、放射性等危险品，在其运输包装上清楚而明确地刷制相关的标志，以引起人们的注意，防范危险的发生。

一、流通加工概述

（一）流通加工的概念

中华人民共和国国家标准《物流术语》（GB/T 18354—2021）给出的流通加工的定义：根据顾客的需要，在流通过程中对产品实施的简单加工作业活动的总称。简单加工作业活动包括包装、分割、计量、分拣、刷标志、拴标签、组装、组配等。

流通加工是物品从生产领域向消费领域流动的过程中，厂商为了促进销售、维护产品质量和提高物流效率而进行的加工。流通加工处于生产和流通的区间领域，并不改变商品的基本形态和功能，只是完善物品的使用功能，提高商品的附加价值，同时提高物流系统的效率。随着人们消费的个性化、多样化，流通加工在物流领域的作用越来越重要。从一定意义而言，流通加工是生产加工在流通领域的延伸。

物流环节常见的流通加工方式通常有下列六种。

物流环节常见的流通加工的方式

1. 冷冻加工

为了保鲜而进行的流通加工。生鲜物流中，为了使鲜鱼、鲜肉等在流通过程中达到保鲜的目的，在流通之前对其进行冷冻加工。

2. 分选加工

为了提高产品附加值对鲜果和蔬菜进行的流通加工。例如，对鲜果按照规格大小进行分选、对蔬菜择去多余的根叶等，可以提高商品的市场价值。分选加工主要用于农副产品规格、质量离散较大的情况，为获得一定规格的产品，采取人工或机械方式进行分选。

3. 精制加工

精制加工是指在农牧副渔等产品的产地或销售地设置加工点，去除无用部分，进行切分、洗净、分装等加工，进而可以分类销售。这种加工不但大大方便了购买者，而且还可以对加工过程中的淘汰物进行综合利用。例如，鱼类的精制加工所剔除的内脏可以制成某些药物或用作饲料，鱼鳞可以制作高级黏合剂，头尾可以制鱼粉等；蔬菜的加工剩余物可以制作饲料、肥料等。

4. 分装加工

许多生鲜食品零售起点较低，而为了保证干线高效物流，出厂时包装一般比较大，也有一些是采用集装运输方式运达销售地区。为了便于销售，销售商在销售地区对商品按零售要求进行新的包装，大包装改小包装、散装改小包装、运输包装改销售包装等，以满足消费者对不同包装规格的需求，从而达到促销的目的，如葡萄酒是液体，采用大容器将原液从产地批量地运至消费地，在消费地再进行配制、装瓶、贴商标后出售，这样既可以节约运输费用，又能保障运输安全，使产品以较低的成本卖出较高的价格，附加值大幅度增加。

5. 组装加工

组装加工是指在销售地区，由流通加工点对出厂配件、半成品进行拆箱组装，随即进行销售。组装加工的目的在于完善商品使用价值，并在不做大改变的情况下提高其价值。

6. 定制加工

定制加工是指特别为用户加工制造适合个性的非标准用品。这些用品往往不能由大企业生产，只好由流通加工企业为其"量身定制"。生产制造企业高效率、大批量生产出的产品往往不能满足客户多样化的需求。因此，为满足客户多样化的需求，同时又保证高效的大量生产，一般流通加工对生产出来的单一化、标准化的产品进行多样化改制加工。例如，将平板玻璃按需要的规格开片加工、将木材改成板材和方材、对钢材卷板进行舒展和剪切等。

(二）流通加工的作用

1. 提高原材料利用率

通过流通加工进行集中下料，将生产厂商直接运来的简单规格产品，按用户的要求进行下料。例如，将钢板进行剪板、切裁；将木材加工成各种长度及大小的板、方等。集中下料可以优材优用、小材大用、合理套裁，明显地提高原材料的利用率，有很好的技术经济效果。

2. 方便用户

用量小或满足临时需要的用户，不具备进行高效率初级加工的能力，通过流通加工可以使用户省去进行初级加工的投资、设备、人力，方便了用户。目前，发展快的初级加工有：将水泥加工成生混凝土，将原木或板、方材加工成门窗，将钢板预处理、整形等。

3. 提高加工效率及设备利用率

在分散加工的情况下，加工设备由于生产周期和生产节奏的限制，设备利用时松时紧，使得加工过程不均衡，设备加工能力不能得到充分发挥。流通加工面向全社会，加工数量大，加工范围广，加工任务多，可以充分利用设备，提高设备利用率。

二、流通加工合理化

（一）不合理的流通加工

流通加工具有很多好的作用，但是如果利用不当，也会产生很多负面作用。流通加工合理化就是实现流通加工的最优配置，使流通加工环节的厂商对是否设置流通加工环节、在什么地方设置、选择什么类型的加工、采用什么样的技术装备等做出正确抉择。为了做到避免各种不合理的流通加工形式，下面先了解不合理的流通加工有哪些表现形式。

1. 流通加工地点设置的不合理

流通加工地点的设置是决定整个流通加工是否有效的重要因素。一般来说，为满足单品种大批量生产与多样化需求的流通加工，加工地点应设置在需求地区，这样方能凸显大批量的干线运输与多品种末端配送的物流优势。如果将流通加工地设置在生产地区，一方面，为了满足用户多样化的需求，会出现多品种、小批量的产品由产地向需求地的长距离运输。另一方面，在生产地增加了一个加工环节，同时也会增加近距离运输、保管、装卸等一系列物流活动。即使是产地或需求地设置流通加工的选择是正确的，还有流通加工在小地域范围内的正确选址问题。如果处理不善，仍然会出现不合理状况。例如，交通不便、流通加工与生产企业或用户之间距离较远、加工点周围的社会环境条件不好等。

2. 流通加工方式选择不当

流通加工涉及流通加工对象、流通加工工艺、流通加工技术、流通加工程度等。恰当的流通加工方式实际上是流通加工与生产加工的合理分工。若分工不合理，把本来应由生产加工完成的作业错误地交给流通加工来完成，或者把本来应由流通加工完成的作业错误地交给生产过程去完成，都会造成不合理。

流通加工不是对生产加工的代替，而是一种补充和完善。所以，一般来说，产品如果工艺复杂，技术要求较高，或加工可以由生产过程延续或轻易解决的，都不宜再设置流通加工。如果流通加工方式选择不当，就可能会出现与生产争利的恶果。

3. 流通加工作用不大，形成多余环节

有的流通加工过于简单，或者对提升商品附加值和促进消费的作用都不大，甚至有时由于流通加工的盲目性，不但未能解决品种、规格、包装等问题，而且增加了作业环节。

4. 流通加工成本过高，效益不好

流通加工的一个重要优势就是它有较大的投入产出比，因而能有效地起到补充、完善的作用。如果流通加工成本过高，则不能实现以较低投入获得更高使用价值的目的，势必会影响它的经济效益。

（二）实现流通加工合理化的途径

要实现流通加工的合理化，主要应从以下几个方面加以考虑。

1. 加工和配送结合

将流通加工设置在配送点中，一方面企业可以按配送的需要进行加工；另一方面因为加工又是配送作业流程中分货、拣货、配货的重要一环，如果加工后的产品直接投入配货作业，就无须单独设置一个加工的中间环节，从而使流通加工与中转流通巧妙地结合在一起。同时，配送之前必要的加工可以使配送服务水平大大提高，是当前使流通加工合理化的重要形式，在煤炭、水泥等产品的流通中已经表现出较大的优势。

2. 加工和配套结合

"配套"是指将使用上有联系的商品集合成套地供应给用户使用。例如，方便食品的配套。方便食品中的方便面、盘菜、汤料等不能由某个生产企业全部完成，这样，在物流企业进行适当的流通加工就可以有效地促成配套，大大提高流通作为供需桥梁与纽带的作用。

3. 加工和合理运输结合

流通加工能有效衔接干线运输和支线运输，促进两种运输形式的合理化。利用流通加工，在支线运输转干线运输或干线运输转支线运输等必须停顿的环节，可以不进行一般的支转干或干转支，而是按干线或支线运输合理的要求进行适当加工，从而大大提高运输及运输转载水平。比如，在流通加工点将运输包装转换为销售包装，从而有效衔接不同目的的运输方式。加工与运输的合理结合使产品的整体运作成本降低，这无疑会给流通加工这种职能带来新商机。

4. 加工和合理商流结合

合理的流通加工可以有效地促进商品销售。流通加工与配送服务的相互结合，不仅能提高配送的效率和水平，还大大促进了销售水平。除此之外，流通加工能通过包装、分装、保鲜等加工过程促使商品形态发生改变，从而促进购买便捷。例如，通过简单的流通加工，改变包装规格，形成方便购买的量，或者通过组装加工解除用户使用前进行组装、调试的难题，都是有效促进商流很好的例证。

5. 加工和节约结合

节约能源、节约设备、节约人力、减少耗费是流通加工合理化重点考虑的因素，也是目前我国设置流通加工并考虑其是否合理化的较普遍形式。

对于流通加工合理化的最终判断，是看其是否能提升社会的效益和企业的效益，而且是否取得了最优效益。流通企业如果只是追求企业的局部效益，不适当地进行加工，甚至与生产企业争利，这就有违流通加工的初衷，或者其本身已不属于流通加工的范畴。

6. 流通加工绿色化

绿色流通加工是绿色物流的范畴之一。绿色流通加工的途径主要分为两个方面：一方面变消费者分散加工为专业集中加工，以规模作业方式提高资源利用效率，减少环境污染，如餐饮服务业对食品的集中加工减少家庭分散烹调所造成的能源消耗和空气污染；另一方面是集中处理消费品加工中产生的边角废料，以减少消费者分散加工所造成的废弃物污染，如流通部门对蔬菜的集中加工，减少了居民分散垃圾丢放及相应的环境治理问题。

> **职业素养**
>
> 习近平总书记在党的二十大报告中强调，"发展绿色低碳产业""加快发展物联网，建设高效顺畅的流通体系，降低物流成本"。本模块结合物流工程概论的相关内容，介绍包装与流通加工的定义、包装的功能及技法、流通加工的作用，帮助学生了解物流包装及流通加工的基本概念和背景知识，同时认识到绿色包装及流通加工作为企业产业链的重要组成部分，对于国家经济发展和现代化建设具有重要意义。

模块练习

一、单选题

1. 包装的首要功能是（　　）。
   A．保护产品　　　B．方便流通　　　C．利于营销　　　D．便于使用
2. 商品的包装具有一定的（　　）功能，可以称为"无声的促销员"。恰当的包装能够唤起人们的购买欲望。
   A．保护产品　　　B．方便流通　　　C．利于营销　　　D．便于使用
3. 工业包装也称为（　　），其目的是在运输、保管、装卸过程中保持商品的完好。
   A．运输包装　　　B．商品包装　　　C．促销包装　　　D．防护包装
4. （　　）的透湿性最好。
   A．纸制材料　　　B．金属材料　　　C．木质材料　　　D．塑料材料
   E．玻璃和陶瓷材料
5. （　　）包装是在流通与储存过程中，为防止内装物受霉菌影响而采取的防护性包装。
   A．防虫　　　　　B．防霉　　　　　C．防潮　　　　　D．防锈
6. 防潮包装是用（　　）的材料，将被包装物与外界潮湿大气相隔绝。
   A．低透湿度　　　B．高透湿度　　　C．高透气性　　　D．低透气性

模块七 物流包装与流通加工

7．为用户加工制造适合个性的非标准用品，往往不能由大企业生产，只好由流通加工企业为其"量身定制"。这属于（　　）。

　　A．定制加工　　　　B．精制加工　　　　C．分选加工　　　　D．分装加工

8．许多生鲜食品零售起点较低，而为了保证高效输送出厂，包装一般比较大，也有一些是采用集装运输方式送达销售地区。为了便于销售，在销售地区对商品按零售要求进行新的包装，大包装改小包装、散装改小包装、运输包装改销售包装等，以满足消费者对不同包装规格的需求，从而达到促销的目的。这属于（　　）。

　　A．冷冻加工　　　　B．分选加工　　　　C．精制加工　　　　D．分装加工

9．为提高物流效率而进行的对蔬菜和水果的加工，如去除多余的根叶。这属于（　　）。

　　A．冷冻加工　　　　B．分选加工　　　　C．精制加工　　　　D．分装加工

10．在销售地区，由流通加工点对出厂配件、半成品进行拆箱组装，随即进行销售。这属于（　　）。

　　A．组装加工　　　　B．精制加工　　　　C．分选加工　　　　D．分装加工

二、判断题

1．包装材料的选择直接关系到包装质量和包装费用，有时也影响运输、装卸搬运和仓储环节作业的进行。（　　）

2．作为物流的起点，包装完成之后，包装了的产品便具有了物流的条件，在整个物流过程中，包装起到保护产品、方便物流以及促进销售的作用。（　　）

3．销售包装又称为运输包装，销售包装是指将包装连同商品一起销售给消费者的包装，其主要目的在于美化商品、宣传商品，以扩大销售。（　　）

4．警告性标志通常又称为注意标志，指的是在包装物上以简单、醒目的图形和文字提示工作人员在运输、装卸搬运、仓储过程中应注意的一些事项。（　　）

5．防锈包装技法是按清洗、干燥、防锈处理和包装等步骤逐步进行的。一般采用金属表面涂覆防锈材料、放置气相缓蚀剂、塑料封存等方法。（　　）

6．流通加工的对象是进入流通领域的商品，不具有商品的属性。（　　）

7．为促进销售的流通加工改变了产品的本体。（　　）

8．流通加工利用其综合性强、用户多的特点，可以实行合理规划、合理套裁、集中下料的办法，这就能有效提高原材料利用率，减少损失浪费。（　　）

9．流通加工是在物流从生产领域向消费领域流动的过程中，为了促进销售、维护产品质量和提高物流效率，对产品进行的加工。（　　）

10．流通加工就是越简单越好。（　　）

三、简答题

1．简述包装材料的种类及其主要优点。

2．简述商品包装的一般操作技巧。

3．阐述流通加工的作用。

4．简述不合理流通加工的方式。

模块八　物流信息系统规划与设计

知识目标： 掌握物流信息系统的概念，了解物流信息系统的典型技术，了解物流信息系统规划的方法，掌握企业物流信息系统分析的步骤，掌握物流信息系统设计的步骤，掌握物流信息系统实施的步骤。

能力目标： 学生能够进行物流信息系统分析，包括需求分析、业务流程分析和数据流程分析；能够进行物流信息系统的总体设计。

素质目标： 引导学生把物流信息系统与物流行业业务工作关联起来，进而将物流管理与国家社会、经济发展联系起来，让学生理解物流信息系统的重要性，使学生具备物流信息收集意识以及重视信息化技术运用的基本素质。

学习重点： 物流信息系统的需求分析和业务流程分析。

学习难点： 物流信息系统的业务流程分析。

模块导入

思考： 图8-1体现了物流信息系统的哪些功能？在实际物流工作中有怎样的应用？

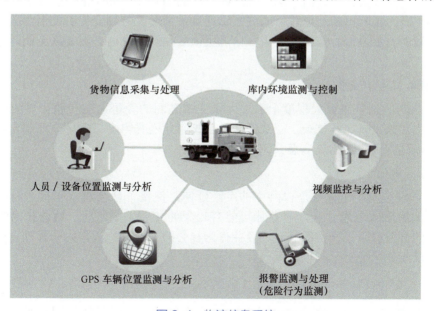

图8-1　物流信息系统

项目一 物流信息系统概述

一、物流信息系统的概念

物流信息系统是指由人员、设备和程序组成的，为物流管理者执行计划、实施、控制等职能提供信息的交互系统，它与物流作业系统都是物流系统的子系统。

物流信息系统建立在物流信息的基础之上，只有具备了大量的物流信息，物流信息系统才能发挥作用。在物流管理中，人们要寻找最经济、最有效的方法来克服生产和消费之间的时间距离和空间距离，就必须传递和处理各种与物流相关的情报，这种情报就是物流信息。它与物流过程中的订货、收货、库存管理、发货、配送及回收等职能有机地联系在一起，使整个物流活动顺利进行。

在企业的整个生产经营活动中，物流信息系统与各种物流作业活动密切相关，具有有效管理物流作业系统的职能。它有两个主要作用：一是随时把握商品流动所带来的商品量的变化；二是提高各种有关物流业务的作业效率。

物流信息系统——物流运营的智能核心

二、物流信息系统的产生背景

随着物流供应链管理的不断发展，各种物流信息的复杂化，各企业迫切要求物流信息化的经济社会发展大背景，计算机网络技术的盛行又给物流信息化提供了技术上的支持。因此，物流信息系统就在企业扎下了根，并且为企业带来了更高的效率。

1. 市场竞争加剧

在当今世界中，基本上都是买方市场。由消费者来选择购买哪个企业生产的产品，他们基本上有完全的决策自由。而市场上生产同一产品的企业多如牛毛，企业要想在竞争中胜出，就必须不断地推陈出新，以较低的成本迅速满足消费者时刻变化着的消费需求，而这都需要快速反应的物流系统。要快速反应，信息反馈必须及时，这必然要求企业建立自己的物流信息系统。

2. 供应链管理的发展

现代企业间的竞争在很大程度上表现为供应链之间的竞争，而在整个供应链中，环节较多，信息相对来说就比较复杂，企业之间沟通起来就困难得多。各环节要想自由沟通，达到信息共享，建立供应链物流信息系统就势在必行。

3. 社会信息化

电子计算机技术的迅速发展，网络的广泛延伸，使整个社会进入了信息时代。在这个网络时代，只有融入信息社会，企业才可能有较大的发展。更何况，信息技术的发展已经为信息系统的开发打下了坚实的基础。企业作为社会的一员，物流作为一种社会服务行业，必然要建立属于物流业自己的信息系统。

三、物流信息系统的功能

物流信息系统是物流系统的神经中枢，它作为整个物流系统的指挥和控制系统，可以分为多种子系统或者多种基本功能。通常可以将其基本功能归纳为以下几个方面。

1. 数据的收集和输入

物流数据的收集首先是将数据通过收集子系统从系统内部或者外部收集到预处理系统中，并整理成为系统要求的格式和形式，然后再通过输入子系统输入到物流信息系统中。这一过程是其他功能发挥作用的前提和基础，如果一开始收集和输入的信息不完全或不正确，在接下来的过程中得到的结果就可能与实际情况完全相左，这将会导致严重的后果。因此，在衡量一个信息系统性能时，应注意它收集数据的完善性、准确性，以及校验能力与预防和抵抗破坏能力等。

2. 信息的存储

物流数据经过收集和输入阶段后，在其得到处理之前，必须在系统中存储下来。即使在处理之后，若信息还有利用价值，也要将其保存下来，以供以后使用。物流信息系统的存储功能就是要保证已得到的物流信息能够不丢失、不走样、不外泄、整理得当、随时可用。无论哪一种物流信息系统，在涉及信息的存储问题时，都要考虑到存储量、信息格式、存储方式、使用方式、存储时间、安全保密等问题。如果这些问题没有得到妥善的解决，信息系统是不可能投入使用的。

3. 信息的传输

物流信息在物流系统中，一定要准确、及时地传输到各个职能环节，否则信息就会失去其使用价值。这就需要物流信息系统具有克服空间障碍的功能。物流信息系统在实际运行前，必须要充分考虑所要传递的信息种类、数量、频率、可靠性要求等因素。只有这些因素符合物流系统的实际需要时，物流信息系统才是有实际使用价值的。

4. 信息的处理

物流信息系统的根本目的就是要将输入的数据加工处理成物流系统所需要的物流信息。数据和信息是有所不同的，数据是得到信息的基础，但数据往往不能直接利用，而信息是从数据加工得到的，它可以直接利用。只有得到了具有实际使用价值的物流信息，物流信息系统的功能才算得以发挥。

5. 信息的输出

信息的输出是物流信息系统的最后一项功能，也只有在实现了这个功能后，物流信息系统的任务才算完成。信息的输出必须采用便于人或计算机理解的形式，在输出形式上力求易读易懂，直观醒目。

这五项功能是物流信息系统的基本功能，缺一不可。而且，只有五个过程都没有出错，最后得到的物流信息才具有实际使用价值，否则会造成严重的后果。

四、物流信息系统的内容

物流信息系统根据不同企业的需要可以有不同层次、不同程度的应用和不同子系统的划分。例如，有的企业由于规模小、业务少，可能使用的仅仅是单机系统或单功能系统，而另一些企业可能就使用功能强大的多功能系统。一般来说，一个完整、典型的物流信息系统可由作业信息处理系统、控制信息处理系统、决策支持系统三个子系统组成。

1. 作业信息处理系统

作业信息处理系统一般有电子自动订货系统（EOS）、销售时点信息系统（POS）、智能运输系统等类型。

2. 控制信息处理系统

控制信息处理系统主要包括库存管理系统和配送管理系统。

库存管理系统负责利用收集到的物流信息，制定出最优库存方式、库存量、库存品种以及安全防范措施等。配送管理系统则将商品按配送方向、配送要求分类，制订科学、合理、经济的运输工具调配计划和配送路线计划等。

3. 决策支持系统

物流决策支持系统是为管理层提供的信息系统资源，主要为决策过程提供所需要的信息、数据支持及方案选择支持，一般应用于非常规、非结构化问题的决策。但是决策支持系统只是一套计算机化的工具，可以帮助管理者更好地决策，但不能代替管理者决策。

案例分析

京东物流集团：成为值得信赖的供应链基础设施服务商

京东集团2007年开始自建物流，2017年4月25日正式成立京东物流集团。京东物流是中国领先的技术驱动的供应链解决方案及物流服务商，以"技术驱动，引领全球高效流通和可持续发展"为使命，致力于成为值得信赖的供应链基础设施服务商。

京东物流建立了包含仓储网络、综合运输网络、配送网络、大件网络、冷链网络及跨境网络在内的高度协同的六大网络，具备数字化、广泛和灵活的特点，服务范围覆盖了中国几乎所有地区、城镇和人口，不仅建立了中国电商与消费者之间的信赖关系，还通过限时达等时效产品和上门服务，重新定义了物流服务标准。

京东物流重视信息技术创新在企业发展中的重要作用。基于5G、人工智能、大数据、云计算及物联网等底层技术，京东物流正在持续提升自身在自动化、数字化及智能决策方面的能力，不仅通过自动搬运机器人、分拣机器人、智能快递车等，在仓储、运输、分拣及配送等环节大大提升了效率，还自主研发了仓储、运输及订单管理系统等，以支持客户供应链的全面数字化，通过专有算法，京东物流在销售预测、商品配送规划及供应链网络优化等领域实现了决策。凭借这些专有技术，京东物流已经构建了一套全面的智能物流系统，实现了服务自动化、运营数字化及决策智能化。京东物流为超过19万家企业客户提供服务，针对快消、服装、家电、家居、3C、汽车、生鲜等多个行业的差异化需求，形成了一体化供应链解决方案。

思考： 查找资料，分析京东物流的信息技术应用有怎样的战略意义。

物流信息系统的典型技术介绍

近年来，随着物流信息技术的不断发展和应用，产生了一系列新的物流理念和新的物流经营方式，推进了物流的变革。现有的常用物流信息技术如图8-2所示。

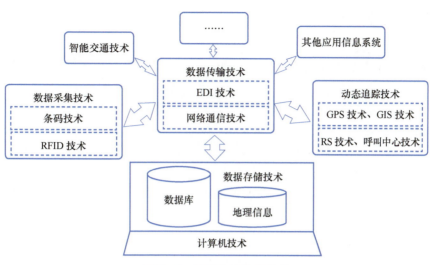

图 8-2　常用物流信息技术

一、物流信息技术认知

信息技术是指获取、传递、处理、再生和利用信息的技术，泛指能拓展人的信息处理能力的技术。目前，信息技术主要包括传感技术、计算机技术、通信技术、控制技术等，它替代或辅助人们完成了对信息的检测、识别、变换、存储、传递、计算、提取、控制和利用。在国家标准《物流术语》（GB/T 18354—2021）中，物流技术（Logistics Technology）是指物流活动中采用的自然科学与社会科学方面的理论、方法，以及设施、设备、装置与工艺的总称。

在国家标准《物流术语》（GB/T 18354—2021）中，物流信息技术（logistics information technology）是指以计算机和现代通信技术为主要手段实现对物流各环节中信息的获取、处理、传递和利用等功能的技术总称。

物流信息技术其实就是指现代信息技术在物流各个作业环节中的应用，是物流现代化的重要标志。物流信息技术也是物流技术中发展最快的领域，从数据采集的条码系统，到办公自动化系统中的微型计算机、互联网、各种终端设备等硬件以及计算机软件都在日新月异地发展。同时，随着物流信息技术的不断发展，一系列新的物流理念和物流经营方式应运而生，并推进了物流的变革。

物流信息技术主要由通信、软件、面向行业的业务管理系统三大部分组成，包括基于各种通信方式的移动通信手段、全球卫星定位技术、地理信息技术、计算机网络技术、自动化仓库管理技术、智能标签技术、条码、射频识别技术、信息交换技术等现代尖端科技。在这些尖端技术的支撑下，形成了以移动通信资源管理、监控调度管理、自动化仓储管理、业务管理、客户服务管理、财务管理等多种信息技术集成的一体化现代物流管理体系。

> **案例分析**
>
> 某物流企业运用地理信息系统和卫星定位技术，让用户可以随时"看到"自己的货物状态，包括运输货物车辆所在位置、货物名称、货物数量、货物重量等，大大提高了监控的透明度。如果需要临时变更线路，也可以随时指挥调动，大大降低了货物的空载率，做到了资源的最佳配置。应用物流信息技术切入物流企业的业务流程，该

企业实现了对物流企业各生产要素（车辆、仓库、司机等）的合理组合与高效利用，降低了经营成本，直接产生了经营效益。

> 据统计，物流信息技术的应用可为传统的运输企业带来明显实效：降低空载率15%～20%；提高对在途车辆的监控能力，有效保障货物安全；网上货运信息发布及网上下单可增加商业机会20%～30%；无时空限制的客户查询功能，有效满足客户对货物在途情况的跟踪监控，可提高业务量40%；对各种资源的合理综合利用，可减少运营成本15%～30%。物流信息技术的应用对传统仓储企业带来的实效表现在：配载能力可提高20%～30%；库存和发货准确率可超过99%；数据输入误差减少，库存和短缺损耗减少；可降低劳动力成本约50%，提高生产力30%～40%，提高仓库空间利用率20%。

二、典型物流信息技术的介绍

根据物流的功能以及特点，物流信息技术主要包括条码技术、射频识别技术、多媒体技术、地理信息系统、全球导航卫星系统、电子数据交换技术、数据管理技术、数据挖掘技术、Web 技术、智能运输系统、遥感技术等。在这些信息技术的支撑下，形成了以移动通信、资源管理、监控调度管理、自动化仓储管理、业务管理、客户服务管理、财务管理等多种业务集成的一体化现代物流信息系统。以下简要介绍 11 种物流信息技术。

几种常用物流信息技术的介绍

（一）条码技术

条码（Bar Code）技术是 20 世纪在计算机应用中产生和发展起来的一种自动识别技术，是集条码理论、光电技术、计算机技术、通信技术、条码印制技术于一体的综合性技术。条码技术是物流自动跟踪的有力工具，被广泛应用。条码技术具有制作简单、信息收集速度快、准确率高、信息量大、成本低和条码设备方便易用等优点，在从生产到销售的流通转移过程中，起到了准确识别物品信息和快速跟踪物品移动的重要作用，是整个物流信息管理工作的基础。条码技术在物流数据采集、快速响应、运输中的应用极大地促进了物流业的发展。

（二）射频识别技术

射频识别（Radio Frequency Identification，RFID）技术，也称无线射频识别技术，是 20 世纪 90 年代兴起的一项非接触式自动识别技术。它利用射频方式进行非接触双向通信，实现不接触操作，应用便利，无机械磨损，寿命长；无需可见光源，穿透性好，抗污染能力和耐久性强；对环境要求低，可以在恶劣环境下工作；读取距离远，无须与目标接触就可以得到数据；支持写入数据，无须重新制作新的标签，可重复使用；使用了防冲撞技术，能够识别高速运动的物体，可同时识别多个射频卡。

射频识别技术使用的领域包括物料跟踪、运载工具和货架识别等要求非接触数据采集和交换的场合，对于要求频繁改变数据内容的场合尤为适用。例如，我国香港地区的车辆自动识别系统——驾易通，采用的主要技术就是射频技术。汽车装上电子标签，装有电子标签的车辆通过装有射频扫描器的专用隧道、停车场或高速公路路口时，无须停车缴费，大大加快了行车速度，提高了效率。射频技术在其他物品的识别及自动化管理方面也得到了较广泛的应用。射频技术是对条码技术的补充和发展，它弥补了条码技术的一些局限性，为大量信息的存储、改写和远距离识别奠定了基础。

（三）多媒体技术

多媒体技术通常被解释为通过计算机将文字、图像、声音和影视集成为一个具有人机交互功能和可编程环境的技术，其中图像包括图形、动画、视频等，声音包括语音、音乐、音响效果等。目前，多媒体技术在各个领域发挥着引人注目的作用。

多媒体技术主要涉及图像处理、声音处理、超文本处理、多媒体数据库、多媒体通信等。

（四）地理信息系统

地理信息系统（Geographic Information System，GIS）是人类在生产实践活动中，为描述和处理相关地理信息而逐渐产生的软件系统。它以计算机为工具，对具有地理特征的空间数据进行处理，能以一个空间信息为主线，将其他各种与其有关的空间位置信息结合起来。它的诞生改变了传统的数据处理方式，使信息处理由数值领域步入空间领域。GIS用途十分广泛，如交通、能源、农林、水利、测绘、地矿、环境、航空、国土资源综合利用等。

（五）全球导航卫星系统

全球导航卫星系统（Global Navigation Satellite System，GNSS）是能在地球表面或近地空间的任何地点为用户提供全天候的三维坐标和速度以及时间信息的空基无线电导航定位系统，包含了中国的BDS（北斗卫星导航系统）、美国的GPS（全球定位系统）、俄罗斯的GLONASS（格洛纳斯卫星导航系统）、欧盟的Galileo（伽利略卫星导航系统）。使用GNSS可以利用卫星对物流及车辆运行情况进行实时监控，可以实现物流调度的即时接单和即时排单，以及车辆动态实时调度管理。同时，客户经授权后也可以通过互联网随时监控运送自己货物车辆的具体位置。如果货物运输需要临时变化线路，也可以随时指挥调动，大大降低货车的空载率，做到资源的最佳配置。全球导航卫星系统主要包括陆地应用，如车辆自主导航、车辆跟踪监控、车辆智能信息系统、车联网应用、铁路运营监控等；航海应用，如远洋运输、内河航运、船舶停泊与入坞等；航空应用，如航路导航、机场场面监控等。

（六）电子数据交换技术

电子数据交换（Electronic Data Interchange，EDI）技术按照协议的标准结构格式，将标准的经济信息通过电子数据通信网络，在商业伙伴的电子计算机系统之间进行交换和自动处理。EDI的基础是信息，这些信息可以由人工输入计算机，但更好的方法是通过扫描条码获取数据，因为这样速度快、准确性高。物流技术中的条码包含了物流过程所需的多种信息，将其与EDI技术相结合，可确保物流信息的及时可得性。

（七）数据管理技术

这里介绍数据库技术和数据仓库技术两种数据管理技术。

数据库技术将信息系统中大量的数据按一定的结构模型组织起来，提供存储、维护、检索数据的功能，使信息系统方便、及时、准确地从数据库中获得所需信息，并以此作为行为和决策的依据。现代物流信息量大而复杂，如果没有数据库技术的有效支持，物流信息系统根本无法运作，更不用说为企业提供信息分析和决策帮助。

数据仓库是决策支持系统和联机分析应用数据源的结构化数据环境。数据仓库研究和解决从数据库中获取信息的问题。数据仓库技术是一个面向主题、集成化、稳定的、包含历史数据的数据集合，它用于支持经营管理中的决策制定过程。与数据库比较，数据仓库中的信息是经过系统加工、汇总和整理的全局信息，而不是简单的原始信息，系统记录的是企业从过去某一时点到目前各个阶段的实时动态信息，而不仅是关于企业当时或某一时点的静态信息。因此，数据仓库的根本任务是将信息加以整理归纳，并及时提供给相应的管理决策人员，支持决策过程，对企业的发展历程和未来趋势做出定量分析和预测。

（八）数据挖掘技术

信息技术的迅速发展使数据资源日益丰富。数据挖掘是一个从大型数据库浩瀚的数据中抽取隐含的、从前未知的、潜在有用的信息或关系的过程。

（九）Web 技术

Web 技术是网络社会中具有突破性变革的技术，是互联网上最受欢迎、最流行的技术之一。它采用超文本、超媒体的方式进行信息的存储与传递，能把各种信息资源有机地结合起来，是具有图文并茂的信息集成能力及超文本链接能力的信息检索服务程序。Web 页面的描述由标识语言（HTML）发展为可扩展的标识语言（XML），使得互联网可以方便地定义行业数据的语义。

（十）智能运输系统

在国家标准《物流术语》（GB/T 18354—2021）中，智能运输系统（Intelligent Transport System，ITS）是指在较完善的交通基础设施上，将先进的科学技术（信息技术、计算机技术、数据通信技术、传感器技术、电子控制技术、自动控制理论、运筹学、人工智能等）有效地综合运用于交通运输、服务控制和车辆制造，加强车辆、道路、使用者三者之间的联系，从而形成的一种保障安全、提高效率、改善环境、节约能源的综合运输系统。严格地说，智能运输系统的每个子系统都有利于提高公路货运的效率和效益。其中，与公路货运密切相关的是商用车辆运营系统。该系统能在运输管理中自动询问和接收各种交通信息，进行合理调度，包括为驾驶员提供一些特殊的公路信息，如桥梁净高、急弯陡坡路段的限速等，对运送危险品等特种车辆的跟踪，以及对车辆和驾驶员的状况进行安全监视与自动报警。在特种车辆自动报警系统中，还装有探测靠近障碍物的电子装置，可保证在道路能见度很低情况下的行车安全。这一系统可使营运车辆的运行管理更加合理化，车辆的安全性和营运效率得到提高，使公路系统的所有用户都能获益于一个更安全可靠的公路环境。

智能运输系统主要包括以下几部分：

（1）先进的交通信息服务系统（ATIS）。它建立在完善的信息网络基础之上，通过装备在道路、机动车、换乘站、停车场以及气象中心的传感器和传输设备，向交通信息中心提供全面的交通信息。ATIS 对各类信息加以处理后，向社会提供实时的道路交通信息、公共交通信息、换乘信息、交通气象信息、停车场信息以及与出行相关的其他信息，出行者可根据这些信息确定自己的出行方式和路线选择。目前该系统已能够建立在互联网上，并采用多媒体技术使 ATIS 的服务功能大大加强，汽车可由此成为移动的"信息中心"和"办公室"。

（2）先进的交通管理系统（ATMS）。ATMS 是一部分与 ATIS 共用信息采集、处理传输功能的系统。但 ATMS 主要是给交通管理者使用的。交通管理者通过 ATMS 对道路系统中的交通状况、交通事故、气象状况和交通环境进行实时监视，根据收集到的信息，对交通进行控制，如控制信号灯、发布诱导信息、进行道路管制、对事故进行处理与救援等。

（3）先进的公共交通系统（APTS）。APTS 的主要功能是改善公共交通工具（包括公共汽车、地铁、轻轨列车、城郊铁路和城市间的长途汽车等）的运行效率，使公共交通运输更便捷、更经济、运量更大。

（4）先进的车辆控制系统（AVCS）。AVCS 从当前的发展看可以分为两个层次。一是车辆辅助安全驾驶系统，系统由车载传感器（微波雷达、激光雷达、摄像机、其他形式的传感器等）、车载计算机和控制执行机构等组成，行驶中的车辆通过车载传感器测定出与前车、周围车辆以及与道路设施的距离，系统会及时向驾驶员发出警报，在紧急情况下强制制动车辆。二是自动驾驶系统，装备了这种系统的汽车也称智能汽车，它在行驶中可以自动导向、自动检测和回避障碍物。在智能公路上，能够在较高速度下自动保持与前车的距离。

（5）货运管理系统。该系统是以高速道路网和信息管理系统为基础，利用物流理论进行管理的智能化的物流管理系统。它综合利用卫星定位、地理信息系统、物流信息及网络技术来有效组织货物运输，提高货运效率。

（6）电子收费系统（ETC）。使用者可以预交一笔通行费，领到一张电子通行卡，将其安装在汽车的指定位置，这样当汽车通过收费站时可实现不停车收费。这种电子收费系统可以使道路的通行效率提高 3～5 倍。

（7）紧急救援系统（EMS）。该系统是一个特殊的系统，它的基础是 ATIS、ATMS 和有关的救援机构和设施，通过 ATIS 和 ATMS 将交通监控中心与专业救援机构联成有机的整体，提供车辆故障现场紧急处置、拖车、现场救护、排除事故车辆等服务。

（十一）遥感技术

遥感技术（Remote Sensing Technology，RST）是从远距离感知目标反射或自身辐射的电磁波、可见光、红外线，对目标进行探测和识别的技术。

遥感技术是 20 世纪 60 年代在航空摄影和判读的基础上随航天技术和电子计算机技术的发展而逐渐形成的综合性感测技术。任何物体都有不同的电磁波反射或辐射特征。航空航天遥感就是利用安装在飞行器上的遥感器感测地物目标的电磁辐射特征，并将特征记录下来，供识别和判断。把遥感器放在高空气球、飞机等航空器上进行遥感，称为航空遥感。把遥感器装在航天器上进行遥感，称为航天遥感。完成遥感任务的整套仪器设备称为遥感系统。航空和航天遥感能从不同高度，大范围、快速和多谱段地进行感测，获取大量信息。航天遥感还能周期性地得到实时实物信息。因此航空和航天遥感技术在国民经济和军事的很多方面获得了广泛的应用。例如，遥感技术可用于植被资源调查、气候气象观测预报、作物产量估测、病虫害预测、环境质量监测、交通线路网络与旅游景点分布、地图测绘和军事侦察等方面。人造地球卫星发射的成功，大大推动了遥感技术的发展。例如，在大比例的遥感图像上，可以直接统计烟囱的数量、直径、分布以及机动车辆的数量、类型，找出其与燃煤、烧油量的关系，求出相关系数，并结合城市实测资料以及城市气象、风向频率、风速变化等因数估算城市大气状况。同样，遥感图像能反映水体的色调、灰阶、形态、纹理等特征的差别。根据这些影像显示，一般可以识别水体的污染源、污染范围、面积和浓度。另外，利用热红外遥感图像能够对城市的热岛效应进行有效的调查。

现代遥感技术主要包括信息的获取、传输、存储和处理等环节，包含这些环节的全套系统称为遥感系统，其核心组成部分是获取信息的遥感器。遥感器的种类很多，主要有照相机、电视摄像机、多光谱扫描仪、成像光谱仪、微波辐射计、合成孔径雷达等。传输设备用于将遥感信息从远距离平台（如卫星）传回地面站。信息处理设备包括彩色合成仪、图像判读仪和数字图像处理机等。

1. 遥感技术的原理

任何物体都具有光谱特性，具体地说，它们都具有不同的吸收、反射、辐射光谱的性能。在同一光谱区各种物体反映的情况不同，同一物体对不同光谱反映的情况也有明显差别。即使是同一物体，在不同的时间和地点，由于太阳光照射角度不同，它们反射和吸收的光谱也各不相同。遥感技术就是根据这些原理，对物体做出判断的。遥感技术通常使用绿光、红光和红外光三种光谱波段进行探测。绿光段一般用来探测地下水、岩石和土壤的特性；红光段探测植物生长、变化及水污染等；红外光段探测土地、矿产等资源。此外，还有微波段，用来探测气象云层及海底鱼群的游弋。

2. 遥感技术的系统组成

遥感技术系统由遥感器、遥感平台、信息传输设备、接收装置以及图像处理设备等组成。遥感器装在遥感平台上，它是遥感系统的重要设备，它可以是照相机、多光谱扫描仪、微波辐射计或合成孔径雷达等。信息传输设备是飞行器和地面间传递信息的工具。图像处理设备对地面接收到的遥感图像信息进行处理（几何校正、滤波等）以获取反映地物性质和状态的信息。图像处理设备可分为模拟图像处理设备和数字图像处理设备两类，现在常用的是后一类。判读和成图设备是把经过处理的图像信息提供给判释人员直接判释，或进一步用光学仪器或计算机进行分析，找出特征，与典型地物特征进行比较，以识别目标。地面目标特征测试设备测试典型地物的波谱特征，为判释目标提供依据。

遥感技术（RST）与地理信息系统（GIS）和全球定位系统（GPS）统称为3S技术。3S技术是空间技术、传感器技术、卫星定位与导航技术和计算机技术、通信技术相结合，多学科高度集成的对空间信息进行采集、处理、管理、分析、表达、传播和应用的现代信息技术。

移动互联技术的发展，使得信息系统的应用形态从早期的企业化，逐渐具有了社会化和智能化特点。同时，人工智能技术的应用和数字化升级，大大提升了信息系统的赋能水平。对于物流企业而言，做好物流信息系统规划具有重要意义。

一、物流信息系统规划的必要性

物流信息系统开发是一项巨大的系统工程，一般的系统工程均有三个成功要素，即合理确定系统目标、组织系统性队伍、遵循系统工程的开发步骤。一个有效的战略规划可以使物流信息系统和用户有较好的关系，可以做到信息资源的合理使用和分配，促进物流信息系统应用的深化，为企业创造更多的利润。

物流信息系统规划要求企业站在战略管理的高度上，以满足企业经营效益目标为主要目的，对信息技术在企业管理中的应用进行整体的设计规划工作。这就要求企业对其组织结构、业务流程和业务信息、当前的运行情况及其发展方向都有深入的认识。在物流信息系统规划过程中，信息化项目的整体策划、对企业现状的深刻调查和描述以及在此基础上展开的企业管理诊断及未来管理竞争力水平定位，都是必不可少的重要工作。

物流信息系统规划是系统生命周期中的第一个阶段，也是系统开发过程的第一步，其质量的好坏直接影响物流信息系统开发的成败。现代企业用于物流信息系统的投资越来越多，物流信息系统的建设是个投资巨大、历时很长的工程项目，规划不好会给企业造成很大的损失，因此要把物流信息系统的规划摆到重要的战略位置。

二、物流信息系统规划的主要任务

信息系统规划是一个组织有关信息系统建设与应用的全局性谋划，主要包括战略目标、策略和部署等内容，它的地位可以从两个方面来考察：一是与企业战略规划的关系；二是与企业信息化规划的关系。

物流信息系统规划的根本目的在于根据企业当前的管理现状进行管理模式的重新设计，建立系统的管理模型，并依此提出对物流信息系统的总体需求。物流信息系统规划关注的是如何通过信息系统来支撑物流业务流程的运作，进而实现企业的关键业务目标，其重点在于对信息系统远景、组成架构、各部分逻辑关系进行规划。物流信息系统规划的主要任务是根据用户的需求，开展初步调查、明确问题、确定系统目标和总体结构，确定分阶段实施进程，并进行可行性研究。物流信息系统规划的交付物是可行性研究报告。

三、物流信息系统规划的原则、流程与方法

（一）物流信息系统规划原则

（1）规划要支持企业的战略目标。企业的战略目标是物流信息系统规划的出发点。物流信息系统规划应从企业目标出发，分析企业管理的信息需求，逐步导出物流信息系统的战略目标和总体结构。

（2）规划整体上着眼于高层管理，兼顾各管理层、各业务层的要求。

（3）规划中涉及的各信息系统结构要有好的整体性和一致性。物流信息系统的规划和实现大体是一个自上向下规划、自下向上实现的过程。采用自上而下的规划方法，可以保证系统结构的完整性和信息的一致性。

（4）物流信息系统应该适应企业组织结构和管理体制的改变，弱化物流信息系统对组织结构的依从性，提高信息系统的应变能力。组织结构可以有变动，但最基本的活动和决策大体上是不变的。

（5）便于实施。信息系统规划应给后续工作提供指导，要便于实施，考虑实用的同时要有一定的前瞻性。

（二）物流信息系统规划流程

物流信息系统规划的流程主要包括以下步骤：

（1）分析企业信息化现状。首先要明确并理解企业的发展战略，明确企业各个部门、各个分支结构为实现企业战略需要承担的工作以及各个部门的协作关系（业务流程）；其次要分析企业目前的信息化程度和现有的信息资源；最后分析研究信息技术在行业发展中的作用，掌握信息技术本身的发展现状。

（2）制定企业信息化战略。根据本企业的战略目标提出信息化需求，明确企业信息化的总目标和相关任务，定义企业信息化的发展方向和企业信息化在实现企业战略过程中应起到的作用，并制定信息技术部门管理和实施信息化工作的制度和办法。

（3）信息系统规划方案拟定和总体构架设计，包括技术路线、实施方案、运行维护方案等。

（三）物流信息系统规划方法

用于物流信息系统规划的方法很多，常见的主流方法有：

（1）信息系统规划（Information System Planning，ISP）。信息系统规划方法从企业战略出发，构建企业基本的信息系统架构，对企业内、外信息资源进行统一规划、管理与应用，利用信息系统控制企业行为，辅助企业进行决策，帮助企业实现战略目标。ISP方法经历了三个主要阶段，各个阶段使用的方法也不一样。第一阶段主要是以数据处理为核心，围绕智能部门需求进行信息系统规划，主要的方法包括企业系统规划法、关键成功因素法和战略集合转化法；第二阶段主要是以企业内部管理信息系统为核心，围绕企业整体需求进行信息系统规划，主要的方法包括战略数据规划法、信息工程法和战略栅格法；第三阶段是在综合考虑企业内外环境的情况下，以集成为核心，围绕企业战略需求进行信息系统规划，主要的方法包括价值链分析法和战略一致性模型。

（2）企业系统规划（Business System Planning，BSP）。企业系统规划方法是IBM公司于20世纪70年代提出的一种方法，主要用于大型信息系统的开发。对大型信息系统而言，BSP是自上而下规划，自下而上分步实现的。企业系统规划过程如图8-3所示。

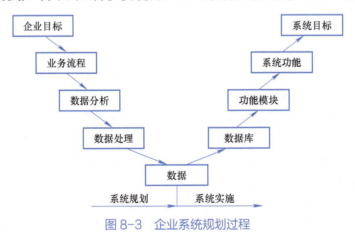

图8-3 企业系统规划过程

物流信息系统的应用如图8-4所示，针对每个业务流程，都需要做好物流信息系统的

分析与设计。

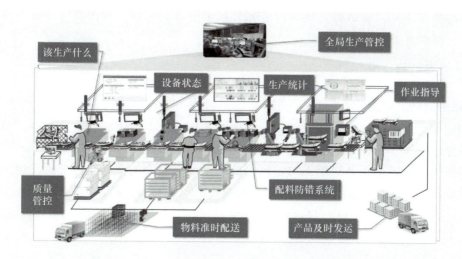

图 8-4　物流信息系统应用

一、物流信息系统分析

物流信息系统分析是在总体规划的指导下，对物流信息系统进行深入、详细的调查研究，确定新系统的逻辑模型的过程。物流信息系统分析的主要任务是定义或确定新系统应该"做什么"的问题。物流信息系统分析包括需求分析、业务流程分析和数据流程分析，通过这些分析确定系统逻辑模型，形成系统分析说明书。

（一）需求分析

所谓需求分析，是指对要解决的问题进行详细的分析，弄清楚问题的要求。它解答了"做什么"的问题，目的是全面地理解用户的各项要求，并准确地表达所接受的用户需求。

需求分析阶段的工作包括问题识别、分析与综合、制定需求规格说明书和评审四项内容。

1. 问题识别

问题识别是从系统角度来确定对所开发信息系统的综合需求，并提出这些需求的实现条件，以及应该达到的标准。这些需求包括：功能需求（做什么）、性能需求（要达到什么指标）、环境需求（如机型、操作系统等）、可靠性需求（如不发生故障的概率）、安全保密需求、用户界面需求、资源使用需求（如信息系统运行所需的内存、中央处理器等），信息系统成本消耗与开发进度需求。

2. 分析与综合

逐步细化所有的系统功能，找出系统各元素间的联系、接口特性和设计上的限制，分析它们是否满足需求，剔除不合理部分，增加需要部分，最后综合成系统的解决方案，给出要开发的系统的详细逻辑模型。

3. 制定需求规格说明书

描述需求的文档称为系统需求规格说明书。需求分析阶段的成果是需求规格说明书，以便向下一阶段提交。

4. 评审

对功能的正确性、完整性和清晰性以及其他需求进行评审。评审通过才可进行下一阶段的工作，否则重新进行需求分析。

（二）业务流程分析

1. 组织结构与功能分析

组织结构与功能分析是系统分析中比较简单的环节，主要内容包括三部分：组织结构分析、业务过程与组织结构之间的联系分析、业务功能汇总。

组织结构与功能分析是对组织内各部门的职能和部门间的关系进行分析。组织结构分析的结果是获得一张反映组织内部之间隶属关系的组织结构图，如图 8-5 所示。

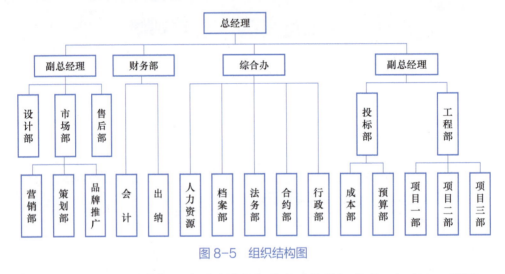

图 8-5 组织结构图

业务功能分析的结果是获得一张反映该部门业务功能的汇总表，如表 8-1 所示。

表 8-1 某项目部门业务功能汇总表

功能	作业规划				入库管理				储存及保管				出库管理		安全卫生管理		
项目	日常作业管理	仓库货区规划	货位规划	物品编码	入库前的准备	物品接运	物品验收	入库资料管理	货品储存	货品盘点	货品保管	货品储存控制	货品发放	货品出库	安全作业管理	消防管理	卫生管理

2. 业务工作流程描述

这是对业务功能分析的进一步细化，通常使用业务流程图（Transaction Flow Diagram，TFD）来描述业务工作流程。TFD 是一个反映企业业务处理过程的"流水账本"。图 8-6 反映了货物入库的业务流程。

（三）数据流程分析

数据流程分析就是把数据在现行系统内部的流动情况抽象出来，隐藏具体的组织机构、信息载体、处理工作等物理组成，单纯从数据流动过程来考察实际业务的数据处理模式。

现有的数据流程分析大多是通过分层的数据流图（Data Flow Diagram，DFD）来实现的。因此，数据流图是系统分析员与用户之间交流的有效手段，也是系统设计的主要依据。

图 8-7 是把图 8-6 所示的货物入库业务流程抽象为货物入库数据流图的结果。

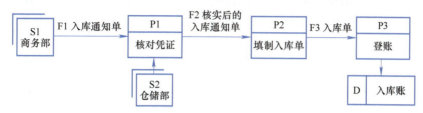

图 8-6　货物入库业务流程

二、物流信息系统设计

物流信息系统分析报告（包括物流信息系统需求规格说明书）经过评审批准后，就可以开始物流信息系统设计了。物流信息系统设计又称新系统的物理设计，就是根据物流信息系统分析报告确定的新系统的逻辑模型建立新系统的物理模型。也就是根据物流信息系统分析确定的新系统的逻辑功能的要求，考虑实际条件，进行各种具体设计、确定系统的实施方案，具体解决新系统应该"怎么做"的问题。

物流信息系统设计的指导思想是结构化的设计思想，就是用一组标准的准则和图表工具，确定系统有哪些模块，用什么方式联系在一起，从而构成最优的系统结构。在这个基础上再进行各种输入、输出、处理和数据存储等详细设计。物流信息系统设计可分两步进行，即总体设计和详细设计。

（一）总体设计

物流信息系统的总体设计，又称概要设计，根据物流信息系统分析报告确定系统目标、功能和逻辑模型，为系统设计一个基本结构，从总体上解决如何在计算机系统上实现新系统的问题。总体设计不涉及物理设计细节，而是把着眼点放在系统结构和业务流程上。总体设计包括：

（1）确定系统的输出内容、输出方式以及介质等。

（2）根据系统输出内容，确定系统数据的发生、采集、介质和输入形式。

（3）根据系统的规模、数据量、性能要求和技术条件等，确定数据组织和存储形式、存储介质。

（4）运用结构化的设计方法对新系统进行划分，即按功能划分子系统，明确子系统的子目标和子功能，按层次结构划分功能模块，画出系统结构图。

（5）根据系统的要求和资源条件，选择计算机系统的硬件和软件。

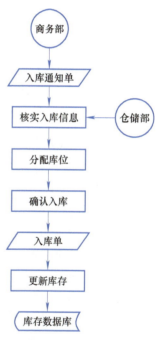

图 8-7　货物入库数据流

物流信息系统总体设计与详细设计

（6）制订新系统的引进计划，用以确保系统详细设计和系统实施按计划有条不紊地进行。

（二）详细设计

详细设计就是在物流信息系统总体设计的基础上，对物流信息系统的各个组成部分进行详细的、具体的物理设计，使物流信息系统总体设计阶段设计的蓝图逐步具体化，以便付诸实现。详细设计包括的内容是：

1. 代码设计

对被处理的各种数据进行统一的分类编码，确定代码对象及编码方式，并为代码化对象设置具体代码，编制代码表以及规定代码管理方法等。

2. 输入、输出详细设计

进一步研究和设计输入数据以什么样的形式记录在介质上，输入数据的校验，输出信息的方式、内容和格式等。另外，还有人机对话的设计等。

3. 数据存储详细设计

数据存储的设计就是对文件（或数据库）的设计。对文件的设计就是文件记录的格式、文件容量、文件物理空间的分配、文件的生成、文件维护以及管理等的设计。

4. 处理过程设计

处理过程设计就是对系统中各功能模块进行具体的物理设计，包括处理过程的描述，处理流程图的绘制，与处理流程图相对应的输入、输出、文件的设计。

5. 编制程序设计说明书

程序设计说明书是程序员编写程序的依据，应当简明扼要、准确、规范化地表达处理过程的内容和要求。程序设计说明书的内容包括：

（1）程序说明，包括程序名称、所属系统名称、子系统名称、计算机硬件和软件配置、使用的计算机语言、程序的功能、处理过程、处理方法等。

（2）输入、输出数据和文件的定义，包括文件名称、数据项目规定、文件介质、输入与输出设备、输入与输出项目名称以及条件和要求、模块间的接口关系等。

（3）处理概要，包括绘制概要流程图、编号处理的概要说明等。

三、系统实施

系统实施就是把系统设计阶段的成果（系统的物理模型）转化成投入运行的实际系统。系统实施包括：

1. 拟定系统实施方案

系统实施阶段的工作量很大，主要包括软、硬件环境准备、程序开发、调试测试（试运行）、新旧系统转换和培训等工作，任务复杂，而且涉及面广。因此，要全面进行实施方案制定，确定实施的方法、步骤、时间和费用。

2. 设备安装调试

根据系统设计阶段提出的设备配置方案购置计算机系统，进行计算机房的设计施工，计算机系统及各种设备的安装、调试等。

3. 程序编码

根据程序设计说明书，进行程序流程的设计和程序的编制。

4. 程序调试和系统测试

在进行程序调试和系统测试前，应从多方面予以考虑，准备好调试和测试所需数据。程序调试分程序单调、模块分调、子系统调试和系统联调。调试成功的系统在正式运行前还要进行系统测试。所谓系统测试，就是试运行，用以检验系统运行的正确性、可靠性和效率。

5. 系统转换

系统转换就是用新系统代替旧系统。系统转换通常有直接转换、平行转换和逐步转换三种方式。

（1）直接转换，就是用新系统直接取代旧系统，中间没有过渡阶段。

（2）平行转换，就是新、旧系统同时并行工作一段时间，先以旧系统为作业系统，新系统的处理用以进行校核。过一段时间后，再以新系统作为作业系统，而以旧系统的处理作校核。最后，用新系统取代旧系统。

（3）逐步转换，就是分阶段一部分一部分地以新系统取代旧系统。

三种转换方式各有利弊，在实际的转换工作中往往配合使用，以便系统顺利转换。

6. 用户培训

用户培训，包括事务管理人员的培训、系统操作人员的培训和系统维护人员的培训。

> **案例分析**
>
> **百世汇通"双11"信息技术创新**
>
> 　　11月份本身就是电商销售旺季，"双11购物节"更是起到了叠加效应，让短期快递量爆发增长的不确定性更强。为了应对"双11"挑战，百世汇通除了进行常规性质的人员调配、场地布局调整和策略安排，还采取了一些具备自身特色的创新策略，主要包括信息技术创新运用和管理创新两方面。
>
> 　　对于快递企业而言，"双11"的核心问题在于业务量的不确定性，解决这一问题的关键在于数据预测，对数据分析要求较高。对此，百世汇通除对接天猫外，还自行开发创建了一套数据分析、信息预测系统，通过信息系统指导优化路由，分拨管理，可以实现信息提前到达，相对分拨中心提前6~12h，对末端配送提前24h，有助于作业单位提前进行准备和调整。同时，百世汇通建立了运营、网管质量自动控制系统，运营系统主要监控车辆装载和到达；网管系统以网点监控的方式，根据分析准点签收率，找出压力过大的网点，排查延误原因，并通过设置红、蓝、黄三个阈值对业务压力进行分级，指导资源调配。目前快递员年轻化趋势明显，95%以上拥有并熟练操作智能手机，针对这一特点，百世汇通自主开发了一套业务员手机App，使手机具备扫描、信息入库、查找网点信息、发布信息等功能，打通了企业物流信息系统与手机末端的信息通路，实现了信息互动，同时也节省了物流成本。
>
> **思考：**以百世汇通为例，快递企业应如何设计高效的物流信息系统？

职业素养

党的二十大报告指出：推动战略性新兴产业融合集群发展，构建新一代信息技术、人工智能、生物技术、新能源、新材料、高端装备、绿色环保等一批新的增长引擎。新一代信息技术产业是国民经济的战略性、基础性和先导性产业，构成了新时代物流企业信息化的技术基础。

模块练习

一、单选题

1．系统转换就是用新系统代替旧系统，系统转换通常有直接转换、（　　）和逐步转换三种方式。

  A．平行转换　　　B．实施转换　　　C．使用转换　　　D．测试转换

2．系统设计的指导思想是结构化的设计思想，在这个基础上再进行各种输入、输出、处理和（　　）的详细设计。

  A．数据存储　　　B．页面样式　　　C．功能描述　　　D．数据分类

3．需求分析阶段的工作包括（　　）、分析与综合、制定需求规格说明书和评审四项内容。

  A．定性分析　　　B．定量分析　　　C．问题识别　　　D．数据识别

4．物流信息系统规划是从（　　）出发，构建企业基本的信息系统架构，对企业内、外信息资源进行统一规划、管理与应用，利用信息系统控制企业行为，辅助企业进行决策，帮助企业实现战略目标。

  A．企业战略　　　B．企业结构　　　C．市场收益　　　D．企业业务

5．一般的系统工程均有三个成功要素，即合理确定（　　）、组织系统性队伍、遵循系统工程的开发步骤。

  A．系统环境　　　B．系统费用　　　C．团队领导　　　D．系统目标

二、判断题

1．物流信息系统规划是物流系统设计的重要部分，应该与物流系统其他部分同步进行。（　　）

2．在物流信息系统规划中，需求分析是首要步骤，需要明确系统的功能和性能要求。（　　）

3．物流信息系统的设计应该注重系统的可扩展性和灵活性，以适应未来业务的变化。（　　）

4．物流信息系统的设计应该注重系统的成本效益，以确保系统的投资回报。（　　）

5．在物流信息系统规划中，技术可行性分析是重要的一步，需要评估技术的可行性和成熟度。（　　）

三、简答题

简述物流信息系统分析与设计的具体工作。

模块九　现代物流工程与物流管理

知识目标：了解供应链与供应链管理、绿色物流、逆向物流、精益物流、第四方物流的概念，掌握供应链管理的框架及原则。

能力目标：能够了解绿色物流、逆向物流、精益物流、第四方物流在供应链中的作用，理解物流管理的实施需要科学的物流工程手段来支持，让企业可以更好地适应市场需求、提高竞争力，实现整个供应链的协同发展。

素质目标：将现代物流工程与物流管理结合起来，理解科学技术与管理方法相结合的重要性；了解现代物流行业的发展趋势以及国家的发展趋势，有意识地向综合型人才靠拢；培养全局观、创新意识、合作意识。

学习重点：供应链管理的框架及原则。

学习难点：绿色物流、逆向物流、精益物流、第四方物流在供应链中如何运作。

模块导入

思考：小米手机的供应链流程如图9-1所示，供应链流程中包括哪些主要环节？涉及哪些组织和个人？

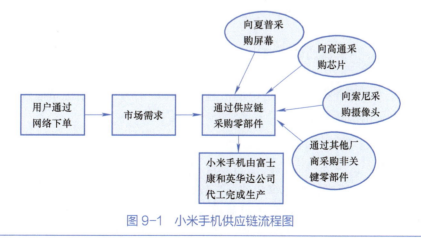

图9-1　小米手机供应链流程图

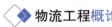

项目一　供应链与供应链管理

一、供应链

供应链是指一系列通过物流、信息流和资金流相互关联、相互协作的企业活动，这些活动旨在将产品或服务从原材料的生产环节推向最终用户，形成一个端到端的流程。供应链的演变历程可以追溯到20世纪初，随着工业化和全球化的发展，供应链管理逐步演变为一个复杂而关键的领域。2021年，我国发布实施的《物流术语》（GB/T 18354—2021）对供应链的定义是："生产及流通过程中，围绕核心企业的核心产品或服务，由所涉及的原材料供应商、制造商、分销商、零售商直到最终用户等形成的网链结构。"

（一）供应链的基本结构

供应链一般由五部分构成：
（1）供应商。供应商指给生产厂家提供原材料或零部件的企业。
（2）厂家。厂家负责产品生产、开发和售后服务等。
（3）分销企业。分销企业即产品流通代理企业，实现将产品送到经营地理范围的每个角落。
（4）零售企业。零售企业即将产品销售给消费者的企业。
（5）消费者。消费者是整条供应链的唯一收入来源。

（二）供应链的流程

一般而言，企业为了满足生产经营需要，向供应商购买产品或服务的行为称为采购。采购是物流的一个职能，物流包括了采购、运输、仓储等一系列作业。而物流又是供应链的一部分。供应链一般包括物资流通、商业流通、信息流通、资金流通四个流程。

（1）物资流通。物资流通即商品流通的过程，该流程的方向是由供货商经由厂家、批发与物流、零售商等指向消费者。
（2）商业流通。商业流通的方向是在供货商与消费者之间双向流动的，是指接受订货、签订合同等的商业流程。
（3）信息流通。信息流通的方向也是在供货商与消费者之间的双向流动，是指商品及交易信息的流程。
（4）资金流通。资金流通即指货币的流通，该流程的方向是由消费者经由零售商、批发与物流、厂家等指向供货商。

（三）供应链的意义

供应链是以客户需求为导向，以提高质量和效率为目标，以整合资源为手段，实现产品设计、采购、生产、销售、服务等全过程高效协同的组织形态。近年来，由于买方市场的形成、信息技术的快速发展、市场竞争日益激烈等因素，供应链越来越重要，供应链已经成为企业竞争的核心，谁在供应链上有优势，谁就能在竞争中占得先机。供应链的意义具体体现为以下几点。

（1）节约交易成本。通过供应链整合资源，将降低商流、物流、资金流和信息流成本，缩短交易时间，减少重复生产和浪费。

（2）降低存货水平。通过供应链整合资源，供应商能够随时掌握存货信息，组织生产，及时补充。

（3）降低采购成本。通过供应链整合资源，供应商能够方便地取得存货和采购信息。

（4）提高客户满意度。通过供应链的自动化，企业不仅能生产出客户需要的产品，而且能减少生产的时间，缩短循环周期，使客户满意度最大化。

（5）提高竞争优势。整合相关方的核心优势，能够使整个供应链的竞争优势达到最大化，从而使产业竞争优势最大化。

（6）业务网络扩张。通过建立供应链系统，企业就建立起了自己的业务网络。

（四）供应链的基本类型

（1）垂直一体化供应链（Vertical Integration Supply Chain）。企业拥有和控制了整个供应链，从原材料的采购到最终产品或服务的销售都在公司内部完成。这种模型有助于提高企业对整个供应链的控制，但可能会增加成本和复杂性。例如，汽车制造公司可能拥有自己的钢铁厂、橡胶厂和玻璃厂，以直接控制关键原材料的供应。这有助于确保对关键资源的稳定供应，但也可能增加运营和资本成本。

（2）水平一体化供应链（Horizontal Integration Supply Chain）。不同企业在同一产业链上合并或合作，共同参与供应链中的不同环节。这种形式的供应链合作有助于资源共享、降低成本、提高效率。例如，电子公司与半导体制造公司合作，以确保稳定的芯片供应。这种合作可以降低生产成本，提高效率，使得公司能够更好地满足市场需求。

（3）逆向供应链（Reverse Supply Chain）。与传统供应链相反，逆向供应链关注的是产品或材料的回收、再制造、再利用和处理。这在可持续发展和环保方面具有重要意义。电子废弃物回收公司与电子制造商合作，将废弃的电子产品进行回收、拆解和再利用。这有助于减少废弃物对环境的影响，同时提供再制造的机会。

（4）延伸供应链（Extended Supply Chain）。将供应链的范围扩展到包括供应商的供应商和客户的客户。这有助于提高整个价值链的可见性和协同性。一家食品制造公司与农业合作伙伴建立了紧密的关系，以确保原材料的可持续供应。这种延伸的合作使得公司能够更好地管理整个价值链。

（5）虚拟供应链（Virtual Supply Chain）。通过信息技术和网络连接，实现远程合作和数字化的供应链。这种模型强调信息的流动和实时协同。通过数字平台，一家电商公司与各个供应商建立了虚拟供应链。这种数字化的协同使得信息能够实时流通，提高了供应链的透明度和灵活性。

（6）敏捷供应链（Agile Supply Chain）。针对市场需求的变化，强调快速响应和灵活性。这包括灵活的生产、库存管理和高效的信息流动。快时尚零售公司采用敏捷供应链，能够迅速调整生产计划以适应市场趋势。这使得公司能够更灵活地应对快速变化的时尚需求。

（7）脆弱性供应链（Fragile Supply Chain）。供应链的弱点暴露在外部冲击下，缺乏应对不确定性和风险的能力。某公司过度依赖单一供应商，当该供应商遇到问题时，公司供应链遭受重大冲击。这种情况突显了供应链的脆弱性，强调了多元化供应链的重要性。

（8）可持续供应链（Sustainable Supply Chain）。强调社会责任、环保和可持续发展。企业在供应链中考虑环境和社会影响，追求经济、社会和环境的平衡。食品和饮料公司采用可持续供应链实践，通过与农民建立可持续农业合作，减少对土地和水资源的压力。这有助于提高公司的可持续性，并满足消费者对环保产品的需求。

这些供应链类型并非相互独立，一个供应链可能同时具有多种特征。选择适合企业需求和战略目标的供应链类型是重要的战略决策。

二、供应链管理

供应链管理（Supply Chain Management，SCM）是一种综合性的、跨职能的管理方法，旨在协调和整合各个环节，以实现从原材料供应到最终产品交付给消费者的全过程管理。供应链管理的目标是通过有效的规划、执行和控制，最大化整个供应链的价值和效益。

《物流术语》(GB/T 18354—2021)中将供应链管理定义为：从供应链整体目标出发，对供应链中采购、生产、销售各环节的商流、物流、信息流及资金流进行统一计划、组织、协调、控制的活动和过程。

（一）供应链管理的职能

供应链管理主要包括以下职能：

（1）采购管理。确保获得高质量、合适数量的原材料和零部件，与供应商建立合作关系，以获得最佳的采购条件。

（2）生产计划与制造管理。确保生产活动按照需求计划进行，最大化生产效率，同时保持产品质量。

（3）库存管理。确保库存水平适当，防止过度库存和缺货，通过合理的库存管理平衡供应和需求。

（4）物流与运输管理。确保产品能够以最经济的方式从生产地点运送到销售地点，包括选择最佳的运输方式和优化物流网络。

（5）订单处理与管理。确保订单的及时、准确处理，以满足客户需求，并确保库存水平的合理控制。

（6）供应链规划与协调。确保整个供应链各环节之间的协调和合作，通过有效的规划来应对市场需求的波动。

（7）信息流管理。确保供应链中的信息流通畅，以支持决策制定和执行，包括采集、分析和共享信息。

（8）风险管理。管理与供应链相关的风险，包括市场风险、自然灾害、供应商关系风险等，以降低潜在的影响。

（二）供应链管理的作用

供应链管理的目标是协调和优化整个供应链的各个环节，以实现效益和价值。供应链管理具有以下作用：

（1）降低成本。通过有效的供应链管理，可以降低采购、生产、运输和库存等方面的成本。通过精细的计划和协调，可以减少废料、库存积压和运输成本，从而提高整体效益。

（2）提高效率。供应链管理旨在优化各个环节，确保资源的高效利用，通过缩短生产周期、加快交付速度和提高生产线的利用率，可以实现整体效率的提升。

（3）提高产品质量。通过对供应链的有效管理，可以确保原材料和零部件的质量，减少生产过程中的变异，提高最终产品的质量和一致性。

（4）提高客户满意度。供应链管理有助于及时满足客户需求，确保产品按时交付且符合客户期望。这可以通过准确的需求计划、及时的生产和高效的物流实现。

（5）提升灵活性。现代市场变化迅速，供应链管理旨在使企业更具灵活性，能够迅速调整生产、库存和供应计划，以适应市场的波动和变化。

（6）建立合作伙伴关系。供应链管理鼓励建立稳固的供应链伙伴关系，包括供应商、制造商、物流服务提供商等。建立合作关系可以更好地共享信息、降低风险、提高效率。

（7）加强创新能力。通过与供应链伙伴的合作，企业可以更好地获取创新的想法和技术，促进产品和流程的创新，从而在市场上保持竞争力。

（8）提高供应链的可持续性。考虑环境、社会和经济的可持续性是供应链管理的重要目标。通过减少资源浪费、优化能源使用和关注社会责任，企业可以提高供应链的可持续性。

综合来看，供应链管理的目标是实现全面的、持续的、协同的价值链管理，以在市场竞争中获得优势并满足各方的期望。

（三）供应链管理框架

供应链管理框架是指用于组织、规划和控制整个供应链活动的结构或模型。不同的组织和专业领域可能采用不同的框架，以下是一些常见的供应链管理框架：

1. SCOR 模型

SCOR（Supply Chain Operations Reference）模型是由全球供应链委员会（Supply Chain Council）开发的，被广泛用于评估和改进供应链绩效。它包含了五个主要的管理过程：计划、采购、制造、交付、返回。每个过程都有一系列关键的性能指标。

（1）SCOR 模型的主要层面：

1）流程层面（Process Level）。SCOR 模型定义了一组核心的供应链管理流程，涵盖了计划、采购、生产、交付和返回等主要活动。这些流程被分为四个层面：管理、配置、执行和监控。

2）性能度量层面（Performance Level）。SCOR 模型提供了一套标准的性能度量，用于评估供应链的效率、效果和灵活性。这些性能指标涉及时间、成本、服务水平等方面，能帮助组织了解其供应链的运作状况。

3）最佳实践层面（Best Practice Level）。SCOR 模型描述了在各个供应链流程中获得卓越绩效的最佳实践。这包括了一系列在不同产业和组织中被证明有效的方法和技术。

4）应用软件层面（Application Software Level）。SCOR 模型还提供了关于支持供应链管理流程的信息技术应用的指导。这包括了应用软件的功能和特性，能支持供应链管理的各个方面。

（2）SCOR 模型的主要运作步骤：

1）定义流程。组织首先要识别并定义其供应链中的关键流程，例如计划、采购、生产等。

2）选择性能度量。针对每个流程，确定适当的性能度量，以便评估和监测供应链的表现。

3）采用最佳实践。结合 SCOR 模型提供的最佳实践，组织可以优化其流程，提高效率和效果。

4）整合信息技术。根据 SCOR 模型的应用软件层面，组织可以选择和整合适当的信息技术工具，以支持流程的自动化和监测。

5）不断改进。SCOR 模型强调持续改进的概念。通过定期评估性能、比较最佳实践，并根据结果调整流程和应用软件，组织可以不断优化其供应链。

通过遵循 SCOR 模型，组织可以更好地理解其供应链活动，与其他组织进行比较，并采取措施改进其供应链的效率和效果。这种标准化的方法有助于建立跨行业、跨组织的共享经验和最佳实践。

（3）SCOR 模型的运作流程：

SCOR 模型的运作流程如图 9-2 所示。

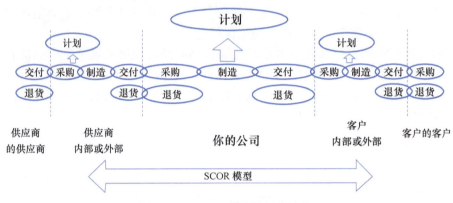

图 9-2　SCOR 模型的运作流程

2. GSCF 框架

GSCF（Global Supply Chain Forum）框架是由全球供应链论坛提出的，强调战略和战术的层面。

GSCF 框架包含了 9 个基本流程，分为三个层次：战略层（战略定位、战略配置、战略执行）、战术层（采购、制造、分销、市场服务）、操作层（供应链计划、订单执行）。

3. CPFR 模型

CPFR（Collaborative Planning Forecasting and Replenishment）模型是一种协同的供应链管理方法，强调共享信息和协同决策。

CPFR 包括计划和预测、需求和供应计划、库存协同、补货协同等步骤。

4. 物理 – 信息 – 金融模型

将供应链活动划分为物理流、信息流和金融流三个层面，强调这三个方面的协同作用和集成。

5. 4PL 模型

4PL（第四方物流）提供更高级别的供应链服务，包括战略规划、技术整合和全球供应链管理。

4PL 通常作为供应链的外包方，整合多个 3PL（第三方物流）服务。

6. 风险管理框架

风险管理在供应链中变得越来越重要。风险管理框架通常包括风险识别、评估、规划和监控等步骤，以降低供应链的不确定性和脆弱性。

这些框架提供了一种理解和组织供应链管理活动的方式，以帮助组织优化其供应链流程，提高效率、降低成本，并提升整体绩效。选择适合特定组织需求的框架是关键，通常需要根据组织的规模、行业、市场需求等因素进行调整和定制。

（四）供应链管理的原则和优化

供应链管理是涉及产品或服务从生产到最终用户的全过程的管理领域。以下是供应链管理的一些基本原则和优化方法。

1. 供应链管理的原则

（1）整体优化。供应链的各个环节应当作为一个整体进行优化，而不是各个环节单独优化。这涵盖从原材料采购到生产、配送、库存管理以及最终销售的全过程。

（2）需求管理。确保对市场需求的准确预测，以便能够调整供应链的各个环节，以满足实际需求。

（3）合作伙伴关系。建立和维护有效的合作伙伴关系，包括供应商、制造商、分销商等。合作伙伴之间的协同合作可以提高整个供应链的效率。

（4）库存管理。避免过多的库存，同时确保足够的库存以满足需求。这需要平衡库存成本和服务水平。

（5）信息流和技术支持。有效的信息流是供应链管理的核心。使用先进的信息技术来加强沟通、数据分析和决策支持。

（6）灵活性。供应链需要具有一定的灵活性，能够迅速调整以适应市场变化、新产品推出或其他突发事件。

（7）可持续性。考虑供应链的社会、环境和经济可持续性。这包括减少资源浪费、降低碳排放以及关注供应链伦理。

2. 供应链管理的优化方法

（1）采用先进技术。利用先进的供应链管理软件和技术，如物联网（IoT）、大数据分析、人工智能等，提高信息流的效率和准确性。

（2）实施精益生产。精益生产原则强调减少浪费、提高效率。精益生产可以识别和消除供应链中的不必要环节，从而降低成本并提高交付速度。

（3）建立风险管理机制。识别潜在风险，并建立相应的风险管理机制。这包括供应商风险、市场波动、自然灾害等。

（4）采用供应链网络设计。优化供应链网络结构，考虑生产、仓储和分销网络的最佳配置，以提高整个供应链的效率。

（5）持续改进。实施持续改进的文化，鼓励团队不断寻找提高效率和降低成本的机会。

（6）培训和发展人才。确保团队具备必要的技能和知识，以适应快速变化的供应链环境。

（7）可视化供应链。利用可视化工具和仪表板来监控整个供应链，及时发现问题并做出相应调整。

（8）采用可持续性实践。考虑环境和社会责任，推动可持续采购和制造实践，以及资源的有效利用。

综合考虑这些原则和方法，企业可以更好地管理其供应链，提高效率、降低成本，同时适应市场的变化，不断提升竞争力。

案例分析

小米科技：强大的供应链管理与整合能力

一、生产模式：类PC生产，按需定制

小米手机的生产模式可以称之为"类PC生产"，这是一种"按需定制"的生产模式。小米根据用户网络下单获得市场需求，然后通过供应链采购关键零部件，再通过其他厂商采购其他非关键零部件。手机组装由富士康和英华达两家公司代工完成生产，模具由富士康代工，而组装由英华达代工。但是手机供应链比PC产业链更为复杂，很多关键零部件需要提前预订，从下单到出货，各种部件时间不等。随着智能手机产业发展的不断成熟，很多零部件逐步衍化为"通用件"，基本没有"定制件"，不需要"定制"时间，这大大缩短了从零部件预订到整机出库的时间，实现"按需定制"。

小米手机从2015年开始布局线下（小米之家），将爆款产品产生的线上流量红利导流至线下，重在增加用户的体验性和即得性，并向用户推荐网上下单或线上支付，导流至线上，进而增加复购率。总体来说，小米手机销售呈现线上线下相融合之势，但目前仍以线上销售为主，按需定制的生产模式仍然适用。

二、库存管理与配送模式

从经济学理论来看，库存的主要目的便是应对供需的不确定性。而在电子商务环境下，供应链的绩效主要反映在库存量的极小化以及库存成本的降低。小米手机的库存主要有两类，一是产成品库存，二是零配件库存。因为做到了网络预售和直销模式，小米的产成品库存相比传统手机厂商小得多，实施的是"零库存"战略，其库存周期大约为10天，当周的生产量即是下周的销售量，库存周转率高。对于零配件库存，小米是基于精确的预测，通知零配件供应商为制造商供应零配件，从而控制库存水平，防止呆料的产生。

在配送方面，小米手机的配送模式如图9-3所示。

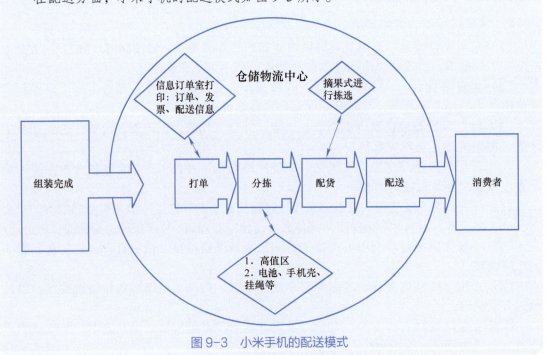

图9-3 小米手机的配送模式

在配送这一环节，小米建立了自己的物流中心团队和仓储中心。在末端配送方面，小米主要外包给顺丰、EMS等快递公司，EMS主要负责配送较偏远地区的订单。小米采取自建仓储中心以及与第三方快递公司合作这两种策略共同构筑了支撑小米电商的物流配送网络。

思考： 查找资料，分析小米的供应链管理具有哪些优势。

项目二　绿色物流

一、绿色物流背景和概念

绿色物流

绿色物流的发展背景可以追溯到20世纪末和21世纪初，随着全球环境问题的逐渐凸显，人们对气候变化、资源枯竭以及生态平衡的担忧日益增加。传统的物流活动以其高能耗、高排放、低效率的特点成为环境保护的焦点之一。

（1）环境意识的觉醒（20世纪90年代）。在20世纪90年代，社会对环境问题的认识逐渐加深，全球气候变化、大气污染和自然资源耗竭等问题引起了广泛关注。这为绿色物流的兴起提供了社会意识的基础。

（2）《京都议定书》（1997年）。《京都议定书》是一个国际环境协定，于1997年通过，旨在减少温室气体排放。这一协定对企业和国家提出了更为严格的环境要求，促使各界开始关注如何通过改进物流活动来减少对气候的不良影响。

（3）可持续发展理念的兴起（2000年以后）。随着可持续发展理念在全球范围内的推广，企业开始认识到环境保护不仅是一种道德责任，更是未来业务可持续发展的必要条件。在这一背景下，物流业成为实践绿色理念的重要领域之一。

（4）政策法规的推动（2000年以后）。各国纷纷制定了一系列环保政策和法规，对碳排放、废物处理等方面提出了更为严格的要求。这推动了企业加强绿色物流管理，以符合法规标准。

（5）技术创新的推动（2000年以后）。随着科技的不断进步，绿色物流得以通过新技术的引入实现更高效的能源利用、智能化的运输和仓储管理，以降低环境负担。

总体而言，绿色物流的发展是在环境问题引起广泛关注、国际协定的制定和可持续发展理念逐渐深入人心的大背景下逐步兴起的。通过不断的技术创新、政策法规的支持以及企业社会责任的意识提升，绿色物流在全球范围内逐渐成为物流业发展的主流趋势。

绿色物流是一种关注环保、可持续发展和社会责任的物流管理方式。它强调减少对环境的不良影响，通过采用清洁能源、降低废物排放、提高能源效率等手段，实现物流活动的可持续性和环保性。2021年，我国发布实施的国家标准《物流术语》（GB/T 18354—2021）对绿色物流的定义是通过充分利用物流资源、采用先进的物流技术，合理规划和实施运输、储存、装卸、搬运、包装、流通加工、配送、信息处理等物流活动，降低物流活动对环境影响的过程。

二、绿色物流管理方法

绿色物流管理方法是一系列综合性的战略和实践，旨在降低物流活动对环境的不良影响，提高资源利用效率，以促进可持续发展。以下是一些主要的绿色物流管理方法。

（1）能源效率改进。采用先进的技术和设备，以提高运输和仓储系统的能源效率。例如，物流公司可以更新运输车队，选择更为高效的交通工具，或者在设施中使用节能型照明和设备，从而减少整体的能源消耗。

（2）清洁能源应用。推动使用清洁能源，例如电动车辆、太阳能或风能等，以减少运输活动的碳排放。一些物流公司已经采用电动卡车或使用可再生能源来供应其设施的电力，以减少对传统能源的依赖。

（3）供应链优化。通过对供应链的全面优化，减少资源的浪费。这包括减少库存水平，改进供应链可视性，提高生产计划的准确性，从而减少过度生产和不必要的运输。

（4）再制造和循环经济。鼓励再制造和回收利用，减少废弃物的产生。企业可以设计可重复使用的包装，通过回收和再制造过程降低对新原材料的需求，并将废弃物纳入循环经济系统。

（5）绿色包装。采用环保材料设计和生产包装，以减少资源的使用和废弃物的产生。使用可降解或可回收的包装材料，或采用轻量化设计，都是推动绿色包装的方式。

（6）智能物流技术。应用物联网、大数据和人工智能等技术，以提高物流的可操作性和效率。智能物流系统可以实时监测货物运输，优化路线规划，减少空驶和拥堵，从而降低碳排放。

（7）遵守环保法规。遵守环境法规和标准，确保物流活动符合当地和国际的环保要求。积极参与碳排放报告和环境审核，以确保企业在法规要求方面达到或超过标准。

（8）强化社会责任。建立绿色物流的企业文化，推动员工、供应商和客户的参与。加强培训，使员工认识到环保实践的重要性，建立合作伙伴关系，共同努力推动整个供应链的绿色化。

这些方法的综合应用可以使企业在物流活动中实现经济效益，同时最大程度地减少对环境的负面影响。通过采用这些绿色物流管理方法，企业可以在可持续性方面取得显著的进展，提高市场竞争力，满足消费者和利益相关者对环保责任的期望。

案例分析

全球知名的零售巨头亚马逊已经采取了多种绿色物流管理方法。亚马逊在物流运输方面使用了可再生能源，其中包括投资太阳能和风能项目以供应数据中心和仓库。同时，亚马逊大力发展电动配送车队，并计划到未来使用更多的无人机和无人驾驶车辆，以减少运输过程中的碳排放。

该公司还致力于包装优化和回收。亚马逊在包装设计上使用了更多的可回收和环保材料，并鼓励客户回收和再利用包装材料。此外，亚马逊还推动了循环经济，通过回收利用产品包装、退货和过剩库存，降低了资源浪费。

整合智能物流技术也是亚马逊的一项重要举措，亚马逊利用大数据分析和人工智能来优化货物运输和仓储，以提高效率和减少能源消耗。

这些措施共同构成了亚马逊在绿色物流管理方面的努力，这些努力旨在降低碳排放、减少资源浪费，并且激励整个零售业和物流行业更广泛地采取可持续性措施。

思考： 绿色物流为亚马逊带来了哪些收益？

三、绿色物流发展现状和存在的问题

1. 发展现状

随着全球对气候变化和环境问题的关注日益增加,绿色物流已成为企业和政府关注的重点领域。一些发达国家和地区在推动绿色物流方面取得了显著进展。企业通过采用清洁能源、优化运输路线、推动循环经济等手段,努力减少对环境的负面影响。同时,智能物流技术的应用也在提高运输效率、减少浪费。

2. 存在的问题

绿色物流是全球物流行业迈向可持续性的重要趋势,但在其发展过程中仍然面临一些挑战和问题。

(1)高成本挑战。采用绿色物流方法通常需要投入更多的成本,例如购买清洁能源设备、更新车队、改善供应链等。这些高额的初期投资可能成为企业发展绿色物流的障碍。

(2)技术标准不一。目前,关于绿色物流的技术标准和认证体系尚未统一。这导致了企业在实施绿色物流时难以评估和证明其效果,也降低了消费者对绿色物流的信任度。

(3)供应链复杂性。跨国供应链的复杂性增加了实施绿色物流的难度。涉及多个国家和地区的物流活动可能受到不同国家法规、文化和基础设施水平的影响,使得统一的绿色物流标准难以制定和执行。

(4)缺乏统一的政策支持。不同国家和地区的政策在支持绿色物流的程度上存在差异。一些地区采取了积极的激励措施,如税收减免、补贴和奖励计划,而另一些地区可能缺乏明确的政策支持,限制了企业发展绿色物流的积极性。

(5)意识和文化转变。推动绿色物流还需要广泛的社会意识和文化转变。消费者、企业和政府需要更加关注环境可持续性,愿意为绿色物流支付额外成本,并鼓励和支持绿色物流的发展。

总体而言,尽管绿色物流在全球范围内取得了一些显著的进展,但仍需面对多方面的挑战。解决这些问题需要产业链各方的共同努力,包括政府、企业和消费者,以实现可持续发展的目标。

四、绿色物流发展策略及建议

绿色物流的发展策略涉及多个方面,包括技术创新、政策支持、企业社会责任等。以下是一些关键的发展策略和建议。

(1)采用清洁能源。为了减少运输过程中的碳排放,企业可以考虑转向清洁能源,例如电动车辆、氢燃料电池车辆等。政府可以通过提供补贴或减税等方式鼓励企业投资清洁能源交通工具。

(2)优化运输网络。利用先进的技术优化运输路线,减少空载率和里程,提高运输效率。物流企业可以借助物联网、大数据分析等技术,实现实时监控和智能调度,降低运输成本和环境影响。

(3)推动循环经济。推广包装可循环利用、产品再制造等循环经济模式,减少包装废弃物和物流中产生的浪费。企业可以与供应商合作,优化包装设计,减少不必要的包装材料,提高包装的可回收性。

（4）建立绿色物流标准和认证体系。制定统一的绿色物流标准和认证体系，帮助企业评估和证明其绿色物流实践。这有助于提高企业的竞争力，同时也增加了消费者对产品的信任。

（5）政府政策激励。制定有力的政策支持措施，如对使用清洁能源车辆给予税收优惠、对绿色物流企业提供财政支持等。政府还可以设立奖励计划，鼓励企业采取更环保的物流方式。

（6）提高员工意识。培训和提高物流从业人员的环保意识，使他们更加注重环境友好的物流实践。员工的积极参与和意识提升对于推动绿色物流的发展至关重要。

（7）建立合作伙伴关系。物流企业可以与供应商、客户、运输公司等建立紧密的合作伙伴关系，共同推动绿色物流的实践。合作可以涉及共享运输资源、共同投资绿色技术研发等方面。

（8）利用数字化技术。物流企业可以充分利用数字化技术，如区块链、人工智能等，优化整个供应链的可视化管理，减少不必要的中间环节，提高供应链的透明度和效率。

（9）社会宣传和教育。开展广泛的社会宣传和教育活动，提高公众对绿色物流的认知度，鼓励消费者选择支持环保的物流服务，推动市场对绿色物流的需求。

（10）跨国合作。鼓励国际合作，分享绿色物流的最佳实践和经验。通过国际合作，企业可以更好地应对全球范围内的环境问题，促进绿色物流的全球化发展。

总体而言，绿色物流的发展需要各方的共同努力，包括政府、企业、消费者等。通过技术创新、政策支持、合作共赢等手段，绿色物流有望成为推动全球可持续发展的关键力量。

项目三　逆向物流

一、逆向物流概述

1. 逆向物流产生的背景及概念

由于自然资源和生产资料的有限性，回收利用成了人类可持续发展的基础。近年来，随着人们环保意识的增强，以及对环保的重视程度越来越高，如何减少工业污染和废物排放成为目前工业发展的关键问题。因此，物质循环的概念正逐渐取代经济的"单向"观念。此外，随着科技进步和人们生活水平的提高，消费者对产品多样化和个性化的要求越来越高，由此也导致废旧产品越来越多。与此同时，人们的环保意识不断增强，环保法规日益完善，许多国家开始要求生产企业对产品生命周期全过程负责，产生了生产商延伸责任制（Extended Producer Responsibility，EPR）。这一概念最早出现在瑞典隆德大学（Lund University）的托马斯·林赫斯特（Thomas Lindhqvist）在1988年提交给瑞典环境部的报告中。该报告认为，生产者的责任应该延伸到整个产品的生命周期。欧盟把生产者延伸责任定义为生产者必须承担产品使用完毕后的回收、再生和处理的责任，其策略是将产品废弃阶段的责任完全归于生产者。

从物流的角度看，产品回收是指产品从消费地流向生产地，这种与传统物流正向物流

（Forward Logistics）相反的物流就是逆向物流（Reverse Logistics）。许多学者对逆向物流的含义提出了不同的看法。不同的学者对逆向物流的定义有不同的表述，但其主要思想是一致的，可以概括为四个方面：

（1）逆向物流的目的是重新获得废弃产品或有缺陷产品的使用价值，或是对最终的废弃物进行正确的处理。

（2）逆向物流的流动对象是产品、用于产品运输的容器、包装材料及相关信息，使它们从供应链终点沿着供应链的渠道反向流动到相应的各个节点。

（3）逆向物流的活动包括对上述流动对象的回收、检测、分类、再制造和报废处理等活动。

（4）尽管逆向物流是物品的实体流动，但同正向物流一样，逆向物流中也伴随着资金流、信息流以及商流的流动。

综合不同学者的表述，逆向物流可以认为是物品从消费地向生产地回流的一个过程，这个过程中既伴随着物品逆向流动，又伴随着资金流、信息流以及商流的流动，与正向物流无缝对接，形成闭环，成为整个物流系统的有机组成部分。然而，《物流术语》（GB/T 18354—2021）对逆向物流的定义是：逆向物流也称为反向物流，是指为恢复物品价值、循环利用或合理处置，对原材料、零部件、在制品及产成品从供应链下游节点向上游节点反向流动，或按特定的渠道或方式归集到指定地点所进行的物流活动。

2. 逆向物流的特点

在现实中，逆向物流不是单纯的逆向运输活动，它包括广泛和跨行业的内容。与正向物流相比，二者既有共同的特点，又有各自不同的特点。虽然二者都具有包装、装卸、运输、储存和加工等物流功能，但是，逆向物流本身又具有其鲜明的特殊性。

（1）反向性。逆向物流同正向物流运作的起始点和方向基本相反，实物和信息的流动基本都是由供应链末端的成员或最终消费者引起的。

（2）分散性和不确定性。由于退回商品的原因各不相同，逆向物流产生的地点、时间和数量是难以预见的，涉及生产、流通和消费等各个领域。

（3）缓慢性。回流物品的数量少，种类多，只有在不断汇集的情况下才能形成较大的流动规模。废旧物资的产生也往往不能立即满足人们的某些需要，它需要经过收集、分类、整理、运输、加工、改造等环节，甚至只能作为原料回收使用，这是一个较复杂的过程，所需要的时间比较长，这一切都决定了逆向物流的缓慢性这一特点。

（4）混杂性与复杂性。在进入逆向物流系统时，不同种类、不同状况的回流物品通常混杂在一起。由于回流物品的产生地点、时间分散、无序，因此不可能集中一次转移，而且对于不同的回流物品需要采用不同的处理方法，从而导致管理的复杂性。

（5）处理费用高。由于这些回流物品通常缺乏规范的包装，又具有不确定性，难以形成运输和储存的规模效益；另外，许多物品需要人工检测、分类、判断、处理，效率比较低，大大增加了人工处理的费用。

（6）价值递减性与递增性。一些回流物品，由于逆向物流过程中会产生一系列的运输、仓储及处理费用，因而会使其本身的价值递减。而另一些回流物品，对消费者而言没有什么价值，但是通过逆向物流系统处理后，又会变成二手产品、零件或者生产的原材料，获得了再生的价值，因此逆向物流又具有价值的递增性。

3. 逆向物流的类型

为了更加深入地了解逆向物流，有必要对其进行细致的分类。下面从不同的角度对逆向物流进行分类。

（1）按回收物品的渠道分。按照回收物品的渠道，逆向物流可分为退货逆向物流和回收逆向物流两种。退货逆向物流是指下游客户将不符合订单要求的产品退回给上游供应商，其流程与常规产品流向正好相反。回收逆向物流是指将最终客户所持有的废旧物品回收到供应链上各节点企业的物流活动。

（2）按逆向物流材料的物理属性分。按照逆向物流材料的物理属性，逆向物流可分为钢铁和有色金属制品逆向物流、橡胶制品逆向物流、木制品逆向物流、玻璃制品逆向物流等。

（3）按成因、途径和处置方式及产业形态来分。按成因、途径和处置方式及产业形态的不同，逆向物流可分为投诉退货、终端使用退回、商业退回、维修退回、生产报废与副品，以及包装六大类别。

二、逆向物流模式

逆向物流包括退货逆向物流和回收逆向物流，其与传统正向物流的流程如图9-4所示。可见，退货逆向物流是将不符合订单要求的商品退回供应商的一个过程，其流程与常规的正向物流相反，正好形成闭环。而回收逆向物流是指将客户所持有的废旧物品回收到供应链上各节点企业，它包括五种物资流，即直接在售产品流（回收→检验→配送）、再加工产品流（回收→检验→再加工）、再加工零部件流（回收→检验→分拆→再加工）、报废产品流（回收→检验→处理）和报废零部件流（回收→检验→分拆→处理）。因此，逆向物流包括两个模式，分别是回收再利用模式和退货退款模式。

逆向物流模式

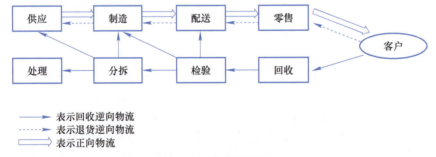

图9-4 逆向物流网络

回收再利用模式是指将消费者废弃的产品或材料通过回收渠道收集起来，经过处理后再次利用的模式。这种模式主要适用于可循环利用的产品或材料，如废纸、废塑料等。在这种模式下，回收渠道的建立和管理非常重要，可以通过与回收机构合作或设置回收箱等方式，将废弃物品回收起来，再通过分类、清洗、加工等环节进行处理，使其能够再次投入生产和销售。

退货退款模式是指消费者在购买产品后，因为产品不符合预期或有质量问题而申请退货退款的模式。在这种模式下，消费者可以通过线上或线下渠道提出退货退款申请，供应链会对申请进行审核，确认符合条件后，将产品回收，并退还相应的款项给消费者。这种模式需要供应链建立完善的退货退款流程和政策，并确保产品质量和售后服务的及时响应，以提升消费者的购物体验和信任度。

总之，这些模式分别适用于不同类型的产品或材料，如可循环利用的废弃物、需要维修或返修的产品以及无法满足消费者需求的产品。通过建立和管理相关的回收渠道、售后服务体系和退货退款流程，供应链可以更好地处理逆向物流的需求，提高资源利用效率，增强消费者的满意度和忠诚度。

三、逆向物流发展存在的问题

逆向物流在提高客户满意度、降低物流成本、保护环境等方面具有重要的战略意义。尽管我国逆向物流行业发展迅速，但仍面临着一些挑战和问题，主要表现在以下几个方面：

一是法律法规不健全。目前我国逆向物流相关的法律法规还不够完善和具体，缺乏对逆向物流行为的明确规范和约束，也缺乏对逆向物流行业的有效激励和保护。例如，对于废旧产品和资源的回收利用标准、责任主体、费用分担等问题还没有明确的法律规定，导致逆向物流行业在实践中遇到很多困难和障碍。

二是信息系统不完善。目前我国逆向物流行业还没有形成一个统一、完整、高效的信息系统，这也导致逆向物流过程中的各个环节之间信息不畅通、不协调、不准确。例如，在回收环节，由于缺乏有效的信息平台和渠道，导致回收需求和回收能力之间存在信息不对称和信息不匹配的问题；在运输环节，由于缺乏有效的信息跟踪和监控系统，导致运输过程中出现延误、损耗、错配等问题；在处理环节，由于缺乏有效的信息分析和决策系统，导致处理过程中出现资源浪费、成本增加、效果降低等问题。

三是回收渠道不畅通。目前我国逆向物流行业还没有建立一个覆盖广泛、便捷高效、低成本的回收渠道体系，这也导致回收过程中存在着回收范围小、回收效率低、回收成本高等问题。例如，在城市地区，由于缺乏专门的回收点或者回收点分布不均，导致消费者或使用者将废旧产品和资源丢弃或者随意处理，造成资源浪费和环境污染。在农村地区，由于缺乏有效的回收组织或者回收组织效率低下，导致废旧产品和资源积压或者低价出售，造成资源价值损失和经济损失。

四是处理能力不足。目前我国逆向物流行业还没有形成一个高水平、高效率、高质量的处理能力体系，导致处理过程中存在着处理技术落后、处理设备缺乏、处理人员不足等问题。例如，在再制造环节，由于缺乏先进的再制造技术和设备，导致再制造过程中出现质量不稳定、效率不高、成本不低等问题。在再利用环节，由于缺乏有效的再利用方式和渠道，导致再利用过程中出现需求不足、价格不合理、市场不规范等问题。在处置环节，由于缺乏合理的处置方法和设施，导致处置过程中出现污染排放、安全隐患、社会抵触等问题。

四、逆向物流发展策略建议

我国逆向物流行业近年取得了显著的发展成果，但仍面临着一些挑战和问题。为了实现逆向物流行业的可持续发展，可以采取以下几方面的措施。

一是加强法律法规的制定和完善。政府部门应根据逆向物流行业的特点和需求，制定和完善相关的法律法规，明确逆向物流行为的规范和约束，保障逆向物流行业的合法权益，促进逆向物流行业的规范发展。

二是加强信息系统的建设和完善。逆向物流企业应利用新兴技术，建立完善的信息系统，实现逆向物流过程中各个环节的信息共享、协同和优化，提高逆向物流的效率和效果。

三是加强回收渠道的拓展和优化。逆向物流企业应利用互联网平台，拓展回收渠道，增加回收主体，扩大回收范围，降低回收成本，提高回收效率。

四是加强处理能力的提升和创新。逆向物流企业应利用新技术、新设备、新方法等，提升处理能力，创新处理方式，提高处理质量，增加处理价值。

五是加强行业合作的深化和拓展。逆向物流企业应与正向物流企业、政府部门、社会组织、科研机构等进行合作，形成多方参与、多方受益的逆向物流产业生态圈。

项目四 精益物流

一、精益物流概述

1. 精益物流产生的背景及概念

精益物流（Lean Logistics）起源于精益制造（Lean Manufacturing）的概念。它产生于日本丰田汽车公司在20世纪70年代独创的"丰田生产系统"，后经美国麻省理工学院教授的研究和总结，正式发表在1990年出版的《改变世界的机器》一书中，该书把丰田生产方式定名为精益生产，并对其管理思想的特点与内涵进行了详细的描述。该书的续篇《精益思想》，进一步从理论的高度归纳了精益生产中包含的新的管理思维，并将精益方式扩大到制造业以外的所有领域，尤其是第三产业，把精益生产方法外延到企业活动的各个方面，不再局限于生产领域，从而促使管理人员重新思考企业流程，消除浪费，创造价值。

精益思想的理论诞生后，物流管理学家从物流管理的角度进行了大量的借鉴工作，并与供应链管理的思想密切融合起来，提出了精益物流的新概念。例如，假设A公司（零售商）直接向客户销售产品，而且从B公司（制造商）大批量、低频率地补给货物。精益物流将会在A公司（零售商）安装一个拉动信号，当A公司售出若干的货物之后，这个信号就会提示B公司（制造商）补充相同数量的货物给A公司，同时B公司（制造商）会提示他的供应商补充相同数量的原料或半成品，以此一直向价值流的上游追溯。其思想内涵是从客户出发，即首先以客户为中心，根据客户的价值流需要来确定供应、生产和配送产品活动中所必要的步骤和活动，然后创造无中断、无绕道、无等待、无回流的增值活动流，及时创造仅由客户拉动的价值，最后不断消除浪费，追求完善。由此可见，作为即时生产方式（Just In Time，JIT）的发展，精益物流的内涵已经远远超出了JIT的概念。

因此可以说，所谓精益物流指的是通过消除生产和供应过程中非增值的浪费，以减少备货时间，提高客户满意度，如图9-5所示。

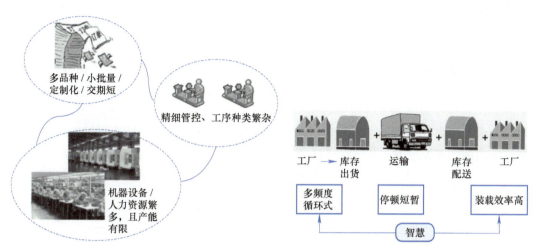

图 9-5 精益物流示意图

2. 精益物流的特点

精益物流是精益思想在物流管理中的应用,是物流发展中的必然反映,是一种运用精益思想,通过消除浪费、提高效率、减少成本,实现最大价值流的生产方式。精益物流具备如下三方面的特点:

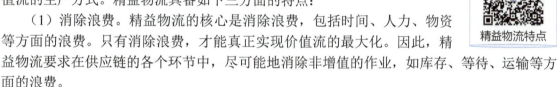

(1) 消除浪费。精益物流的核心是消除浪费,包括时间、人力、物资等方面的浪费。只有消除浪费,才能真正实现价值流的最大化。因此,精益物流要求在供应链的各个环节中,尽可能地消除非增值的作业,如库存、等待、运输等方面的浪费。

(2) 提高效率。精益物流的另一个重要特点是提高效率。只有提高效率,才能降低成本、提高质量、缩短交货期。因此,精益物流要求在供应链的各个环节中,尽可能地提高效率,如通过优化流程、采用先进的物流技术等方式。

(3) 持续改善。精益物流强调通过持续改进和不断学习,不断提高自身的竞争力和适应能力。只有不断改进和不断学习,才能跟上市场的变化和客户的需求。因此,精益物流要求在供应链的各个环节中,尽可能地鼓励员工提出改进意见和建议,并通过对这些意见和建议的评估和实施,不断改进和提高自身的运营效率。

3. 精益物流的 14 项原则

通过对质量管理原则和丰田的 14 项精益生产原则的总结,结合约束理论和物流实践,运输过程透明管理研究院总结出了精益物流的 14 项管理原则。这 14 项管理原则是精益物流思想的集中表述,契合物流的本质。物流企业依照这些原则进行深入实践,可以有效夯实物流企业的管理基础,增强物流企业竞争力。

(1) 可持续性原则。任何一个组织的战略性目标都要考虑其自身发展的可持续性。精益物流首先考虑的是物流企业的可持续经营,精益物流的第一个原则就是可持续原则,它包括长期理念、与时俱进和稳健决策三个方面。长期理念需要企业以"长期利益的最大化"为最高战略原则,赢得未来比沉迷于当下的繁荣和缅怀于过去的辉煌更重要。与时俱进的核心在于一个"变"字,时代趋势、历史条件的变化不以企业战略的初衷为转移,企业战略既要考虑长期性，又要考虑时代性、时机性。稳健决策是指组织在进行决策时，要尽可能考虑所有的选项，避免主观臆断，从而实现科学决策。

（2）系统最优原则。物流企业的经营管理所追求的是企业系统效率的最大化，在管理当中需要遵循系统最优原则。系统最优原则涉及整体与部分、不同部分之间以及全局与局部这三方面的关系。整体与部分的关系是整体最优，即整体效益的最大化，整体效率的最大化，单一部分效率的最大化并不代表整体效率的最大化。部分之间的协调性是指系统的不同部分之间一定会有冲突，需要进行协调。此外，需要对每一部分的潜能进行充分挖掘，使得系统的瓶颈不断转化。全局利益与局部利益系统是在面对相应的具体目标时，需要考虑全局利益与局部利益的关系，在争取全局利益最大化的过程中避免局部利益成为实现全局利益的瓶颈。

（3）价值导向原则。物流扮演的是承载商品价值传递的角色，实现商品价值的传递是物流存在的意义。解除物流过程中一切阻碍商品价值传递的因素，以实现商品价值的高效传递，这就是精益物流的价值导向原则。价值导向原则是从货主和消费者的角度来看物流，物流活动的最终意义是要实现货主和消费者的价值。深谙价值导向原则的物流企业都能抓住物流服务的本质。所谓物流服务的本质就是尽可能地实现商品价值传递效率的最大化。

（4）流程增值原则。从物流企业经营的角度去看物流活动，有的物流活动能够直接地产生"物流服务"，有的物流活动则没有产生"物流服务"。物流企业对客户承诺的"物流服务"是可以从时间维度和空间维度来量化的，而已确定的"物流服务"所对应的营业收入也是确定的。那些不产生"物流服务"的物流活动是没有实现流程增值的，但同时却消耗了成本，例如在分拨中心发生的无效搬运。精益物流的流程增值原则，是指物流过程中的物流活动要尽可能地直接产生"物流服务"，以及尽可能地取消或删除一切没有必要的物流活动和操作步骤。

（5）均衡配载原则。均衡配载是指合理地调配物流活动的资源去组织相应的物流活动。精益物流的均衡配载原则，是指综合可用的物流活动资源和物流服务的任务信息，进行合理的资源配置，追求实现全局的资源优化配置。均衡配载的一个通俗例子就是货源与运力的优化配置，要尽量地避免车辆空载，避免车等货和货等车。这里的均衡配载指向的是所有的物流活动资源，包括装卸工具、人力、客户需求，等等。

（6）标准规范原则。商品价值的传递效率、流程增值效率以及均衡配载都需要有量性的标准来衡量，物流过程中的每一个环节、每一项活动都需要相应的标准来规范，这就是标准规范原则。标准是用来指导现场的管理操作的，需要严格遵守。但是精益物流的标准除要严格遵守和执行之外，还是被用来打破的，以原有的标准为突破口进行改善，建立新的标准。

（7）实时反馈原则。实时反馈异常情况，及时采取补救措施，可以避免产生过高的理赔成本。现实的物流管理中，实时反馈的机制还十分落后。物流企业需要建立一个系统性的实时反馈机制，这是实现有效管理的基本条件。实时反馈，这是精益物流的一项重要管理原则，应用这个原则去改善物流系统，这应当是物流企业管理者需要努力的方向。只有做到实时反馈，才知道物流过程是否符合商品价值的传递方向，是否符合流程增值原则，才知道该如何去组织均衡配载。

（8）过程透明原则。物流过程的异常情况没有得到及时的反馈，多是因为物流过程不透明。物流过程透明是指物流过程的信息能够及时和真实地被反映。物流过程透明，可以知道商品的价值流向以及货物流的效率情况，可以根据运力流和货物流的趋势预判来有效组织物流的均衡配载。物流过程透明，有利于一线物流管理者对于异常情况的及时发现和反馈，有助于提高物流管理的有效性。物流过程透明，可以实现物流信息向客户的及时推送，让客户参与物流过程体验，提高物流服务品质。

（9）瓶颈优先原则。瓶颈优先原则，是指企业在管理中需要将资源优先分配给瓶颈环节，以实现系统整体功能的改善。任何一个物流企业的资源都是有限的，提高企业整体效率的关键是确保瓶颈资源得到充分的发挥，防止其他环节对瓶颈环节形成过分的挤压，以免造成瓶颈崩溃，进而避免导致企业系统崩溃。在现实的管理中，需要对瓶颈进行松绑，转化瓶颈，进而实现系统的整体改善。

（10）持续改善原则。物流水平的提升没有终点，企业的管理永无止境。持续改善是企业管理需要遵循的原则。问题的反馈并不等于问题得到解决，经营方式的改变并不等于经营效益的改善。持续改善是企业管理者必须要有的一种态度，而具体的改善可能会涉及流程的改善、组织架构的改善和现场操作的改善等。

（11）移动互联原则。精益物流的移动互联原则，是指物流企业需要以移动互联网的相关理念去看待物流和物流管理：一方面要应用移动互联的信息技术去改善物流运作；另一方面要用发展的眼光去挖掘物流活动的新价值和新商机。

（12）岗位培训原则。没有经过训练的员工是企业最大的成本，企业有义务授予员工基本的岗位技能。此外，物流企业要实施精益物流，离不开一线员工对精益物流的理解和对精益物流原理的应用。精益物流的岗位培训原则，就是企业必须对员工进行岗位技能培训，引导员工走一条与企业发展相适应的个人发展路径。

（13）现地现物原则。现地就是事物发生的现场，现物就是发生情况的具体事情或物件。查明问题或情况的原因离不开对现场事物和情况的考察。管理者必须亲临现场，必须实际操作，必须根据事实来分析，必须根据真实情况来管理，这就是现地现物原则。精益物流的现地现物原则，强调的是尽一切可能实事求是，物流管理就是要实事求是。

（14）学习型组织原则。员工需要适应岗位，岗位需要适应部门的相关要求，部门需要适应企业系统的调整，企业需要适应经济环境的变化，所有这些适应都离不开学习。建立学习型组织是现代企业管理的一项终极课题。精益物流的学习型组织原则，强调的是以学习促进岗位能力的提升，促进员工的成长，激发员工的创新意识，进而实现企业系统的不断改善。

二、精益物流方法

精益物流的根本目的就是要消除物流活动中的浪费现象，如何有效地识别浪费就成了精益物流的出发点，为此，物流专家做了大量的工作，创建了一些"工具箱"，总结了这方面的成果，他们认为目前行之有效的方法有7种：过程活动图、供应链反应矩阵图、产品漏斗图、质量过滤图、需求放大（扭曲）图、决策点分析图、实体结构图，而其中最常用的方法是过程活动图和实体结构图。

1. 过程活动图

过程活动图是一种传统的工业工程方法，它由五个阶段构成：过程流研究、浪费识别、过程再思考、流向设计或运输路线的再优化、价值流中每项活动存在必要性的进一步确认。在运用过程活动图进行分析时，主要把握三个关键点：过程的总体考察；每次过程的详细记录，包括所花时间、所需人员、产品移动距离、所用设备及场地面积；用 5W1H 法进行分析（活动为什么存在、谁来执行、用什么设备、在哪里、何时和怎样实施），如图 9-6 所示。

2. 实体结构图

实体结构图是从整个供应链的角度识别价值流，它有助于了解供应链的结构及供应链运行状况，一般由容量结构图和成本结构图两部分构成。与过程活动图一样，通过实体结构图可以消除不必要的活动，或简化、合并活动或调整活动顺序以达到减少浪费的目的。

总之，运用供应链管理的整体思维，站在客户的立场，无限追求物流总成本的最低是精益物流的真正核心所在。

图 9-6　5W1H 法

三、我国精益物流的发展现状

精益物流是一种以客户需求为导向，以消除浪费为原则，通过优化物流流程，提高物流服务水平，降低物流成本的物流理念和管理方式。近年来，随着中国市场经济的发展和全球化的进程，精益物流在我国得到了越来越多的关注和应用。

首先，我国物流市场规模庞大，消费者需求多样化，这为精益物流的应用提供了广阔的空间和机遇。通过精益物流的理念和方法，企业可以更好地满足消费者的需求，提高物流服务水平，提升客户满意度，从而获得更多的市场份额。

其次，我国对精益物流的重视程度不断提高。政府对精益物流的鼓励和支持力度逐渐加大，为精益物流的发展提供了政策保障和助力。此外，随着互联网技术的发展，智能物流、物联网等新兴技术的应用，精益物流在我国的发展更加便捷和高效。新技术能够提高物流流程的自动化和智能化水平，从而促进精益物流的发展。

最后，精益物流在我国应用的成功案例不断涌现，这些案例为精益物流在我国的发展提供了更多的经验和启示。总结成功案例的经验教训，可以更好地推动精益物流在中国的发展。

综上所述，精益物流在我国的发展前景广阔。通过应用精益物流的理念和方法，企业可以提高物流服务水平，降低物流成本，提升市场竞争力，获得更多的市场份额。但是，也需要政府、企业和个人等各方面的共同努力，为精益物流的发展提供保障和支持，特别是企业需要考虑多种因素实施精益物流，提高物流的效率。

四、企业精益物流的实施建议

由于原材料价格上升、市场细分、客户需求多样化等多方面因素，许多企业开始认识到企业间的竞争要从头抓起，实现精益物流战略对于降低物流供应成本和提高产品利润空间具有重要的促进作用。企业管理者也重新评估了高效的精益物流在企业管理中的地位，从而把精益物流引入企业的管理当中。然而，企业在实施精益物流管理时要结合多方面因素进行考虑，接下来对企业实施精益物流提出几点建议。

（1）建立科学的企业组织结构。在信息爆炸时代，信息传递方式也彻底翻转，传统的阶层型信息沟通方式逐渐被当前水平型的沟通方式代替，相应地，企业管理组织要结合已有的组织结构进行相应的优化，比如尝试用水平型的开放式矩阵型结构取代现有的金字塔型管理组织结构。这样有助于简化企业组织，提高信息沟通效率，降低精益物流管理中的时间成本。

（2）围绕客户需求实施精益物流。精益物流的核心内涵之一是JIT（即时生产方式），这里的即时是根据客户的即时需求而确定的。因此，企业生产者要重视对客户需求的引导、把握、收集和反应，围绕客户需求展开物流供应链的管理和调整，这样才能强化精益物流的即时特性。

（3）制定标准化、规范化的物流环节。物流系统是由多个环节环环相扣的链式环节，具有显著的"牛鞭效应"，为了避免这一特性所带来的潜在损失，需要对供应链中的运输、包装、配送、装卸、库存和流通以及信息管理等环节制定详细科学的行为准则，以求达到统一协调，加快物流流通的速度，保证物流效率并降低物流成本。

（4）强化企业员工对于精益物流优点的认识。精益物流管理涉及企业的各个组织员工，只有在他们认可并极力配合的情况下，精益物流才能展现其特有的优越性，因此，企业要强化各个部门的员工对精益物流理念的认识，并将这一理念转化为实际行动，落实到工作环节中来。企业可通过培训、讲座、实地参观等形式，让员工切身感受到精益物流理念的特点，将精益思想落实到日常工作中。

总而言之，精益物流作为一种先进的企业管理理念，在当前企业供应链环境下，已引起广泛重视，一些企业管理者也实施了精益物流管理并取得不错的成绩。

项目五　第四方物流

一、第四方物流概述

1. 第四方物流产生的背景及概念

第四方物流（Fourth Party Logistics，4PL）是1998年美国埃森哲咨询公司率先提出的，专门为第一方物流、第二方物流和第三方物流提供物流规划、咨询、物流信息系统、供应链管理等活动。第四方物流是物流业者提供一个整合性的物流，包括金融、保险、多站式物流配送的安排，和第三方物流的差别在于第三方物流只单纯地提供物流服务，第四方物流则是整合性的，例如，第四方物流可协助处理进出口关税问题，具有收款等功能。第四方物流可提供物流系统设计与整合服务，第四方物流信息平台可对整条链上的信息进行整合，如图9-7所示。

总之，第四方物流就是供应链的集成者、整合和管理者，主要通过对物流资源、物流设施和物流技术的整合和管理，提出很好的物流方案或供应链解决方案。

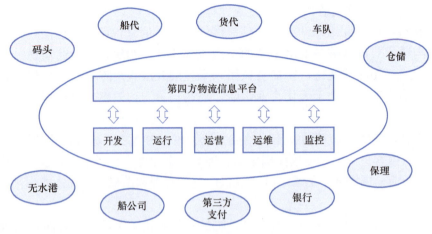

图 9-7　第四方物流信息平台

2. 第四方物流的特点

第四方物流不是物流的利益方,而是通过拥有的信息技术、整合能力以及其他资源提供一套完整的供应链解决方案,以此获取一定的利润。它帮助企业实现降低成本和有效整合资源,并且依靠优秀的第三方物流供应商、技术供应商、管理咨询以及其他增值服务商,为客户提供独特的和广泛的供应链解决方案。因此,它有如下区别于第三方物流的特点:

(1) 整合性。第四方物流是物流/供应链更高级的形态,从作业功能的整合到渠道关系的整合,物流已经从战术的层次提升到战略高度,第四方物流实际上是传统物流的逻辑延伸。

(2) 协调性。第四方物流通过分享物流需求信息来减少或消除所有供应链成员企业所持有的缓冲库存,由于所有构成供应链的企业既相互独立又具有共同利益,因此第四方物流管理主要是通过协调机制谋求渠道成员之间的联动和合作。

(3) 系统性。第四方物流强调组织外部一体化高度互动和复杂的系统工程,需要同步考虑不同层次上相互关联的技术经济问题,进行成本效益权衡。它强调的是所有供应链成员企业作为一个"集成体"的信息共享、利益共赢和风险分担。这种跨边界和跨组织的一体化管理使组织的边界模糊起来。

(4) 依赖性。第四方物流依赖于合作企业的共同价值观,即对供应链伙伴的相互信任、相互依存、互惠互利和共同发展的共同价值观的依赖;依赖于供应链成员之间对商务过程一体化的共识程度。

(5) 外包性。第四方物流"外包"整合组织,在自己的"核心业务"基础上,通过协作整合外部资源来获得最佳的总体运作效果,以规则、标准、品牌、知识、核心技术和创新能力所构成的网络系统来整合或重新配置社会资源,第四方物流管理是资源配置的更优先的方法,其内在的哲学是"有所为,有所不为"。供应链管理在获得外源配置的同时,也将原先的内部成本外部化,有助于清晰地进行过程核算和成本控制,更好地优化客户服务和实施客户关系管理。

(6) 动态性。第四方物流是一个动态的响应系统,在第四方物流管理的具体实施中,贯穿始终的对关键过程的管理测评是不容忽视的。高度动态的商业环境要求企业管理层对供应链的运作实施规范和经常的监控和评价,当管理目标没有实现时,就必须考虑可能的替代供应链和做出适当的应变。

3. 第四方物流与第三方物流的联系和区别

（1）第四方物流与第三方物流的联系。第三方物流是由物流劳务的供方、需方之外的第三方去完成物流服务的物流运作模式。如图 9-8 所示，第三方物流供应商为客户提供所有的或一部分供应链物流服务，以获取一定的利润。第三方物流公司提供的服务范围很广，它可以简单到只是帮助客户安排一批货物的运输，也可以复杂到设计、实施和运作一个公司的整个分销和物流系统。第四方物流以第三方物流为基础，是供应链的集成者，整合了整个供应链的物流资源和技术，能够使企业更有效率地快速反应供应链的整体需求，最大限度地满足客户的需求，从而提高客户满意度，提高供应链的竞争力。第四方物流的思想必须依靠第三方物流的实际运作来实现并得到验证；第三方物流又迫切希望得到第四方物流在优化供应链流程与方案方面的指导。要发展第四方物流就必须大力发展第三方物流企业，为第四方物流的发展作铺垫，提高物流产业水平。

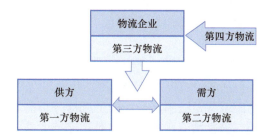

图 9-8　第四方物流与第一、二、三方物流的联系

总之，只有二者结合起来，才能更好地、全面地提供完善的物流运作和服务。第三方物流与第四方物流联合成为一体以后，将第三方物流与第四方物流的外部协调转化为内部协调，使得两个相对独立的业务环节能够更和谐、更一致地运作，物流运作效率会得到明显改善，进而增大物流成本降低的幅度，扩大物流服务供应商的获利空间。

（2）第四方物流与第三方物流的区别。第四方物流和第三方物流的显著区别在于：

1）第四方物流偏重于通过对整个供应链的优化和集成来降低企业的运行成本，而第三方物流是偏重于通过对物流运作和物流资产的外部化来降低企业的投资和成本。

2）第四方物流具有很多的优势，能给客户提供最接近要求的服务；能提供一个综合性的供应链解决方案；能利用第四方物流的信息资源、管理资源和资本规模为企业打造一个低成本的信息应用平台；能为企业提供低成本的信息技术。第四方物流的专长是物流供应链技术，它具有丰富的物流管理经验和供应链管理技术、信息技术，不足之处在于自身不能提供实质的物流运输和仓储服务。而第三方物流主要是为企业提供实质性的、具体的物流运作服务，且主要的不足是本身的技术水平不高，能为客户提供的技术增值服务比较少。

3）第四方物流是中立的。它将管理整个物流过程，而不管其中具体使用了什么运输代理或仓库。第四方物流本身并没有第三方物流那样的实体设备、场地等，但是具备帮助客户设计、规划物流方案的能力，他们为客户提供的是解决方案，包括选择更好的第三方物流，许多第四方物流已经解决了众多公司之间对电子接口的巨大需求。

二、第四方物流模式

第四方物流是一个提供全面供应链解决方案的供应链集成商,存在三种可能的模式:

第四方物流模式

（1）协助提高者。第四方物流为第三方物流工作,并提供第三方物流缺少的技术和战略技能。

（2）方案集成商。第四方物流为货主服务,是和所有第三方物流提供商及其他提供商联系的中心。

（3）产业革新者。第四方物流通过对同步与协作的关注,为众多的产业成员运作供应链。

第四方物流无论采取哪一种模式,都突破了单纯发展第三方物流的局限性,能真正做到低成本运作,实现最大范围的资源整合。因为第三方物流缺乏跨越整个供应链运作以及真正整合供应链流程所需的战略专业技术,第四方物流则可以不受约束地将每一个领域的最佳物流提供商组合起来,为客户提供最佳物流服务,进而形成最优物流方案或供应链管理方案。而第三方物流要么独自,要么通过与自己有密切关系的转包商来为客户提供服务,它不太可能提供技术、仓储与运输服务的最佳结合。

三、我国第四方物流发展现状及存在的问题

随着我国改革开放政策和制度的完善,特别是贸易开放,物流已经成为一个巨大的市场,并迅速发展。由于传统的物流服务无法满足全面的供应链分析需求,第四方物流已经成为全新的模式。同时,我国保护、鼓励物流服务增加也对物流行业的转型提供了极大的支持。

目前,我国第四方物流行业处于比较初始的探索发展阶段,与物流体系发达的欧美国家相比仍存在一定差距,存在着众多创新服务模式和建立竞争优势的机会,尚未释放出巨大的潜在动能和潜力。但我国拥有全球最大的物流市场,国内物流设施建设、道路交通不断完善,这为第四方物流行业的发展提供了良好条件。就目前我国第四方物流行业的发展情况,其研究和发展的水平在各地也各有不同的表现,部分企业已经开始看好这一领域,在专业化和技术化方面进行转型,以便能够更好地服务于第四方物流领域。尽管如此,我国第四方物流行业发展仍面临物流技术落后、专业人才缺乏等问题。

（1）市场分散。我国的第四方物流市场规模较小,市场竞争激烈,缺乏主导企业,市场分散。

（2）信息技术水平不足。我国的信息技术水平不如国外发达国家,影响了物流信息的流程和管理。

（3）人才短缺。目前,我国对第四方物流人才缺乏培养和关注,这导致了行业发展的瓶颈。

（4）制度不完善。我国对第四方物流的相关政策法规还不够完善,对于企业来说,缺乏惠企政策的支持和规范化的环境。

当前,以5G、工业互联网等为代表的新基建,是促进新旧动能转换的重要领域。随着新基建的推进,未来我国物流行业的数字化、信息化和智能化水平将进一步提升,这也为供应链集成商的第四方物流发展提供了广阔机遇。

四、我国第四方物流发展的对策

从现有的市场状况来看,由于政府积极推动物流服务改革、物流资源改革、产权整合,

物流服务商实施以客户为中心、面向全球化的服务转型,以第四方物流为主导的综合供应链体系逐渐形成,可见第四方物流的发展前景广阔。因此,可通过以下的对策促进其发展。

(1)加强合作。加强企业之间的合作,建立联盟机制,共同规范市场秩序,实现资源共享和协同发展。

(2)推进信息化。加强信息化建设,提高物流信息系统的智能化和互联化,利用大数据技术优化物流管理。

(3)增加投资。加大对第四方物流行业的投资力度,注重人才培养和创新研发,推动行业的长久发展。

(4)完善政策。制定完善的第四方物流政策法规,加强监管力度,为企业发展提供更好的扶持和保障。

职业素养

物流产业是支撑国家经济发展的重要组成部分,作为物流人应当具备跨学科的综合素养,既要懂得物流工程的技术和工程方法,又应理解现在物流管理的战略意义。

模块练习

一、单选题

1. 以下哪项不是供应链的主要环节?( )
   A. 营销与广告   B. 生产制造   C. 物流运输   D. 仓储管理
2. 供应链可见性的主要目的是( )。
   A. 降低产品质量   B. 提高库存水平
   C. 增加生产成本   D. 实现更好的信息跟踪和管理
3. 下列( )不属于精益物流的原则。
   A. 价值导向原则   B. 可持续性原则
   C. 实时反馈原则   D. 局部最优原则
4. 下列属于最常用的精益物流方法的是( )。
   A. 供应链反应矩阵图   B. 决策分析图
   C. 过程活动图   D. 需求放大图
5. 第四方物流主要通过对物流资源、物流设施和( )的整合和管理,提出很好的物流方案或供应链解决方案。
   A. 物流设备   B. 物流技术   C. 物流数据   D. 物流资金
6. 下列( )属于逆向物流的回收再利用模式。
   A. 废纸回收   B. 产品退货   C. 售后服务   D. 返修产品
7. 第四方物流是一个提供全面供应链解决方案的供应链集成商,下列不属于其模式的是( )。
   A. 协助提高者   B. 方案集成商   C. 开发商   D. 产业革新者

二、判断题

1. 供应链可见性只涉及信息流，不包括物流和资金流。（ ）
2. 备货策略是一种应对供应链风险的策略，通过增加库存来应对潜在的生产中断或供应链问题。（ ）
3. 逆向物流可以认为是物品从消费地向生产地回流的一个过程，这个过程中既伴随着物品逆向流动，又伴随着资金流、信息流以及商流的流动。（ ）
4. 退货逆向物流是将不符合订单要求的商品退回供应商的一个过程，其流程与常规的正向物流相反，但是不形成闭环。（ ）
5. 精益物流是一种以客户需求为导向，以消除浪费为原则，通过优化物流流程，提高物流服务水平，降低物流成本的物流理念和管理方式。（ ）
6. 第四方物流信息平台对整条链上的信息进行整合。（ ）

三、简答题

1. 请简述什么是供应链。列举供应链中的主要环节，并简要描述它们之间的关系。
2. 简述什么是供应链风险管理。列举几种可能影响供应链的风险，并提出相应的应对策略。
3. 简述逆向物流的特点。
4. 简述逆向物流与正向物流的区别。
5. 简述第四方物流的特点。
6. 描述第四方物流与第三方物流之间的联系和区别。
7. 如何在供应链采购、生产、物流、计划等各个环节减少碳排放？
8. 简述精益物流的特点。

参 考 文 献

[1] 吴砚峰. 物流信息技术 [M]. 4 版. 北京：高等教育出版社，2020.
[2] 朱海鹏. 物流信息技术 [M]. 2 版. 北京：人民邮电出版社，2022.
[3] 郭宁. 物流运输管理实务 [M]. 上海：上海交通大学出版社，2016.
[4] 王进. 运输管理实务 [M]. 4 版. 北京：电子工业出版社，2023.
[5] 郑克俊. 仓储与配送管理 [M]. 4 版. 北京：科学出版社，2018.
[6] 陈晓玥. 仓储与配送管理 [M]. 北京：航空工业出版社，2019.
[7] 鲁衍，黄惠春，陈乐群. 现代物流基础 [M]. 成都：电子科技大学出版社，2020.
[8] 申纲领. 配送管理 [M]. 南京：南京大学出版社，2017.
[9] 刘小玲. 仓储与配送实务 [M]. 2 版. 南京：南京大学出版社，2017.
[10] 胡建波，许丹. 物流概论 [M]. 3 版. 成都：西南财经大学出版社，2022.
[11] 齐二石，方庆琯，霍艳芳. 物流工程 [M]. 2 版. 北京：机械工业出版社，2021.
[12] 刘小玲，刘海东. 物流装卸搬运设备与技术 [M]. 杭州：浙江大学出版社，2018.
[13] 钱廷仙. 现代物流管理 [M]. 4 版. 北京：高等教育出版社，2023.
[14] 刘敏. 物流设施与设备 [M]. 2 版. 北京：高等教育出版社，2020.
[15] 冯国苓，任岳华. 物流设施与设备 [M]. 3 版. 大连：大连理工大学出版社，2021.